Felicitas Hoppe

HOPPE

Roman

S. Fischer

© 2012 S. Fischer Verlag GmbH, Frankfurt am Main
Satz: Druckerei C. H. Beck, Nördlingen
Druck und Bindung: CPI – Clausen & Bosse, Leck
Printed in Germany
ISBN 978-3-10-032451-1

Für Familienmitglieder gilt das gesprochene Wort!

0.

Felicitas Hoppe, *22.12.1960 in Hameln, ist eine
deutsche Schriftstellerin.

Wikipedia

1. Die kanadischen Jahre

Weltweit, egal welcher Zeitung, hat Hoppe immer dieselbe Geschichte erzählt: wie sie als Ratte mit Schnurrbart und Schwanz versehen, Wurst in der Linken, Brot in der Rechten, den Marktplatz ihrer Heimatstadt Hameln betritt, um sich im Freilichttheater unter der Führung des Rattenfängers vor Touristen aus aller Welt ein Taschengeld zu verdienen. Wie sie das eben Verdiente sofort auf den Kopf haut, Blumen für ihre Mutter (»die Gastgeberkönigin«) und ein Päckchen Zigaretten für ihren Vater (»den Erbauer des ersten Kaspertheaters«) kauft, um danach mit dem verbliebenen Rest ihre vier Geschwister zu einem Ausflug ins *Miramare* zu überreden, eine Hamelner Eisdiele, »die sommers floriert und sich winters, wenn sich die Italiener saisonbedingt nach Süden verziehen, in einen Ausstellungsraum für Pelze verwandelt.« Bis Hoppe sich dreißig Jahre später »endlich erhebt«, um ein Schiff von Hamburg nach Hamburg zu besteigen und die Welt mit eigenen Augen zu sehen: »Ein Ausflug, nichts weiter, in ein paar Tagen bin ich zurück, sitze wieder am Tisch, der zweite Esser von rechts.« (*Pigafetta*, 1999)

Sowenig beglaubigt ist, dass Hoppe jene vielzitierte Reise um die Welt auf einem Containerfrachtschiff tatsächlich persönlich unternahm, ist bekannt, dass sie bereits als Kind mehrfach die Weltmeere befuhr. Allerdings nicht als zweiter Esser von rechts, sondern als einzige Tochter eines Patentagenten, der das deutsche Kaspertheater vermutlich niemals von innen sah. Die Hamelner Kindheit ist reine Erfindung. Das Tagebuch des einzigen Vaters seines einzigen Kindes, akribische Auflistung äußerer Ereignisse unter entschiedener Weglassung der inneren, gibt Aufschluss über Arbeitsaufenthalte auf höchst unterschiedlichen Kontinenten. Dass die Tochter (Felicitas) dabei fast zwanzig Jahre lang mit von der Partie war, findet in seinen Aufzeichnungen vor allem dann Erwähnung, wenn es um Ausgaben geht, angefangen bei unnötigen Extras im Reiseproviant (»Nüsse und Schokolade«) über kindgerechte Reiselektüre (»Schiffsbibliotheken sind ein Desaster!«) und die Erfüllung »vollkommen überflüssiger Wünsche« während zu kurzer Landgänge (»Wozu plötzlich ein Fernrohr?«) bis hin zu der Last, nach der Ankunft in wechselnden Wohnungen und Häusern ein Kinderzimmer einzurichten. (»Hausaufgaben kann sie auch am Küchentisch erledigen.«) »Man will hier eine Art Schulgeld«, notiert missmutig der Agent in Übersee oder: »Felicitas braucht einen Ranzen. Optische Täuschung. Schließlich hat sie einen Rucksack, in den praktisch alles hineinpasst.« Und er fährt fort: »Heute Abend wieder ein weinendes Kind. Lästig. Felicitas verweigert den Schulbesuch, man verspottet sie, sagt sie, wegen des Rucksacks. Kinderklage. Ein Lederranzen kommt gar nicht in Frage.« Es folgen Auflistungen alltäglicher Ausgaben für Kleidungsstücke: »Gott sei Dank wächst sie langsam, der Mantel, an den Ärmeln ausgelassen, hält durchaus noch einen zweiten Winter.«

Es ist weder der fehlende Schreibtisch noch die Schokolade, auch nicht das Fernrohr, sondern der Rucksack, der zu Hoppes Erkennungsmerkmal werden wird, zu ihrer höchst

14

persönlichen Rüstung. Bis zum Schluss ihrer Laufbahn (in rund vierzig Jahren weit über fünftausend Auftritte in über zweihundert Ländern in unterschiedlichen Kostümen und Rollen) ist kein einziger Auftritt ohne Rucksack vermerkt. Bis heute unvergessen ein frühes Eishockeyturnier in Edmonton, von dessen Teilnahme die damals zwölfjährige und überaus hoffnungsvolle Hoppe (»Superpuck«) ausgeschlossen wird, als sie sich beim entscheidenden Endspiel so unvermutet wie beharrlich weigert, auf dem Eis ihren Rucksack abzulegen. Sieben Jahre später die Verweigerung der Aufnahme in die Dirigentenklasse eines Konservatoriums in Adelaide: »Man dirigiert bei uns immer noch mit den Armen, nicht mit dem Rücken«, so die Begründung des Vorsitzenden der Auswahlkommission Melville Drugs, dem gegenüber Hoppe behauptet haben soll, sie brauche den Rucksack als Gegengewicht, da sie sonst von der Musik »weggetragen« werde. Und, last but not least, zwei Jahrzehnte später, Hoppes legendärer Auftritt auf einem Podium in Tokio, als sie aus dem Stegreif einen knapp zweistündigen Vortrag zum Thema *Rucksack, Buckel, Fetisch* hält. Die Presse spekuliert über den Inhalt des mittlerweile angewachsenen Gepäckstücks: »Reine Leere. Verbergungsstrategien. Warum macht sie nicht einfach den Reißverschluss auf und lässt uns einen Blick ins Innere werfen?«

Hoppe selbst, eine ausgewiesene Meisterin praktischen Packens, wusste genau, was sich in ihrem Buckel befand, und machte auch nie ein Geheimnis daraus: »Taktstock, Schläger, Lippenstift.« Und, so ist man versucht zu ergänzen, vier deutsche Geschwister, die das Einzelkind auf seinen Schiffsreisen erfand und denen sie mit einer bis heute unveröffentlichten Erzählung *(Fünf zur See)* ein eigensinniges Denkmal gesetzt hat: »Wir liebten uns, weil wir uns nicht ausweichen konnten, weil wir darauf angewiesen waren, einander ständig zu unterhalten. Das Wetter war schlecht, die Mannschaften rau, das Essen miserabel, die Kapitäne Analphabeten. Abends saßen wir in unserer Kabine, ich seekrank, sie aufrecht und unanfechtbar. Gegen das Wetter hielten wir uns an Erinnerungen fest, wobei sie mehr Halt bewiesen als ich. Im Gegensatz zu mir waren sie seetauglich und unanfechtbar.«

Während der Vater Listen und Abrechnungen schreibt, widmet sich Felicitas ganz der Erfindung ihrer vier Geschwister, um sich die Zeit an Bord zu vertreiben und um ein für alle Mal in der Mitte zu sein, denn »die Ersten werden die Letzten sein und die Letzten die Ersten«. Warm ist es folglich nur in der Mitte, »erzogen, beschützt und verteidigt von oben, geliebt und verstanden von unten«. Es sind *Fünf zur See*, die das Werk des Einzelkindes von Anfang an unterirdisch bevölkern. Je länger Hoppe schreibt, umso mehr gewinnen die Geschwister Gestalt, gleich in welchem Kostüm Hoppe sie auftreten lässt. Der faktische Vater des faktischen Einzelkindes dagegen verliert sich im Vagen: »Er mietete Häuser an, die er niemals bewohnte. Ich saß mutterseelenallein auf hohen Veranden in Schaukelstühlen, verhandelte mit Putzfrauen, Gärtnern und vorübergehenden Hauslehrern. Meinen Erfindervater habe ich nie gesehen.«

Das dürfte, in Abgleichung mit dem Tagebuch ihres Vaters, kaum der Wahrheit entsprechen. Die Mittel des reisenden Patentagenten waren begrenzt und ließen eine Haushaltsführung oben beschriebener Art nicht zu. Hoppes Unterschlagung überprüfbarer Fakten dient einzig der literarischen Ausformung ausufernder Phantasien, wie sie ihr gesamtes Werk prägen. Während der wirkliche Vater schrumpft, wächst der Erbauer des ersten Kaspertheaters

16

und neben ihm die Gastgeberkönigin, die Sahne über Fruchtschalen und Quarkspeisen schlägt: »Was immer sie auftischte, alles machte sie schmackhaft.«

Über Hoppes leibliche Mutter wissen wir wenig, aber genug, um mit Sicherheit sagen zu können, dass sie, eine erzkatholische und hochtalentierte Klavierlehrerin aus Breslau, weder Sahne schlug noch jemals auf Tournee durch Niedersachsen gegangen sein dürfte, sondern sich nach der Trennung von Hoppes Vater in umgekehrter Richtung auf den Weg durch die Welt machte und bald aufhörte, Briefe zu schreiben. Die niedersächsische Welt der Felicitas Hoppe, ihre Kindheit in der katholischen Diaspora als drittes von fünf Kindern kleinbürgerlicher, aus Schlesien vertriebener Eltern, die sie immer wieder beharrlich gegen jene andere, unberechenbare Welt ihrer wirklichen Kindheit aufruft, entpuppt sich als Kulisse unaufhörlich neuorganisierter Fluchten nach innen: »Sobald es dunkel wurde, versammelten wir uns vor dem Vorhang des ersten und einzigen Kaspertheaters in der Erwartung, dass er sich auftun würde, um uns endlich das Krokodil zu zeigen. Und um die warme Stimme unseres Vaters zu hören, die uns jeden Sonntag von vorne fragt, ob wir alle noch da sind, und die uns jeden Sonntag aufs Neue verrät, dass es das Krokodil gar nicht gibt.«

Hoppes kanadische Kinderjahre dagegen sind verbrieft, das Haus in Brantford (Ontario) »mein erster Iglu«, der Eispalast des einzigen Kindes eines »Erfindervaters«, der morgens gegen sieben das Haus verlässt und selten vor sieben zurückkommt, während Felicitas vormittags in die Schule und nachmittags, ohne Wissen des Vaters, aufs Eis geht: »Es war Wayne (gemeint ist vermutlich der kanadische Eishockeyspieler Wayne Gretzky / fh), der mich überredete mit-

17

zukommen. Er war klein, dünn wie Docht (nur eine von zahlreichen Anspielungen Hoppes auf ihr Lieblingsbuch, Carlo Collodis *Pinocchio*/fh), konnte ukrainische Lieder und war ein Genie, auf dem Eis auf Siege von hinten fixiert, hinter dem Tor unberechenbar.«

Vor allem hatte er echte Geschwister und eine Mutter, die kochen konnte. Hoppe ist knapp sechs und verliebt. Ihre Ausrüstung bettelt sie sich Stück für Stück zusammen, erst die Handschuhe (secondhand), dann den Schläger (Leihgabe gegen Taschengeld), nach dem ersten Sturz (eine Narbe unter dem rechten Auge) bastelt ihr Vater, der bis dahin von ihren Umtrieben nichts gewusst haben will, »zähneknirschend das erste Gitter, damit sie nicht endet wie Sawchuk« (gemeint ist vermutlich Terry Sawchuk/fh). Der Rest interessierte ihn wenig: »Während er Patente für *Bell Telephone Canada* prüfte, erfand ich den Leuchtpuck. Denn mein Vater bestand darauf, alles selbst zu erfinden: ›Nimm nie in die Hand, was du nicht selbst erfunden hast.‹«

Ein Text mit dem Titel *Meine Sonntagserfindungen* legt ehrgeizig Zeugnis davon ab, dass Hoppe die Anweisungen ihres Vaters todernst nahm. Sie notiert in alphabetischer Reihenfolge alles, was ihr persönlich unentbehrlich scheint, und führt damit gleichzeitig Buch über private Beschwerden und Sehnsüchte. Unter A (wie Asthma) ein Gerät für »notfallbedingte Frischluftzufuhr«, ohne das sie in späteren Jahren kein Flugzeug besteigt (die Angst vor dem Fliegen ist ein Erbe ihres Vaters, der, nach einem Flugzeugabsturz in den fünfziger Jahren, für den Rest seines Lebens ausschließlich per Schiff reiste), unter B (wie Bett) die »kanadische Wärmflasche«, unter C (wie Canada) eine »Landkarte für Erstbesucher« mit dem Vermerk: »Für den Fall, dass sie doch noch kommen.« Unter D einen Dirigentenstab, der bei Lichtausfall im Orchestergraben im Dunkeln leuchtet. Und unter H Hoppes legendäre Hockeyhandschuhe, die, verfeinert und weiterentwickelt, in späteren Jahren eine Schweizer Damenmannschaft zum Erfolg führen werden. Unerreichbar in der Reihe Hoppe'scher Sonntagserfindungen bleibt bis heute der legendäre Leuchtpuck, dessen offizielle Erfindung Eberhard von der Mark wegen Hoppes unterlassener Anmeldung des Patents fünfzehn Jahre später (1983) für sich in Anspruch nehmen darf. (Eine einfache Hartgummischeibe, die, mit Leuchtdioden versehen, beim Schlag mehrere Sekunden lang ein blinkendes rotes Lichtsignal abgibt und in Europa unter der Nummer 0 273 944 patentiert ist.)

Hoppe selbst hat sich, soweit bekannt, niemals öffentlich zu diesem Fall von Patentdiebstahl geäußert, was darauf schließen lässt, dass sie sich mit ihrem Vater über Angelegenheiten solcher Art nicht besprach. Einzig ein später Brief (abgelegt unter der Rubrik *Briefe an vier deutsche Geschwister*) beweist, dass ihr die Angelegenheit nachging: »Ich komme einfach nicht drüber weg, dass man mich, wenn nicht um eine Erfindung, so doch um eine Idee gebracht hat, was weit schlimmer ist. Es missfällt mir, den Leuchtpuck in Umlauf zu sehen, ohne dass jemand weiß, wer tatsächlich Licht in dieses unmögliche Spiel gebracht hat. Lange Nächte auf Eis, ein dunkles Hin und Her von Bewegungen und Finten. Zeit meines Lebens habe ich davon geträumt, Goaly zu werden, König im Tor: Abwehren, Halten, Gewinnen. Stattdessen bin ich ein mittelmäßiger Stürmer geblieben, liege nachts im Bett und träume vom Hamelner Marktplatz, auf dem wir noch eine Zukunft hatten. Oder immerhin eine Gegenwart. Vergangenheiten ertrage ich schlecht.«

So unklar bleibt, von welchen Vergangenheiten Hoppe

hier spricht, so deutlich ihr Missmut über das, was sie in ihrem Werk immer wieder als »die lästige Verwaltung der Zeiten« bezeichnet. Dass es hier um mehr als ein Lernproblem geht, beweist wiederum eine Stelle aus *Fünf zur See*: »Die Erde ist rund, die Zeit wird nicht lang. Also könnten wir endlos so weitermachen, weiterreisen, weiterleben und weiterschlafen. Trotzdem stehen wir auf, nicht weil die Sonne es will, sondern weil die Zeit es verlangt. Alle sprechen davon, dass die Zeit es verlangt, mein Vater, der Schulbusfahrer, der Lehrer. Du liebe Zeit. Allein die Tatsache, dass meine vier Geschwister noch schlafen, während ich sie erfinde, dass sie träumen, während ich ihnen Briefe schreibe, dass sie aufwachen, während ich mich ins Bett lege, dass ich im Bett liegen muss, wenn sie aufstehen, sagt mir, dass etwas nicht stimmt mit der lieben Zeit, dass es eine geographische Ordnung gibt, mit der ich mich niemals anfreunden werde. Ich bin und bleibe ein Gegner der Zeitverschiebung.« Dazu in den *Sonntagserfindungen* unter U der Hinweis auf ein »Gerät zum Zweck zeitgleicher Verständigung: Uhr, die auch bei Tageslicht leuchtet«, und unter Z wie Zeit der Entwurf eines »globalen Kalenders«, denn »wohin immer man die Inseln auf der Karte verschiebt, es gibt trotzdem nur ein Silvesterfest«.

Hoppes Kinderalltag bleibt von melancholischen Spekulationen solcher Art allerdings unberührt. Sie ist weit weniger unglücklich, als sie vorgibt zu sein. Der Ehrgeiz ihrer frühen Texte steht, das gilt auch für ihr späteres Werk, kaum im Verhältnis zu ihrem wirklichen Leben. Die frühen Jahre in Kanada sind faktisch beherrscht von ihrer Freundschaft zu Wayne, in dessen Familie sie, wie zahlreiche Fotos beweisen, ein und aus ging und ein so gerngesehener wie gut bewirteter Gast war. Ms Gretzky war großzügig in Sachen

Sahne, und Hoppes Vater dürfte das Fehlen seiner Tochter am Mittags- oder Abendbrottisch kaum aufgefallen sein, waren sie doch seit ihrer Ankunft in Brantford schnell übereingekommen, einander weitgehend in Ruhe zu lassen, wie eine nachgelassene Sammlung von Zetteln beweist. Man verständigte sich über unaufwendige schriftliche Zeichen: »Komme um sieben.«, »Bleibe bis sechs.«, »Bin auf dem Eis.«, »Essen im Kühlschrank.«, »Nicht ins Labor gehen – Dämpfe!«. Oder: »Elternsprechtag fällt aus.«, »Umso besser.«. Und: »Mütze aufsetzen.«, »Briefkasten leeren!«, »Versuche nachher, ins Stadion zu kommen, weiß aber noch nicht, ob ich's einrichten kann: Patentkonferenz.«

Selten genug, dass der Vater es einrichten kann, meistens bleibt er abends zu Hause, in seinem privaten Labor, und macht erst kurz nach Mitternacht »zwei bis drei Schritte, bleibt lauschend an meiner Zimmertür stehen und bildet sich ein, mich atmen zu hören. Ich halte die Luft an, krieche, die Uhr auf dem Herzen, unter die Decke, es tickt und klopft und leuchtet im Dunkeln. Im Licht der Uhr schreibe ich Briefe aus Übersee, in denen ich meine Geschwister frage, wie es ihnen und unseren Eltern geht, was die Sahne macht und das *Miramare* und wann sie mich endlich besuchen kommen.« Morgens auf dem Tisch die Notiz: »Brauche Briefmarken (die mit dem Schiffsmotiv!).«

Die Tage dagegen sind sportlich gefüllt. Wayne, ganz Praktiker, schreibt weder Briefe noch Zettel, springt stattdessen im Garten hinter dem Haus seiner Eltern, den sein Vater zu Trainingszwecken jeden Winter mit Hilfe des Rasensprengers gleichmäßig flutet und zum häuslichen Eisring einfrieren lässt (»Warum im Park frieren, wenn es im eigenen Garten kalt genug ist!«), zusammen mit seinen Geschwistern (»die furchtlosen Vier«) über leere Waschmittelbehäl-

21

ter, Bierdosen und umgestürzte Picknicktische, um den Puck im Flug zu nehmen und dahin zu bringen, wohin er gehört: ins Tor.

Die kaum sechsjährige Hoppe, fasziniert vom kanadischen Zirkus eiskalter Ritterspiele, ist regelmäßig mit von der Partie, um immer wieder von vorn zu verlieren. Trotzdem gibt sie nicht auf. Noch Jahrzehnte später sind es nicht die Parolen ihres Erfindervaters, sondern die ihres »ersten Trainers«, Walter Gretzky, die sie auf ihre Fahnen schreibt und mit denen sie noch Jahre später in einer Kompositionsklasse in Adelaide Eindruck zu schinden versucht, als sie in einem Vortrag zum Thema *Schuberts Wanderjahre* ein musikalisches Verfahren mit einem sportlichen Leitmotiv Walters veranschaulicht: »Try to skate where the puck is going, not to where it is coming from!« (»Aufs Ende hin, nicht vom Anfang her spielen!«) Denn: »Die Steine, selbst so schwer sie sind, sie wandern mit dem Mond herein und wollen immer schneller sein.« (Hier meint Hoppe offenbar *Die schöne Müllerin.*/fh)

Musik ist in Gretzkys überflutetem Garten allerdings kein Thema, der Mond bestenfalls eine »Naturlampe«, die das Familienstadion winters spärlich ausleuchtet. In »Wally's Coliseum«, so der Ring im Familienjargon, trainiert Walter nach Feierabend und an Wochenenden so unermüdlich wie gnadenlos nicht nur die eigenen, sondern sämtliche Kinder der Nachbarschaft, die »wenigstens einen Ansatz von Eignung und Leidenschaft« zeigen. Mit Erfolg, zumindest was Wayne betrifft, »alles geht vor ihm ins Knie, sogar der Picknicktisch«, wie Felicitas feststellt, deren Bewunderung für »meinen Zwilling« (Wayne ist, fast auf den Tag genau, einen Monat jünger als sie) keine Grenzen kennt.

Weniger Ehrgeiz als Eifersucht ist im Spiel, wenn sich die

»Sonntagsverliererin« nach Feierabend auf ein anderes Feld verlegt, von dem sie genau weiß, dass Wayne, »ein schweigsamer Esser«, hier nicht mithalten kann. Sie schneidet auf und erfindet nach dem Training an Gretzkys Familientisch phantastische Geschichten: Von einer fernen Familie in der deutschen Provinz, von Geschwistern, die aus dem Stegreif vierstimmig singen, achthändig Klavier spielen (»schneller als Wayne übers Eis läuft«), und denen sie angeblich täglich Briefe schreibt. Von einer Mutter, die leichthändig Pucks (vermutlich Buletten) in Pfannen wirft, von einem Vater, der Kaspertheater baut, und von einem zweiten (»Entführervater«), der angeblich nicht der eigene ist, sondern sie vor Jahren »mit einem Schmetterlingsnetz vom Schulweg wegfing« und »auf ein Schiff nach Ontario verschleppte, um nicht länger einsam zu sein«.

Bereits hier wird Hoppes früher Hang zum Drama überdeutlich. Waynes Mutter Phyllis, mit Kindernöten und Ungereimtheiten von Grund auf vertraut, verzichtet auf faktische Korrekturen und pariert Felicitas' Geschichten so instinktsicher wie tröstlich mit einer folgenreichen Neuschöpfung der Geschichte vom Rattenfänger: »Dann kommst du also aus Hameln und bist tatsächlich ein Glückskind«, sagte sie (und füllte die Teller), »aus der Stadt des berühmten Rattenfängers, der alle Ratten der Welt im Schlaf erlegt, jede ein Treffer, und den keiner für seine Patente bezahlt, weshalb er beschließt, die Stadt zu verlassen. Klar, dass er nur die Besten mitnimmt und das sind, natürlich, die Kinder. Ein großer Tag, das könnt ihr mir glauben (an dieser Stelle hebt Phyllis enthusiastisch die Stimme), kein Kind steht beiseite, alles steht Schlange vor dem großen Berg, in dem sie wenig später für immer verschwinden. Aber (Phyllis füllt nach) sie sind natürlich gar nicht verschwunden, sondern unterirdisch weitergewandert, bis sie am anderen Ende des Berges ein großes und strahlendes Licht sehen. Und, Kinder!, was soll ich euch sagen: Da stehen sie plötzlich in Kanada, auf frisch poliertem Eis, lauter glänzende Gesichter, gleich um die Ecke hinter unserem Haus. Damit hatte natürlich keiner gerechnet. Wie groß die Freude war, könnt ihr euch denken. Und das alles haben sie dem Rattenfänger zu verdanken. Denn hätte der sie nicht mitgenommen, säßen sie bis heute in Hameln und wüssten nichts mit sich anzufangen.«

Es ist also Phyllis Gretzky gewesen, die den Rattenfänger von Hameln erfand und Hoppe, die die Geschichte nicht kannte, damit das passende Stichwort gab, um zum Vorbild für jene über alles geliebte Hamelner Gastgeberkönigin zu werden, von der Hoppe nur träumt und die sie, im Gegensatz zu Walter, der unaufhörlich Sieg und Erfolge predigte, wohlwollend darauf aufmerksam machte, »dass das kanadische Eis dicker ist als das deutsche, auch für Anfänger leicht befahrbar« und dass »Ausrutschen nicht gleich Einbrechen ist«, während Walters unbarmherzige Devise lautete: »Let them always feel the uncertain ground they are skating.« (»Wir spielen alle auf dünnem Eis!«) Aber weil Phyllis mehr Mutter als Erzieherin war, »krönte sie selbst die schrecklichsten Niederlagen ausdrücklich mit Sahne, und dafür liebte ich sie«, schreibt Hoppe Jahrzehnte später in einem Entwurf zu einer ersten Autobiographie, den sie später entschieden und mit einem für sie typischen Kommentar verwirft: »Als Leben einfach zu kurz.«

Der Rattenfänger allerdings ist seit jenem Winterabend in Gretzkys Küche unwiderruflich in der Welt und bleibt Hoppes so treuer wie vertrackter Begleiter, literarischer Basso continuo über mehr als vier Jahrzehnte. Kaum ein Text im

Werk, in dem, offen oder verdeckt, »der verdächtige Spielmann« keine Erwähnung findet. Ob Hoppe die Glocken am berühmten Hamelner Hochzeitshaus, über die sie in Ontario so kindlich wie enthusiastisch schreibt: »Zu ihrem Klang würde ich sogar Wayne heiraten, obwohl ich genau weiß, dass er mich niemals heiraten wird«, jemals mit eigenen Ohren gehört hat, ist bis heute ungeklärt. Zwar ist ihr Werk vollgestopft mit Anspielungen auf ihre vermeintliche Geburtsstadt, die Beschreibungen der Stadt und ihrer Umgebung aber bleiben durchgehend allgemein und vage. An keiner Stelle lässt sich ausmachen, ob sie tatsächlich auf eigener Erfahrung beruhen oder nicht doch nur angelesen sind.

Man tappt hier vor allem deshalb im Dunkeln, weil der Charakter des Angelesenen ein insgesamt prägendes Element in Hoppes Werk ist, das auch in jenen Arbeiten deutlich hervortritt, in denen sie über Orte, Länder und Gegenden schreibt, die sie nicht nur nachweislich selbst besucht, sondern in denen sie sogar ganze Jahre ihres Lebens verbracht hat. Und weil sie die Frage nach Authentizität ständig selbst thematisiert und dabei in Leben wie Werk permanent versucht, aus der Not ihrer Ignoranz eine literarische Tugend zu machen.

Hoppes (durch zahlreiche Schulzeugnisse belegte) äußerst mangelhafte Kenntnisse in Geographie und Landeskunde, die sie später durch »verzweifeltes Kartenstudium« und eine stattliche Sammlung verschiedener Weltalmanache aufzubessern versuchte, sind nicht Legende, sondern Fakt, und der in zahlreichen Interviews beharrlich immer wieder auftauchende Hinweis auf ihr literarisches Verfahren »ehrlicher Erfindung« ist weniger kokettes Versteckspiel als schlecht getarnte Verlegenheit. Ständig wirft sie Köder aus, um sie kurz darauf wieder einzuholen, bevor der Fisch seinen Haken findet. Ein Verfahren, das ihren Lesern bis heute abwechselnd Freude und Ärger bereitet: »Man war drinnen und bleibt doch draußen«, bemerkt schon früh ein verprellter Kollege.

Man gäbe ihm recht, würde man nicht auf den zweiten Blick sofort erkennen, dass Hoppes Werk die Unterscheidung von drinnen und draußen weder kennt noch sucht, dass der schroffe Ausschluss nicht kalkuliert, weder Masche noch Trick, sondern ehrliche Selbstbeschreibung ist. Hoppes vermeintliche Raffinesse ist alles andere als raffiniert, sondern unfreiwillig bekenntnishaft. Wie ihr Werk deutlich, gelegentlich fast aufdringlich vorführt, war die Autorin weder an Orten noch an Politik interessiert, sondern einzig auf Stimulanz aus: »Ich habe von Verhältnissen keine Ahnung«, erklärt sie in einem oft zitierten Interview, in dem sie unzweifelhaft deutlich macht, dass es nicht Orte, sondern bestenfalls deren Geschichten sind, die sie anziehen, »weshalb ich mich bis heute schuldig fühle, sobald irgendwer von mir wissen will, wo was liegt und was wie wo wirklich ist«.

Und doch ist es dieselbe Autorin, die einen der mit Abstand schönsten Texte über Hameln und das die Stadt umgebende Weserbergland geschrieben hat. In ihrer Erzählung *Ich stehe ratlos vor dem Hamelner Hochzeitshaus* besingt sie eine Landschaft, die sie womöglich weder gekannt noch jemals persönlich bewandert hat und in deren Beschreibung sie dennoch eine Kindheit und eine Familie heraufbeschwört, von der ihre Bewohner, wie sie selbst, nur träumen:

»Der Raps steht leuchtend hoch in unserer Gegend, ein Schock in Gelb, die Hügel, schön und eigensinnig, sind viel zu sanft, um eine bedrohliche Landschaft zu bilden. Keine Berge, kein Meer. Kein Eis, keine Wüste. Weder Schakale noch Araber. Kein schroffes Gericht, kein Urteil. Ich liebe, ich verehre die mittlere Landschaft, den Kompromiss, die Versöhnung, die leise Verabredung, sich unbemerkt ganz nebenbei zu treffen (für den Fall, dass es sich wie von selbst ergibt), auf ein Getränk, das nicht auf Eis liegen muss, um über die Zunge zu gehen. Jeder weiß, dass es diese Landschaft nicht gibt, aber wir alle träumen davon, meine vier Geschwister und ich, deren Namen an den Glocken des Hochzeitshauses hängen, von denen mein kanadischer Zwilling nichts weiß, weil er von Musik keine Ahnung hat, weshalb ich ihn niemals heiraten werde.«

Hochzeiten durchziehen das Werk Hoppes (die selbst angeblich mindestens dreimal verheiratet war) ebenso wie der Rattenfänger. In ihrem Debüt (*Picknick der Friseure*, 1996) beschreibt sie in der Erzählung *Die Hochzeit* eine ins Groteske verzerrte Hochzeitsfeier, in der der Sohn des die Feier ausrichtenden Gastwirts sich haltlos in die Braut verliebt und im Affekt den Hochzeitstrompeter erschlägt, in *Paradiese, Übersee* (2003) ein Zimmermädchen, das von den Hochzeitsreisenden daran gehindert wird, »ordnungsgemäß« seiner Arbeit nachzugehen, »weil sie (die Hochzeitsreisenden/fh) befürchten, schon durch die geringste Öffnung nach draußen einander wieder abhandenzukommen«. Und in *Verbrecher und Versager* (2004) ist andauernd von Hochzeitsflüchtlingen die Rede, deren Verlobte hinter deutschen Hecken sitzen und darauf warten, dass ihre Liebhaber, allesamt unterwegs auf den Weltmeeren, eines Tages doch noch zurückkommen.

In ihrer Erzählung *Fakire und Flötisten* (2001) schließlich, in der Hoppe die Reise einer unbekannten Protagonistin nach Indien schildert (Hoppe selbst unternahm in den Jahren zwischen 2000 und 2003 zwei große Indienreisen), wird ein am Flughafen unerwartet gegen den eigenen eingetauschter Koffer zum Objekt der Begierde, wenn Hoppe im Text ausführt: »Ich, sage ich laut und vernehmlich, bin der alleinige Finder, für eine Nacht gehört mir jetzt alles. Doch ich bin ganz ohne Gier, ohne Hast, eher gleicht mein Tun dem Gebet, einer Geste der Sanftmut, der Geduld, der reinen Erwartungslosigkeit. Denn in Wahrheit habe ich alle Hoffnung aufgegeben. Trotzdem hob ich den Koffer, als wäre dies ein Geschenk, meine Hochzeitsnacht, mit beiden Armen vor mich aufs Bett. Denn muss man schon heiraten, dann wohl nur so: Langes Betrachten des Gegenstandes, ratlos sowohl als auch voller Sehnsucht. Ich streichelte ihn sogar, meinen Koffer, betrachte das helle Verführungsleder, dann ließ ich die zierlichen Schlösser aufschnappen, das linke, das rechte, und wider Erwarten öffnet sich jetzt mein Koffer sofort. Kein Widerstand, kein Geplänkel, kein Zickzack, ganz ohne Vorspiel klappte der Deckel hoch, und ich stellte fest, dass ich einen phantastischen Tausch gemacht hatte. Vor mir im Koffer lag ein handliches Nagelbrett, nagelneu und zusammenklappbar. (…) Der Mechanismus beglückte mich, er funktionierte vorzüglich. Herrlich klappt sich das Brett vor mir aus und ruft mir zu: Leg dich hin, leg dich auf mich, und zeige mir, was du kannst, aber zeig es mir gleich, noch in dieser Nacht.«

Hoppes Werk, bis heute von der Kritik so hartnäckig wie wohlwollend in den Bereich »traumlogischer Reiseliteratur« verwiesen, speist sich nicht aus Träumen, sondern aus der Realität uneingelöster Versprechen und verlorener Wetten. Es pendelt zwischen geträumter Verheißung und erlebter Enttäuschung und ist nicht mehr und nicht weniger als ein getreues Abbild dessen, was wir auf jedem Hochzeitsbild sehen: Ahnungslos auf eine ungewisse Zukunft eingeschworene Paare.

Es gibt, tatsächlich, ein Urbild dazu, das Hoppes Erfinder-vater und ihre Mutter bei der Hochzeitsfeier in Breslau zeigt: Die Braut hält mit der ausgestreckten Rechten aufdringlich strahlend ein Glas in die Kamera, während links neben ihr, mehr Statist als Bräutigam, ein Ehemann (Felicitas' Vater) steht. Das Paar wird flankiert von zwei wie nachträglich ins Bild montierten todernsten Trauzeugen in zu engen schwarzen Anzügen und mit streng nach hinten pomadisierten Haaren. Im Hintergrund, auf einem großen, mit einem weißen Tuch eingedeckten Tisch, steht zwischen billigen Sträußen eine als Konzertflügel stilisierte Hochzeitstorte (unter einem Deckel aus Schokolade abwechselnd Buttercreme- und Kakaotasten), hinter dem Tisch eine Dreimannkapelle, deren Geiger seinen Bogen wie einen Dirigentenstab in die Höhe hält. Ein wie zufällig ins Bild gebrachtes Zögern, ein versuchter Tusch, der, jedenfalls was Felicitas' Vater betrifft, vermutlich auch jenseits des Bildes nie Wirklichkeit wurde.

Vor diesem Hintergrund versteht sich von selbst, wie sehr sich Hoppe bei den Gretzkys zu Hause fühlte. Walter und Phyllis bildeten eine eingeschworene Gemeinschaft. Der Zusammenhalt der Ersatzfamilie stand bei allen Konflikten zwischen den Eheleuten außer Frage. Walters frühe Krankheit, Folge eines Unfalls bei *Bell Telephone Canada*, der zu vorübergehender Taubheit führte, war Prüfstein und Herausforderung zugleich. Phyllis stand »rauchend wie ein Schlot« in der Küche und nahm die Aufgabe an. Walter war der Trainer, sie die Kämpferin. Sie war es, nicht Walter, die den »kanadischen Zirkus« so unbeugsam wie diskret zusammenhielt und an einem eiskalten Februartag loszog, um einen neuen Rasensprenger zu kaufen, weil der alte seinen Dienst versagt hatte und Walter den »Eisring familiären Ehrgeizes« nicht nachwässern konnte. Als sie nach Hause kommt, bemerkt sie lakonisch, ein zweites Mal werde sie sicher nicht gehen, weil der Verkäufer sie für verrückt erklärt habe: »Wer kauft im Februar in Brantford schon einen Rasensprenger.«

Jahrzehnte später, Phyllis ist längst nicht mehr am Leben, kommentiert Hoppe ihre Erinnerung an die »beste Stiefmutter von allen« so: »Warum ich Phyllis liebte, ist schnell gesagt. Weil sie wusste, dass ein Familientisch rund sein muss, damit es weder Vorzug noch Nachteil gibt. Ein unmöglicher Anspruch, weil Wayne immer Wayne bleiben wird, der Erste und Größte von allen, Sieger auf Lebenszeit, unanfechtbar die Neunundneunzig (99), weshalb wir ihn niemals erreichen werden. Er ist einfach zu schnell, zu treffsicher, zu elegant und, weit schlimmer, entsetzlich bescheiden. Höhere Eitelkeit: Die schwerste Sünde von allen. Phyllis wusste das, aber sie ging lässig drüber weg.«

Die wenigen Bilder, die aus den kanadischen Jahren geblieben sind, zeigen fünf bis zehn Kinder an einem runden Tisch, darunter, blond und überraschend zerbrechlich, Wayne. Neben ihm ein kleines gedrungenes Mädchen mit dicken Beinen in kurzen Stiefeln, das eine schlecht geschnittene Weste und Zöpfe trägt, die auf keinem Bild eine Frisur ergeben. Felicitas' so verstockter wie nachsichtiger Blick geht ungerührt in die Kamera, der Blick eines Kindes, das genau weiß, dass es, wo auch immer, nur Gast ist.

Die für Hoppe typische Mischung aus Sehnsucht und Gleichmut findet sich auch auf anderen Bildern wieder. Schon als Kind wusste Felicitas genau, dass sie nicht fotogen war, dass sie, wie sie später gelegentlich kokett zu bemerken pflegte, »kein Talent zum Einheiraten« hatte. Aber es gibt auch jene anderen seltenen Bilder des Glücks, auf denen sie sich unvermutet im Freien befindet, nicht in der Küche und nicht am Tisch, sondern draußen, auf einem eiskalten Ring zwischen Wayne und Walter und Waynes Geschwistern, den berühmt-berüchtigten furchtlosen Vier. Bilder, auf denen ein strahlendes Mädchen zu sehen ist, das seinen Schläger entschlossen wie eine Fahne erhebt und auf geliehenen Schlittschuhen hinaus in den Raum schießt, als ginge es kurzfristig auf eine Reise, auf der kein Wayne es begleiten kann.

»Sie (Hoppe/fh) hatte den Hang, immer übers Ziel hinauszuschießen«, erzählt ihr späterer Trainer Bamie (Bamie Boots), der sie, längst Walters Eisring entwachsen, unter seine Fittiche nahm und ihr jenen Hang attestierte, »mit dem man nichts anfangen konnte, diese lästige Neigung, andauernd über das Spielfeld hinauszudenken. Ehrlich gesagt: Was macht man erstens mit einem, der andauernd denkt. Zweitens mit einem, der andauernd drüber hinausdenkt. Man sagt sich, okay, von mir aus, für den Fall des Falles ein guter Verlierer.

Aber was will man mit einem guten Verlierer, wenn man, de facto, gewinnen will. Was das betrifft, war Felicitas untauglich, ein Talent, das sich ständig selbst zurückpfeift. Lästig. Wie kann man gut sein und so wenig draus machen? So viel Begabung und so wenig aufs Tor. Wild entschlossen und niemals auf Sieg. Wobei das nicht ganz stimmt, denn sie war, wie wir alle, natürlich immer auf Sieg aus. Ehrlich gesagt habe ich nie eine Spielerin gesehen, die sich mehr über Siege freute, keine, die gieriger auf Triumphe aus war, immer drauf aus, ihren privaten Jubel unter die Leute zu bringen. Klein und großmannssüchtig zugleich. Wenn sie gewann, war sie wirklich unschlagbar. Und wenn sie nicht gewann, war sie es auch. Ein Trick, den ich nie ganz begriffen habe. Wir verloren ja damals andauernd, aber wenn Felicitas neben mir saß, und damals war sie nicht älter als zehn, hatte ich trotzdem das Gefühl, wir hätten jetzt irgendwas gewonnen. Keine Ahnung, was. Ein Hockeyspiel jedenfalls nicht.«

Bamie Boots, ein mittelmäßiger Trainer der B-Junior-Liga, war vermutlich alles andere als ein begabter Psychologe. Trotzdem lohnt es sich, seinen Äußerungen Aufmerksamkeit zu schenken. Er verbrachte viel Zeit mit Felicitas und kam ihrer Persönlichkeit dabei in mancher Hinsicht näher als spätere Exegeten ihrer Werke. »Was Sportsgeist betrifft«, so BB in einem Interview aus den späten achtziger Jahren, »war sie bemerkenswert. Na gut, was ist schon Sportsgeist? Ich glaube, sie war einfach verliebt in das Wort, sie war sowieso andauernd verliebt in Wörter, was mir, ehrlich gesagt, auf die Nerven ging. Andauernd sagte sie Sachen wie: Was ist Sport ohne Geist und Geist ohne Sport? Geist, sagte ich, ist, wenn du den Mund hältst. Und Sport ist, wenn du jetzt einfach mal deine Kufen polierst, die Schuhe anziehst und zusiehst, dass du warm wirst und aufs Eis kommst. Und läufst und triffst. Alles andere interessierte mich nicht.«

Was Boots dabei nicht in die Waagschale warf, weil er kein Ohr dafür hatte, war Felicitas' Mehrsprachigkeit, die er gar nicht zur Kenntnis nahm. Ihr Umgang mit Wörtern war weniger sprachverliebte Spielerei als die frühe, wenn auch kaum reflektierte Erfahrung, dass Angelegenheiten sich verändern, je nachdem, wie man sie ausdrückt. Felicitas las und sprach längst in fließendem Englisch, schrieb aber, jenseits ihrer Schulaufsätze, ausschließlich in ihrer Vatersprache, also auf Deutsch. Und träumte in einer dritten Sprache, von der Bamie noch weniger Ahnung hatte: auf Polnisch, der

Sprache ihrer Mutter, von der weniger die Sprache als die Erinnerung an eine ferne Klavierlehrerin übriggeblieben war, die längst aufgehört hatte, Briefe zu schreiben.

Vor dem Hintergrund von Hoppes Mehrsprachigkeit zeigt sich die Diskussion um ihr Werk heute unvermutet in einem neuen Licht. In einer Rezension zu *Picknick der Friseure* konnte der Rezensent Reimar Strat noch so ahnungslos wie polemisch bemerken: »Schönes Deutsch – aber ist es von heut?«, womit er nicht nur die Rezeption von Hoppes Debüt, sondern die Rezeption ihres Werkes insgesamt nachhaltig beeinflussen sollte. Fortan war nicht mehr von Hoppes Geschichten, sondern nur noch von »Hoppes Sprache« die Rede, die sich »in einem altmodischen Sonderraum« breitgemacht habe und, wie noch ein Kritiker der frühen zehner Jahre bemerkt, »nichts anderes als ein Museum der Wünsche« markiere, »die Besetzung eines verlorenen literarischen Raums, der keinerlei Schnittmengen mehr mit der Wirklichkeit bildet«.

Das entspricht, allerdings nicht im Sinn des Rezensenten, tatsächlich der Wahrheit. Hoppe war, was ihr Werk betrifft, damals wie später gar nicht daran interessiert, Schnittmengen mit der Wirklichkeit zu bilden. Bereits in ihren kanadischen Jahren schreibt sie wild entschlossen an Texten, die sie ebenso entschlossen mit niemandem teilt. Auch nicht mit ihrem Erfindervater, dem Einzigen, »der meine Sprache spricht und das lesen könnte«. Was zwar nicht der Wahrheit entsprach, aber folgenreich blieb: Das deutsche Kindheitswerk blieb ausdrücklich verschlossen, es hatte weder Zuhörer noch Leser.

Was Strat und seinen Kollegen (die Hoppe bis weit in die zehner Jahre hinein als »typisch deutsche Schriftstellerin« klassifizierten) ebenso entging wie Bamie Boots, war die

Tatsache, dass Hoppes »Sonderraum« keineswegs imaginiert, sondern Realität war. Auf der Basis des aktuellen Forschungsstands erklärt sich die angelesene Sprache dagegen von selbst. Selbstverständlich war Hoppes Deutsch »nicht von heut«, besser gesagt, es war »nicht von hier«, weil sie selbst nicht von hier, sondern von dort war. Ihre Sprache ist, was sonst, nicht erlebt, sondern ambitioniertes Referat einer höchst persönlichen Sehnsucht, genau wie die erst fünfzehn Jahre nach *Picknick* entdeckten *Briefe an vier deutsche Geschwister* und die *Postkarten an meine Eltern*.

Von den Kindheitswerken ganz zu schweigen, die bis heute nur in Teilen zugänglich sind, darunter *Häsi, das Hasenkind* (1967), *Roy Tiger* (1967), *Mecky, der Igel* (1968), *Pök, der kleine Marsmensch* (1968), *Veilchen und Kamille* (1969), *Der alte Herr Tabak* (1969), *Zirkus Petronelle* (1972) und neben einer geradezu überwältigenden Fülle von Gedichten (von *Der Stein* über *Das Lied von der Regentonne*, *Der Esel*, *Tanne im Wald* und *Schöne Tulpe* bis hin zu *Der Zauberberg* und *Satan in der Hölle*) vor allem der Entwurf zu einer allerersten Autobiographie, die folgendermaßen beginnt: »ICH. Meine Familie. Mein Name und meine Wünsche und mein Leben. Felicitas Hoppe. Das bin ich. Im Augenblick, in der Zeit wo ich meine Erlebnisse schreibe, bin ich zehn Jahre alt. Ich habe trotz meiner erst zehn Jahre doch schon eine Menge erlebt.« (Zitiert nach dem handschriftlichen Manuskript.)

Wenige Zeilen später bricht die Autobiographie ab, vermutlich weniger aus Mangel an Stoff (Felicitas hatte tatsächlich schon eine Menge erlebt) als aus Mangel an Ausdauer. Die behauptete Dringlichkeit des Unternehmens bleibt davon unberührt. An jeder Stelle des Kindheitswerkes wird spürbar, wie ernst Felicitas bereits als Kind ihre

Arbeit nahm. Der nur wenige Jahre später entstandene, zwar schmale, aber immerhin formal ernsthaft abgeschlossene Geschwisterroman (*Die Unausstehlichen*) macht mehr als deutlich, dass die vier deutschen Geschwister aus Hameln in Felicitas' Schreiben längst einen festen und prominenten Platz eingenommen hatten. Bereits hier wird Hoppes sich später immer nachdrücklich ausprägender Hang zur Erfindung familiärer Idyllen deutlich, die allerdings ständig und beharrlich gegen die Strapazen des Familienalltags in einem zu kleinen Haus am Hamelner Stadtrand verteidigt werden müssen, die die junge Autorin nicht ohne Ehrgeiz und mit überraschend großer Genauigkeit und Detailtreue beschreibt. (Hier dürfte die Gretzkyfamilie zumindest in Teilen Modell gesessen haben.)

Ihr Erstlingswerk dagegen, *Häsi, das Hasenkind*, eindeutig ein Plagiat angelesener Kinderbücher, erzählt vor der märchenhaften Kulisse deutscher Waldeinsamkeit (oder sind es die Wälder Kanadas?), ist alles andere als ein Idyll. Hinweisend bereits der erste Satz: »Ich bin Häsi, das Hasenkind. Ich habe keine Geschwister mehr.« Die durch die entschiedene Liquidation der Geschwister auf die Vater-Mutter-Kind-Konstellation reduzierte Familie wird in der nun folgenden Geschichte von dramatischen Schicksalen heimgesucht. Eine Nacherzählung erübrigt sich, bereits die Kapitelüberschriften fassen die Geschehnisse bündig zusammen: *Der Wald*, *Der böse Fuchs*, *Ein schlimmes Ereignis*, *Das neue Heim*, *Endlich erlöst*, *Neue Freunde* und *Endlich in Frieden* betiteln treffend die kurze Strecke, die die Autorin so sprachlich schwungvoll wie erzählerisch ungeduldig hinter sich bringt. Am Ende heißt es lakonisch: »Nun lebten wir wie früher, nur dass es ein anderer Wald war, in dem wir neue Freunde gefunden hatten.«

Neue Freunde sind auf Kinderwunschlisten bekanntlich nicht die Ausnahme, sondern die Regel, ein schmerzhaftes Dauerthema, das in Hoppes Werk, noch Jahrzehnte später, verlässlich in immer neuen Varianten auftaucht. Verlust und Abschied, Vertreibung, Aufbruch, Ankunft und Hoffnung, wieder Verlust und immer wieder der Wunsch, Familien glücklich zusammenzuführen. Müßig, darauf hinzuweisen, dass weder Wünsche noch Verlusterfahrungen bündige Texte ergeben und dass darüber nur schreiben kann, wer dramatische Kippmomente nicht nur am eigenen Leib erfährt, sondern, darüber hinaus, tatsächlich in der Lage ist, sie sprachlich neu zu erfinden.

»Ein Autor«, schreibt der ausgewiesene Hoppekenner Richard Wagner in seinem 2004 veröffentlichten Essay *Idylle und Drama*, »ist nicht deshalb ein Autor, weil er ein Schicksal hat, sondern einzig und allein deshalb, weil er schreiben kann und schreibend Schicksale autorisiert. Talent und Erkenntnis sind nicht an Orte, Zeiten und Biographien gebunden. Auch wenn das Publikum, das auf so vieles hereinfällt, genau daran allzu gern glauben würde. Die vermeintliche Idyllenautorin Felicitas Hoppe wäre zweifellos weder eine bessere noch eine schlechtere Autorin, wenn sie ein anderes Schicksal hätte. Würden wir sie tatsächlich lieber lesen, wenn sie keine Hamelner, sondern, sagen wir, eine eiskalte sibirische Kindheit hätte? Gut möglich – nur dass Mängel und Qualität ihres Werkes davon vollkommen unberührt blieben.«

Genau wie Strat und seine Kollegen wusste auch Wagner, ein entschiedener Gegner des »so modischen wie unproduktiven Wettbewerbs in Sachen Schicksal«, nichts davon, dass sie ihre frühen Jahre nicht an der Weser, sondern in einer ganz anderen Landschaft verbrachte, in der sie sich in erster

Linie nicht aufs Schreiben, sondern auf ganz andere Spielfelder verlegte, auf denen sie zwar nachweislich scheiterte, aber trotzdem hartnäckig weiterkämpfte. Neben der Schule zählte einzig der Sport, er war, jedenfalls kurzfristig, »das wirkliche Leben«. Einzig und allein der Eisring war jener Ort, an dem sich Leistungen sichtbar machen und nachweislich verbuchen ließen, er war die Arena ihres frühen kindlichen Ehrgeizes, der Schauplatz ihrer ersten großen Erfolge und ihrer ersten schmerzhaften Misserfolge.

Scheinbares Paradox: Der Sonntagserfinderin, die sich während ihrer späteren Laufbahn als deutsche Schriftstellerin immer wieder nachdrücklich als Stubenhockerin stilisierte und angeblich nichts weniger mochte als frische Luft (»Meine Mutter musste mich zum Spielen tragen!«), war das Team hoch und heilig, die Familie unentbehrlich, der Mitstreiter und Wahlbruder Wayne nicht nur erste Liebe, sondern höchstes Vorbild, und die Trainer, erst Walter und später Bamie, kleine Götter, für die sie »klaglos bei Wind und Wetter« spielte.

Bei allem behaupteten Widerspruchsgeist einer Einzelgängerin, die auf nichts mehr Wert legte als darauf, allein in der Landschaft zu stehen, wollte Felicitas gefallen, dazugehören, eine Rolle spielen, ihren Part übernehmen, dabei ständig verblüffen und überraschen. Falls sie wirklich eine Stubenhockerin war, dann jedenfalls eine, die in ihrer Stube von Öffentlichkeit und Wettbewerb nicht nur träumte, sondern dafür auch den entsprechenden Einsatz erbrachte. Sie wollte, wie sie selbst einmal sagte, »groß, schön und tüchtig sein«.

»Beim Training in Dad's (Wally's/fh) Coliseum«, erinnert sich Waynes Schwester Kim, »war sie grundsätzlich die Erste. Während wir andauernd versuchten, uns unter dem

Kommando unseres Vaters wegzuducken und mit Hilfe unserer Mutter das Sonntagsfrühstück in die Länge zu ziehen, stand sie längst draußen im Ring und polierte die Kufen. Ich glaube, Wayne war der Einzige, der sie mochte, uns anderen ging sie einfach auf die Nerven. (…) Sie liebte das Training, sie war geradezu verrückt danach, und sie übertrieb andauernd – die Erste, die kam, die Letzte, die ging. Und die, die am häufigsten hinfiel und am häufigsten wieder aufstand. (…) Klar war sie schlecht ausgerüstet, miserable Schlittschuhe, brüchige Schläger und so weiter. Aber das war nicht der Grund, wir waren ja alle schlecht ausgerüstet. Außer unserem Wunderbruder Wayne, der ja damals schon schwer am Aufsteigen war, weshalb mein Vater so gründlich in ihn investiert hat. Aber auch auf besseren Kufen wäre Fly (Felicitas' Spitzname bei den Gretzkys/fh) zehnmal so oft gefallen wie Wayne. Nicht weil sie, wie Dad gern behauptete, schlecht ausbalanciert war, sondern weil sie die Pferde immer von hinten aufgezäumt hat. (…) Sie machte ja buchstäblich alles, um andauernd zu fallen. Natürlich reines Theater. Klar, sie wollte gesehen werden, und sie wusste ganz genau, wie das geht: dramatisch stürzen, pathetisch aufstehen. Sie war einfach ins Fallen verliebt, weil sie so scharf aufs Aufstehen war, scharf auf die Bühne, die bei uns hinterm Haus natürlich lächerlich klein war. (…) Nichts als Show und Theater: wie sie hinfällt, bis zehn zählt (großartiges Timing!), vom Eis aufsteht, halb gebückt die Hände auf die Kniescheiben drückt, nach dem Schläger greift, dann so beiläufig den Helm nach hinten schiebt und dann wieder nach vorne schießt. Die reinste Hinterhofoper!«

Es ist Felicitas' von Bamie Boots immer wieder bestätigte »Fallsucht«, die Gretzkys Fly in späteren Mannschaftsjahren ihren zweiten Spitznamen, Sawchy, einträgt. (Terry Sawchuk spielte vorzugsweise ohne Maske, sein Körper war, wie Zeitzeugen gern bestätigen, »das reinste Schlachtfeld«.) Dass Felicitas an den »größten Goaly von allen«, falls er jemals ein Vorbild war, nicht einmal entfernt heranreichte, versteht sich von selbst. Zwar brachte sie sich während ihrer kanadischen Hockeyjahre zahllose blaue Flecken, Blutergüsse, aufgeplatzte Lippen, Prellungen, eine prominente Narbe über der rechten Augenbraue und andere geringfügige Verletzungen bei, trug aber über all die Jahre nicht eine einzige nennenswerte größere Verletzung davon. Soweit bekannt, hat sich Hoppe nie auch nur einen einzigen Knochen gebrochen. Dazu Bamie Boots: »Ich glaube, ihre größte sportliche Leistung bestand darin, der unverletzbarste Verlierer von allen zu sein.«

Der Rest, das andere »wirkliche« Leben, fand im Verborgenen statt, an einem Ort, »an den mir so schnell keiner folgt«. Ein Ort, dem Hoppe allerdings umso nachdrücklicher Misstrauen entgegenbrachte, je bewusster sie sich der Tatsache wurde, dass sie sich dort womöglich wohler fühlte als im unerbittlichen Wettkampf auf dem Eis. Dort war sie allein, dort schrieb sie und tat gleichzeitig alles, um ihr Schreiben, allem voran vor ihrem Vater (»Ich schreibe nicht, ich mache Erfindungen!«), geheim zu halten.

Schon früh zeigt sich jenes quälende Unbehagen gegenüber jenem bequemen Wohlsein, das ihre späteren Beziehungen oft so nachhaltig belasten sollte, eine unglückliche Anlage zum unfreiwilligen Spielverderbertum, unter dem sie umso mehr litt, je mehr sie spürte, wie sehr sie das Alleinsein genoss, weil es sie kurzfristig von jeder Form der Verantwortung entband. Ein Genuss, der offenbar mit Angst vor Verlusten verbunden war: »Wo ist eigentlich Wayne, wenn ich schreibe?«, fragt sie in einem Brief an ihre vier deutschen

Geschwister und fährt fort: »Was macht er, wenn ich Geschichten erfinde? Vergisst er mich, sobald ich das Eis verlasse? Vermisst mich Walter, wenn ich sonntags nicht komme? Reserviert Phyllis am runden Tisch trotzdem noch einen Platz für mich? Streicht mich Bamie aus seiner Liste, wenn ich nicht mehr zum Training komme? Was ist, wenn ich sonntags nicht da, sondern hier bin, am Schreibtisch meines Erfindervaters, der sonntags, genau wie ich, auch nicht da ist, sondern irgendwo anders. Das Sonntagshaus gehört mir allein: drei Zimmer, ein Bad, die Terrasse, die Küche. Und sein Labor.«

Aber wie abwesend war der Patentagent wirklich? War er wirklich nur da, um, wie Felicitas immer wieder behauptete, ihre Schulzeugnisse zu unterschreiben, während Walter Gretzky sie trainierte und der Hamelner Erbauer des ersten Kaspertheaters und seine Sahne schlagende Gastgeberkönigin die exklusiven Empfänger ihrer kanadischen Postkarten blieben? »Hier seht ihr mich und dort meinen Vater«, so ein inflationär häufig angeführtes Zitat aus Hoppes Erzählung *Kopf und Kragen (Picknick der Friseure)*, in dem ein Vater sein Kind, wohin auch immer, entführt und unterwegs nebenbei zum Tanzbären ausbildet: »Er führt mich durch die Welt an der Kette seiner einbeinigen Abenteuer. Es riecht nach Wind und nach Wetter, die Sonne steht hoch am Himmel, und der Rucksack (sic! / fh) auf meinem Rücken ist leicht wie ein Päckchen Watte, nur mein Kopf auf dem breiten runden Kragen ist schwer wie ein Stein, der augenblicklich den Abhang hinunterrollen will.«

Eine bündige Antwort auf die Frage, welcher ihrer Väter hier tatsächlich Modell gestanden hat, sei den biographischen Ausdeutern von Hoppes Werk vorbehalten. Tatsache ist, dass die Geschichte von *Kopf und Kragen* bereits in den späten neunziger Jahren zu einem häufig nachgedruckten und von Schülern wenig geliebten Text in deutschen Schulbüchern für die erweiterte Oberstufe avancierte. Die Fragen zum Text sind über die Jahre, ganz im Sinn einer textimmanenten Interpretation, bis heute dieselben geblieben: »1. Skizzieren Sie das Verhältnis zwischen Vater und Kind. 2. Deuten Sie das Motiv des Rucksacks. 3. Kommentieren Sie den hier verhandelten Welt- und Abenteuerbegriff. 4. Setzen Sie den Text mit der Ihnen bekannten Redewendung ›Es geht um Kopf und Kragen‹ in einen sinnstiftenden Zusammenhang. 5. Kommentieren Sie die Wettersymbolik und interpretieren Sie unter 6. folgenden Satz auf Seite 47: ›Nachts liege ich neben ihm unter der Decke und möchte warten, bis sein Atem so kurz wird, dass er ganz verschwindet, aber mein Schlaf ist noch kürzer.‹« (Aus: *Wort und Sinn*, 1999)

Durchwachte Nächte auf Grund von Kurzatmigkeit dürften durchaus den Tatsachen entsprechen. In seinem Tagebuch berichtet Karl Hoppe von in regelmäßigen Abständen wiederkehrender schwerer Bronchitis, von Nächten, in denen Felicitas buchstäblich »auf dem letzten Loch pfeift«, Anfälle, die ihn, genau wie ihre rätselhaften »Hauterscheinungen« (»rote und ganz entsetzlich juckende Flecken, nicht nur im Gesicht, sondern ausladend über den ganzen Körper verteilt«) offenbar in Unruhe versetzten, auch wenn Karl Hoppe, was die Gesundheit seiner Tochter betraf, nicht zu Panik neigte, nicht zuletzt deshalb, weil die Erscheinungen kamen und gingen und »weil sie sich durch nichts davon abhalten lässt, trotzdem wieder und wieder aufs Eis zu gehen«.

Dass ihr Vater nie versucht hat, sie davon abzuhalten, sollte allerdings nicht gegen ihn ausgelegt werden. Er war

weniger gleichgültig als rat- und hilflos und versuchte regelmäßig, wenn nicht unter der Woche, so immerhin sonntags,
Zeit mit seiner Tochter zu verbringen. Dass er dabei weder
als Trainer noch als Geschichtenerzähler brillierte und keinen nennenswerten Hang zum Kaspertheater besaß, steht
außer Frage. Dafür besaß er Qualitäten anderer Art, von
denen Felicitas durchaus profitierte und die sie in höchst
unterschiedlicher Weise immer wieder angeregt haben. So
ist die Sonntagserfindung des Leuchtpucks, die Eberhard
von der Mark später für sich in Anspruch nehmen konnte,
nachweislich nicht Felicitas, sondern ihrem Vater gestohlen,
der darum weit weniger Aufheben machte als seine Tochter.
Es ist also Felicitas gewesen, die ihrem Vater den Diebstahl
an seiner Erfindung stahl, den er in seinem späteren australischen Tagebuch ziemlich lakonisch mit folgender Notiz
kommentierte: »Glückwunsch für Mark unter der Nummer
0 273 944. Einmal mehr im Rückstand.«

Glaubt man den Tagebüchern, so war Vater Hoppe spätestens seit seinem Flugzeugabsturz, »der ihn«, schreibt später die Tochter, »faktisch und praktisch aus dem Verkehr
zog, weil unser Marktwert weltweit proportional zur unserer Geschwindigkeit wächst und fällt«, ständig im Rückstand, was darauf schließen lässt, dass er, genau wie seine
Tochter, unter der Last unerfüllter Wünsche und unausge-
gorener Erfindungen litt. Während sie in der Schule war,
ging der Patentagent seiner Arbeit bei *Bell Telephone Canada* nach, die ihm kaum mehr Befriedigung verschafft haben
dürfte als die »leere, auf der Schulbank abgesessene Zeit«
seiner Tochter. Sein Sonntagslabor glich ihrem Schreibtisch:
Fluchtorte zweier Träumer, deren Träume sich, so sehr sie
sich voneinander unterschieden, zu Lebzeiten nicht in klingende Münze verwandeln ließen.

Welchen Raum des gemeinsamen Hauses Hoppes Erfindervater auch immer bewohnte, seine Tochter hatte ihren festen
Platz darin. Vorsicht ist also geboten gegenüber der sentimentalen Rhetorik, mit der uns Hoppe in ihren *Briefen an
vier deutsche Geschwister* immer wieder weismachen will,
ihr Vater sei seiner Tochter ausgewichen, sie sei ihm womöglich gleichgültig gewesen. Er dachte gar nicht daran, nachts
nur zwei bis drei Schritte zu machen und lauschend an ihrer
Zimmertür stehen zu bleiben, um seine Tochter atmen zu
hören.

Karl Hoppe, nicht älter als fünfundzwanzig, als er mit
Felicitas nach Kanada übersiedelte, mag als alleinerziehen-
der Vater zwar unerfahren und unbeholfen gewesen sein,
ein Lauscher an der Tür seines eigenen Kindes war er sicher
nicht. Selbst misstrauischen und parteiischen Lesern seines
Tagebuches kann, bei aller Nüchternheit, kaum entgehen,
dass er seine Tochter liebte und spätestens sonntags an ihre
Zimmertür klopfte, um zu überprüfen, ob Fly (er war entgegen Hoppes Behauptungen durchaus mit ihren zahlreichen Spitznamen vertraut) ihre Hausaufgaben erledigt und
sich angemessen auf die neue Woche vorbereitet hatte.

Von einbeinigen Abenteuern wird dabei kaum die Rede
gewesen sein. Karl hatte sich zwar auf höchst unkomfor-
table Weise aus seiner Heimat verabschiedet, über die Um-
stände seiner »ersten großen Reise« schwieg er sich aber
auch in späteren Jahren hartnäckig aus. Dass seine Tochter
ihn jemals genauer daraufhin befragt hätte, ist nicht bekannt, vermutlich »weil er nicht mein Vater, sondern bloß
mein Entführer« war. Das Privileg der Zuneigung und des
Geschichtenerzählens kam, jedenfalls offiziell, ausschließlich ihrem Traumvater, dem Hamelner Erbauer des ersten
Kaspertheaters, zu.

Karl Hoppe, jüngster von drei Söhnen eines oberschlesischen Schneidermeisters aus Seifersdorf, der Einzige seiner Familie, der »den Mut aufgebracht hatte, seine Heimat zu verlassen«, war ein schweigsamer Esser, ein Ordnungsmensch, der nicht nur im Berufsleben klare Strukturen, Regeln und Formeln liebte. Regelmäßig fertigte er Wochenpläne an, ergänzt durch Siebentagepläne für Felicitas, die er seiner Tochter allerdings vorenthielt. Vielleicht schämte er sich der von ihm selbst so genannten Funktionslisten, in denen sich ein Erziehungsidealismus offenbart, der weit über die Verwaltung von Talenten und Anlagen hinausgeht, auch wenn der Ton seiner Aufzeichnungen zu der Annahme verführt, er sei ein Mensch ohne besonderes Einfühlungsvermögen gewesen, der nichts anderes im Sinn gehabt habe, als seine Tochter auf Linie zu bringen, und dabei übersehen habe, wofür sie »tatsächlich bestimmt« war.

Altmodische Kategorien wie Bestimmung oder Berufung kamen im Kosmos von Hoppes Erfindervater nicht vor. Er war in jeder Hinsicht ein Mann des Fortschritts, fixiert auf Neues, vielleicht um sich selbst davon abzulenken, dass das Alte, »dieser rückwärts gewandte Lebensentwurf von da drüben«, nicht nach seinen Wünschen aufgegangen war. (»Vergangenheiten ertrage ich schlecht.«) Folglich baute er unermüdlich an immer neuen und umfassenderen Lebensplänen, die er ebenso unermüdlich immer wieder von vorn verwarf.

Pläne, mit denen er seit Felicitas' viertem Lebensjahr allerdings weitgehend allein war. Felicitas' Mutter, Maria Hoppe, geborene Siedlatzek, »diese Provinzdiva aus Breslau«, wie sie Hoppes Verwandtschaft bereits vor der Heirat abfällig titulierte, hatte ihn wenige Jahre nach der Geburt der gemeinsamen Tochter verlassen, um dem Ruf eines »windigen Generalmusikdirektors« nach Warschau zu folgen, der sich später immerhin als tüchtig genug erwies, um sie von Warschau nach Moskau zu bringen, wo sie eine unbedeutende Karriere als Pianistin antreten sollte, was Karl nicht davon abhielt, den hoffnungslos einseitigen überseeischen Briefverkehr mit Maria noch über Jahre hin aufrechtzuhalten.

Wenn es, jenseits der frappierenden äußeren Ähnlichkeit (»sie waren einander wie aus dem Gesicht geschnitten«) etwas gibt, das Vater und Tochter bis an ihr Lebensende verband, so ihre ausgeprägte Leidenschaft fürs Briefeschreiben. Sie waren, jeder auf seine Art, besessene Verfasser von Nachrichten, angefangen bei jenen kleinen Zetteln, die sie einander bereits in Brantford gegenseitig auf dem Küchentisch hinterließen, bis hin zu zahlreichen Briefen an Freunde und Verwandte, die sie, einer für den anderen, gewissenhaft frankierten (»Briefmarken – die mit dem Schiffsmotiv«) und in den Kasten warfen, in die sie aber zuverlässig niemals Einsicht nahmen. In puncto Briefgeheimnis war die Diskretion zwischen Vater und Tochter sprichwörtlich, ihr Vertrauen ineinander so altmodisch wie grenzenlos: »Ein Brief ist ein Brief. Sobald der Umschlag geschlossen ist, gehört er seinem Empfänger.«

Vor allem aber schrieben sie ihre Briefe auf Deutsch, so wie sie ausschließlich Deutsch miteinander sprachen, die einzige Form von Erziehungsidealismus, die Karl in Bezug auf Felicitas konsequent gepflegt haben dürfte. Erstaunlich genug, wenn man bedenkt, wie sehr Karl darauf aus war, nach vorne zu denken. Und von höchster Bedeutung in Bezug auf Hoppes Werk, die also, »wenn es wirklich drauf ankam«, in einer Art Geheimsprache schrieb, in einer Sprache, mit der sie offenbar weit mehr verband als der Ehrgeiz und die Welt ihres »Entführers« und Erfindervaters. Ein Tatbestand, den sie in der Schule hartnäckig verschwieg, wo sie neben der »viel zu einfachen englischen Sprache« spätestens nach dem vierten Schuljahr ihren ganzen Ehrgeiz in das Französische steckte und nachweislich nie ein einziges Wort Deutsch gesprochen hat.

Während Felicitas die berühmten Briefe und Postkarten an ihre deutschen Eltern und Geschwister schreibt, die ihre Empfänger niemals erreichen und sämtlich wie ein Bumerang zu ihr zurückkehren, gehen die Briefe des jungen Patentagenten an eine ferne Klavierlehrerin ebenso ins Leere. Maria antwortet auf die Briefe ihres Mannes genauso selten wie auf die Briefe ihrer Tochter, die sich innerhalb kürzester Zeit entschlossen auf den Ersatzschriftverkehr mit ihrer Hamelner Familie verlegt. Dass Karl dagegen das Schreiben an seine längst geschiedene Frau nicht aufgibt, ist weniger seinem Herzen als seinem Ordnungssinn geschuldet, der ihn knapp zwei Jahrzehnte lang dazu anhält, regelmäßig protokollarisch über die Erziehung seiner Tochter Rechenschaft abzulegen. Offenbar dienten die Briefe dazu, mit sich selbst ins Reine zu kommen und sich über die Schwierigkeiten mit der gemeinsamen Tochter (die längst weder eine gemeinsame noch seine alleinige war) auseinanderzusetzen.

Die Tatsache, dass er von seinen Briefen gewissenhaft Durchschläge (später Kopien) anfertigte, erlaubt detaillierte Einblicke in das Verhältnis zu Felicitas und in die Pläne, die er mit ihr hatte: »Kommt halbwegs mit in der Schule. Schöne Handschrift (manchmal über die Ränder hinaus). Müheloses Lesen, Schreiben und Rechnen. Deutliche Schwächen in Landeskunde, Geographie und Geschichte (mangelnde Neigung zum Auswendiglernen). Souverän in den Naturwissenschaften und in der Mathematik (kann buchstäblich alles nach x auflösen). Wenig Neigung zum Malen und Zeichnen (kommt selten über Entwürfe hinaus). Erfindungsgeist (zur Durchführung fehlt es an Präzision). Insgesamt Mangel an Ausdauer. Musikalisches Talent. Motorisch ausgezeichnet.«

Karls Listen lesen sich bei näherem Hinsehen weniger als großangelegtes Erziehungsprogramm, sondern vielmehr als der unbeholfene und gelegentlich rührende Versuch, der vagen Vorstellung dessen, was er für seinen Erziehungsauftrag hielt, eine greifbare Form zu geben. Allerdings bleibt das von ihm selbst aufgestellte Programm eine Handlungsanweisung ohne nachweisbare Handlung. Bei allem Hang zur Buchhaltung war Karl Hoppe ein so naiver wie vorurteilsloser Vater, der von seinem Kind ganz offenkundig überfordert war, ohne sich dessen bewusst zu sein. Was Lebensentwürfe und die Förderung seiner Tochter betraf, war und blieb er ein Bastler und Enthusiast. Erinnern wir uns daran, dass er es war, der ihr die erste Maske baute (»damit sie nicht endet wie Sawchuk«), der ihre geliehenen Schlittschuhe weitete (»mit Hilfe des elektrischen Schuhspanners an Seiten und Fersen gedehnt, halten sie durchaus noch einen zweiten Winter«), der in seinem Labor, das zugleich seine »Werkstatt für alles« war, jene brüchigen Eishockeyschläger zimmerte, die Felicitas den Spott ihrer Teamkameraden einbrachten, und der ihr zu Beginn jedes neuen Schuljahres einen neuen Rucksack nähte, »mit dem ich mich immer wieder von vorn blamiere«.

»Vermutlich«, schreibt Felicitas Jahrzehnte später, »war sein Problem, dass er so geizig wie ehrgeizig war und dass beides auf gar nichts gerichtet war, weil er, was er nie zu geben wollte, keinen Plan hatte, nichts, worauf sich zu sparen lohnte. Er wusste einfach nichts mit mir anzufangen, nicht auf dem Eis und nicht am Klavier. Ich war, wie alles in seinem Leben, ein natürliches Vorkommnis, das sich später in eine Idee verwandelte, aus der, wie aus all den anderen, einfach nichts wurde, eine Art Nebenerfindung aus seinem Sonntagslabor, ein Leuchtpuck ohne Patent sozusagen.«

Was die Tochter in diesem Zusammenhang verschweigt, ist die Kehrseite der Medaille. Karls angeblich ungerichteter Ehrgeiz eröffnete ihr einen Freiraum, von dem die meisten Kinder nur träumen und in dem sie sich während ihrer kanadischen Jahre jederzeit ganz nach Geschmack und Belieben bewegen konnte. Denn kontrolliert hat der Listenkönig Karl Hoppe seine Tochter nachweislich nie: »Solange ich Zettel hinterließ, konnte ich tun und lassen, was ich wollte, womit ich schon damals in Brantford unangefochten allein war. Gut möglich«, fügt sie gnädig, fast gönnerhaft hinzu, »dass man mich nicht nur in Brantford, sondern auch in meiner Heimatstadt Hameln um meinen Entführer beneidet hat.«

Es war keineswegs nur Karls Angewohnheit, Rucksäcke zu nähen, die die Hoppes in Brantford zu Außenseitern machte. Es fehlte die Mutter, und »es verging kein Tag, an dem ich nicht nach ihr gefragt worden wäre«, schreibt Felicitas. Auch wenn das übertrieben sein dürfte, darf man davon ausgehen, dass das Erfinderpaar aus Vater und Tochter in Brantford zu Mutmaßungen und Spekulationen verführte. In der Nachbarschaft hatte man längst damit begonnen, sich über die Hoppes Geschichten zu erzählen, die Karl offenbar weit weniger zur Kenntnis nahm als Felicitas, die mit der für sie typischen Mischung aus Selbstbehauptung und ungebremster Fabulierlust sogar selbst dazu beitrug, diese Geschichten auszubauen und in Umlauf zu bringen.

Noch heute, vierzig Jahre später, trifft man in Brantford auf Zeitzeugen, die sich erstaunlich mühelos an einen Vater erinnern, der mehrfach versucht haben soll, seine angeblich aus Europa entführte Tochter mit Gewinn an Gretzkys erfolgsverwöhntes Hockeyteam zu verkaufen. Die Kinder russischer Nachbarn der Familie Gretzky erinnern sich an ein Mädchen, das »fast genauso gut spielte wie Wayne und dabei wesentlich lauter schrie als alle anderen, obwohl Mädchen damals auf dem Eis doch sowieso keine Chance hatten«, während die Nachbarn zur Linken mit Nachdruck darauf beharren, Walter und Phyllis hätten nicht nur eine (Kim), sondern zwei Töchter gehabt, von denen die »überforderten Eltern« die jüngere »zur Wochenendadoption« an einen eingewanderten Patentagenten »freigegeben« hätten, weil dieser offenbar über die »besseren Erziehungsmittel« verfügte.

Im Laufe der Jahre rankten sich um das kleine Haus in Brantford, das Felicitas mit ihrem Erfindervater bewohnte, reihenweise Geschichten, die die Mutmaßungen der Nachbarn noch bei weitem übertreffen. Der zugereiste Patentagent regt die Phantasie an, nicht nur, weil er sich über seine Herkunft so gründlich ausschweigt, sondern weil er, genau wie seine Tochter, »ein verdächtig akzentfreies Englisch« spricht, »das Englisch der Königin«, weshalb er »ganz sicher nicht von hier sein kann«. Wer bei *Bell Telephone Canada* arbeiten wollte, musste grundsätzlich auf die englische Königin schwören, »und wer akzentfrei auf die englische Königin schwört, ist garantiert ein Spion. Mit höchster Wahrscheinlichkeit einer aus Russland. Nur der Teufel spricht sämtliche Sprachen akzentfrei.«

Der russische Spion und seine entführte Tochter nährten über Jahre die Einbildungskraft der so zurückhaltenden wie klatschsüchtigen Brantforder, von denen nicht wenige »in kalten Nächten« am Gartenzaun des kleinen Hauses gestanden und »Lichter« gesehen haben wollen, was dem unscheinbaren und bescheidenen Domizil der Hoppes den Namen »Haus der zwei Lichter« eintrug, der später zum Titel einer so ambitionierten wie literarisch wertlosen und außer der Reihe in den *Brantforder Nachrichten* abgedruckten Erzählung werden sollte (man pflegte dort in der Regel keine literarischen Arbeiten zu veröffentlichen), die erst nach Hoppes Umzug nach Australien erschien und folgendermaßen beginnt:

»Auf den ersten Blick war es ein Haus wie jedes andere in der Nachbarschaft auch. Nur dass der Garten weit ungepflegter war als die anderen Gärten. Offenbar wohnte hier niemand, der Sinn für Ordnung hatte, weshalb dem Haus, obwohl es nicht alt war, etwas Verfallenes anhaftete. Weder war der Rasen gemäht, noch waren die Bäume beschnitten, in der kleinen Einfahrt wölbten sich zwischen aufstrebendem Moos Steinplatten, die niemals ersetzt wurden. Das Unkraut stand hoch. Aber wann immer man am Haus vorbeikam, es brannte Licht. Genaugenommen brannten zwei Lichter, eins im Keller und eins unterm Dach. Im Keller saß der Patentagent, unter dem Dach seine Tochter. Der Rest lag in einem verschwiegenen Dunkel.« (Übersetzung ins Deutsche: fh)

Der Erzähler (Clark Dark) scheut im weiteren Verlauf der Erzählung nicht davor zurück, in »Hoppes haunted house« (Hoppes Spukhaus) Geister und Spiritisten und nebenbei auch noch eine Versammlung russischer Verschwörer auf den Plan zu rufen, die »die ahnungslose Tochter auf dem Dachboden« zu weit mehr als nur unbotmäßigen Spionagediensten heranziehen. Die Verschwörung fliegt auf, weil die »russischen Schurken« erstens die Wachsamkeit der Brantforder Bürger unterschätzen und sich zweitens bei einem

»Wintergelage« unfreiwillig selbst zur Strecke bringen, als beim Öffnen »der letzten Flasche« eine Kerze umfällt, die das »Haus der zwei Lichter« vernichtend in Brand steckt. Während Verschwörer und Agent entkommen können, wird die Tochter, »im Dachgeschoss von Flammen umzingelt«, in letzter Sekunde von tollkühnen Nachbarn über eine von außen angelegte Leiter gerettet: »Sie fanden sie in verbrannten Kleidern und Tränen, das Gesicht rußgeschwärzt, aber das Kind begriff sofort, dass es gerettet war. Und dass sein Leben, tatsächlich, erst jetzt begann.«

In der Schule von Brantford, die Felicitas bis zu ihrem Umzug nach Australien besuchte, sind die Erinnerungen etwas nüchterner: »Sicher hatte sie ihre Eigenarten, aber insgesamt war sie eine gute, gewissenhafte und in den meisten Fächern begabte Schülerin, allerdings manchmal etwas abwesend, man könnte auch sagen gelangweilt, als ginge sie das alles nichts an«, erzählt Martha Knit, Lehrerin der ersten Stunde, und gießt Tee nach. »Ich erinnere mich noch gut daran, wie ihr Vater sie am ersten Tag in die Schule brachte. Statt eines Ranzens trug sie einen unförmigen karierten Rucksack, mit dem sie irgendwie eine komische Figur abgab, obwohl sie eigentlich ein ganz hübsches Kind war, nur ein bisschen verstockt und seltsam angezogen. Was nicht heißt, dass sie schlecht oder nachlässig gekleidet war, nur eben seltsam. Ihr Vater hat ja nicht nur Schulrucksäcke genäht, er nähte auch all die anderen Sachen, Hosen, Röcke, Jacken und Mäntel. Schaun Sie sich mal die Fotos an (Martha öffnet einen Schuhkarton), sie fällt einfach auf, solche Sachen wurden hier ja sonst nicht getragen. Dieser Winter mantel zum Beispiel, ein Einzelstück der besonderen Sorte. Wissen Sie (Martha lacht), ich komme selbst aus einer

Schneiderfamilie und sehe solche Sachen sofort, ich habe einen Blick dafür (sie fährt mit dem Zeigefingernagel über die Bilder und bleibt auf Felicitas' Mantel stehen): Eine Kapuze mit einklappbarem Sichtschild, bei Bedarf abtrennbar durch einen Reißverschluss, Mantelaufschläge mit nach innen verklappbaren Handschuhen, die man auch festknöpfen konnte. So was gab's doch damals in keinem Laden. (Die alte Lehrerin ist sichtlich begeistert.) Dieser Vater hatte nicht nur Ideen, der verstand auch was vom Handwerk, der nähte wie einer vom Fach. Natürlich wusste Felicitas nicht, was sie da trug, besser gesagt, sie wusste wahrscheinlich genau, was sie trug, weshalb sie sich ziemlich unwohl fühlte. (Martha steht auf und holt Kekse.)

Die ersten zwei Wochen waren das reine Spießrutenlaufen, Kinder haben ja wenig Feingefühl: Karierter Rucksack!, schrien sie ihr andauernd hinterher. Dagegen war nichts zu machen, da musste sie durch, na ja, sie trug das mit bewunderungswürdiger Fassung. Wahrscheinlich wusste sie, dass sie was Besonderes war, obwohl sie von diesem Bewusstsein nichts hatte. Angebiedert hat sie sich jedenfalls nie. Wenn man sie ansprach, hat sie sich einfach weggedreht und irgendwas in den Schulhofsand gemalt. Aber (Martha gießt zum dritten Mal Tee nach) sie verstand ganz genau, wovon die Rede war, ihr entging nichts, alles bekam sie mit, hatte überhaupt ein phänomenales Gedächtnis. Ehrlich gesagt brauchte ich eine ganze Weile, bis ich begriff, was für ein gutes Gedächtnis sie hatte, warum sie nie mitschrieb. Jedenfalls kann ich mich nicht daran erinnern, dass sie auch nur ein einziges Mal ihre Hausaufgaben vergessen hat oder die Unterschrift ihres Vaters.«

Martha Knits Begeisterung für Felicitas Kleidung (»Den Kindermantel mit Reißverschlussschild hätte ihr Vater patentieren lassen sollen!«) erklärt sich aus der Tatsache, dass sie neben den klassischen Grundfächern (Englisch, Mathematik, Geographie und Kanadische Königskunde) weit über vierzig Jahre lang mit großer Leidenschaft die von ihr weit mehr geliebten Fächer Werken und Handarbeit unterrichtete, für die Felicitas keinen Sinn hatte: »Sie konnte ja nicht mal einen Knopf annähen, da kam kein Faden durchs Öhr, von Sticken oder Stricken ganz zu schweigen. Immer hatte sie nasse Hände, alles fiel auseinander. Sie war ein Kind für Ideen, wusste genau, was sie wollte, jedenfalls hatte sie eine sehr genaue Vorstellung davon, wie die Dinge zu sein hätten. Nur konnte sie das nicht in die Tat umsetzen. Ein ganzes Schuljahr lang hielt sie mich mit dem Versprechen hin, nach einem eigenen Entwurf eine besondere Filztasche für ihre Pucks zu nähen. Als ich sie kurz vor den Zeugnissen daran erinnerte, war ihr das peinlich, und in der Woche drauf kam sie dann tatsächlich mit einer Art Umhängetasche aus Filz in die Schule, mit lauter niedlichen kleinen Fächern drin. Aber, jede Wette, die hatte ihr Vater genäht.«

Von Sport und Musik, sie gibt es freimütig zu, versteht Martha nichts, weshalb ihr umso höher anzurechnen ist, dass ihr weder der Hockeyschläger in Felicitas' Rucksack entging, noch die Tatsache, dass ihre Schülerin nicht nur auf dem Eis, sondern gelegentlich auch im Unterricht sang: »Ja, tatsächlich, sie sang. Nicht dass das richtiges Singen war, wer singt schon im Mathematikunterricht, es war eher eine Art verzweifeltes Summen, mit dem sie sich selbst einfach nach x hin auflöste, so wie manche Kinder beim Schreiben murmeln oder einfach die Lippen bewegen. Kinder kommen ja auf seltsame Ideen, wenn man sie mit ungeliebten Aufgaben konfrontiert. Nur versuchen sie in der Regel, das zu verbergen. Aber das hier war anders, gar nicht stumm, da brachte jemand ganz entschieden was zu Gehör, eine Art Melodie.«

Eine Art Melodie, die auch Felicitas' Musiklehrerin Lucy Bell nicht entging, Ururenkelin eines der größten Söhne der Stadt Brantford. Höchste Zeit also, beim letzten Tee die Sprache endlich auf Alexander Graham Bell zu bringen, der in einem entsprechenden Wikipedia-Eintrag neben Shawn Antoski (Eishockey), Bill Cook (Eishockey), Wayne Gretzky (Eishockey), Phil Hartmann (Schauspiel und Drehbuch) und Nick Kaczur (Football) den Brantfordern ewigen Nachruhm bescheinigt. (Hoppes Name fehlt in dem genannten Eintrag.) Martha, in die Geschichte verliebt, erzählt mit glühenden Wangen und umständlichem Aufwand, wie sich AGBs Eltern »eines Tages endlich erhoben«, um entschlossen nach Kanada auszuwandern, »weil die Luft für ihren Sohn dort viel besser war«.

Die Familiengeschichte der Bells, weit länger, dramatischer und verzweigter als die der Hoppes (jede Menge Schicksalsschläge, Krankheiten, Tode), rührt die Lehrerin zu Tränen, und es dauert lange, bis sie endlich zur Erfindung des Telefons kommt, die sie in diesem Zusammenhang offenbar am wenigsten interessiert. Bis heute habe sie nie so recht verstanden, wie ein Telefon funktioniert, von der komplizierten Geschichte dauernder Patentstreitigkeiten zu schweigen. Für Martha ist und bleibt Bell in erster Linie »der Retter der Gehörlosen, erster und einziger Erfinder der Gebärdensprache«, und »der größte Sprecherzieher der Menschheitsgeschichte«, der seiner Mutter, als sie zunehmend taub wird, »die Wünsche von Fingern und Lippen abliest«, ein »Morsealphabet der Gefühle« entwickelt und, »als sein Mund ihr Ohr längst nicht mehr erreicht, mit fest an die Stirn des geliebten Gegenübers gepressten Lippen unmittelbar in ihren Kopf hineinspricht«, um später »taub-stumme Kinder geduldig zu lehren, sich Luftballons an die Ohren zu halten, um damit fremde Schwingungen aufzu-nehmen«.

Die taubstummen Kinder scheinen auch Felicitas' Phan-tasie, die Bells Geschichte offenbar genau kannte, stark beschäftigt zu haben, nicht zuletzt deshalb, weil sie ahnte, dass Phyllis, die seit Walters Unfall bei *Bell Canada* mit einem »halbierten Ehemann« lebte, ihr damals in der Küche nur die halbe Wahrheit verraten hatte. Sie hatte ihr jene Kinder verschwiegen, die der Rattenfänger nicht mitneh-men wollte, weil sie keine Glückskinder waren.

In der Brantforder Schulbibliothek hatte Felicitas inzwi-schen ein bebildertes Buch mit dem Titel *German Folk Tales (Deutsche Sagen)* entdeckt, das neben zahlreichen anderen auch die Geschichte vom Rattenfänger *(Pied Piper of Ha-melin)* enthielt, in der zum Schluss »one little lame boy« (ein kleiner lahmer Junge) die Szene betritt, der offenbar nicht schnell genug ist, um mit den anderen zusammen in den Berg (»the Koppenberg Mountain«) zu gelangen. Er, so wird berichtet, sei es gewesen, der den »citizens of Hamelin« (den Hamelner Bürgern) von dem Unglück berichtet habe. (Die hier erwähnte Textfassung folgt offenbar nicht der in Deutschland bekanntesten Version der Sage nach den Brü-dern Grimm.)

Allerdings weist das Buch Widersprüche zwischen Text und Illustrationen auf, die der jungen Leserin nicht ent-gehen. Ist im Text von nur einem (lahmen) Jungen die Rede, zeigen die Bilder stattdessen zwei Kinder, von denen das eine lahm, das andere dagegen blind ist. Das blinde Kind stützt das lahme, während das lahme dem blinden den Weg weist. Felicitas' Misstrauen ist geweckt, fortan traut sie weder Phyllis noch dem Text, noch den Bildern. In einem Brief an ihre Geschwister in Hameln stellt sie die dringende Frage, was es mit den Zurückgebliebenen eigentlich auf sich habe: »Man sagt, das eine sei blind gewesen und das andere lahm. Aber kann man sich dessen sicher sein? Weiß man in Hameln mehr darüber? Könnt Ihr Euch für mich kundig machen? Vielleicht im Fremdenverkehrsbüro? Womöglich waren die Kinder weder blind noch lahm, sondern taub und stumm, so dass das eine die Musik gar nicht hören konnte, und das andere konnte davon nicht sprechen. Oder sie waren blind und taub oder taub und lahm oder lahm und stumm oder stumm und blind oder blind und taubstumm oder alles zusammen und konnten weder sehen noch hören. Und schon gar nicht Geschichten erzählen.«

Über diese Grundfragen hinaus begleitete Hoppe über Jahre hinweg die weit quälendere Hauptfrage, wie es insgesamt wäre, »überhaupt nichts zu hören und die ganze Musik, von der wir andauernd umzingelt sind, nur zu sehen. Wie hält man das aus, lauter Instrumente ohne Klang?« Es dürfte mehr als nur ihr kindlicher Quälgeist gewesen sein, der sie dazu antrieb, bereits in ihren frühen Schuljahren ihrem Vater, ihren Mitschülern und ihren Lehrern wieder und wieder dieselbe unbeantwortbare Frage vorzulegen: »Was möchtest du lieber: Blind oder taub sein?«

Schon damals war Felicitas berüchtigt für ihren Hang zu provozierenden Scheinalternativen. Sie selbst, die, ihrem Sportsgeist folgend, gern mit gutem Beispiel voranging, war um radikal pathetische Antworten selten verlegen: »Im Fall dieses Falles unbedingt blind. Lieber tönendes Dunkel als schweigendes Licht!« Der Rest der Befragten schwieg sich aus. Einzig Phyllis ließ sich nicht lumpen: »Wozu diese Frage? Deinen Leuchtpuck sieht doch ein Blinder.«

Während Phyllis sich ihrer Antworten jederzeit unschlagbar sicher war, war Hoppes Musiklehrerin, Alexanders Ururenkelin Lucy Bell, eine überzeugte Zweiflerin, die Talente zwar zu erkennen vermochte, sich aber davor scheute, sie voreilig zu fördern. Perfektionistin durch und durch, war sie, im Gegensatz zu Walter, von der Vorstellung besessen, dies nur dann tun zu können, wenn sich »mehr als nur ein Ansatz von Eignung oder Leidenschaft« zeigte. Sie folgte dabei ihrem persönlichen Motto (»ganz oder gar nicht«), um »die Welt vor dem größten und kindlichsten Missverständnis von allen« zu bewahren, »dass die Kunst auf der Straße liegt und für jeden zu haben ist«. Lucy Bell war nicht nur eine strenge Protestantin, sondern, wie das Archiv der Schule in Brantford beweist, auch eine Art selbsternannte Gutachterin, die den von ihr ausgefertigten Schulzeugnissen neben schlichten Zahlen (lange vor der Zeit jener heute allgemein üblichen ausführlichen Begründungen) ungefragt weitschweifige Ausführungen über die Einschätzung ihrer Schülerinnen und Schüler beilegte.

So auch über Felicitas: »Ihr musikalisches Talent ist so bemerkenswert wie vollkommen unentwickelt. Beachtliche Stimme. Singt mit Eifer und Beteiligung, lässt an Konzentration allerdings zu wünschen übrig. Schlecht kontrollierte Atmung. Typisch katholische Schwankungen in Gemüt und Ausdruck, weshalb bei der Instrumentenwahl schwer zu raten ist. Stimme oder Taste? Saite oder Blasinstrument? Auf den ersten Blick die Posaune, die ihrer Stimme und Konfession am nächsten kommt. (Felicitas, die vermeintliche Außenseiterin, hatte bereits im zweiten Brantforder Schuljahr und über Jahre hinaus das Amt des Klassensprechers inne.) Auf den zweiten Blick Oboe (Schwermut und Eigensinn). Auf den dritten Blick Klarinette (Rhetorik und

Verführungskunst). Auf den vierten das Cello (kompliziert und sentimental).«

Weshalb Lucy Bell am Ende zu dem ernüchternden Ergebnis kommt, es sei für Felicitas am besten, neben der klassischen Blockflöte, die Felicitas liebte und bereits im Alter von sechs Jahren perfekt beherrschte, die aber für Lucy kein Instrument, sondern »nichts als eine Rattenpfeife« war, schlicht und einfach Klavier zu lernen. Das Klavier, befand sie, sei unter den »echten Instrumenten« das einzige, das die Bedürfnisse dessen, der Musik zu machen versucht, »auf befreiende Weise bündelt und neutralisiert, weil die Tasten zumindest den Anfänger von der Aufgabe entbinden, die Töne selbst zu bilden, sei es durch eigenen Atem oder durch die Berührung von Saiten auf einem schwer bespielbaren Steg, von der Handhabung des dazu gehörigen Bogens ganz zu schweigen. Beim Klavier dagegen sind die Töne im Kasten. Egal, welche Taste ein wie wenig auch immer begabter Finger berührt, es kommt immer ein scheinbar fertiger Ton heraus, was, jedenfalls kurzfristig, zu einem trügerischen Erfolgserlebnis führt, das auf anderen Instrumenten nur langfristig zu haben ist, weshalb als Einstiegsinstrumente für Kinder, die schon durch geringfügige Enttäuschungen leicht zu entmutigen sind (was leider immer häufiger der Fall ist), weder Blas- noch Saiteninstrumente geeignet erscheinen.« In anderen Worten: Lucy Bell hielt das Klavier für »das leichteste und unverfänglichste Instrument von allen«, wenn auch ausdrücklich nur für jene, denen für Instrumente »das zweite Ohr abgeht, weil sie von Musik sowieso keine Ahnung haben«.

Das von Lucy Bell erstellte Gutachten blieb zunächst folgenlos, da sich Felicitas' Vater in den ersten Brantforder Jahren um eine systematische Musikerziehung seiner Tochter genauso wenig Gedanken wie um ihre sportliche Laufbahn gemacht haben dürfte. Dass er allerdings, wie Felicitas später gelegentlich behauptete, aus persönlichen Gründen (vgl. dazu die *Briefe an Maria*) eine Abneigung gegen Musik im Allgemeinen und das Klavier im Besonderen gehabt habe, ist, wie ihr weiterer Lebensweg zeigt, abwegig. Wahrscheinlicher ist, dass er, sei es aus Zeitmangel, Nachlässigkeit oder einfach aus unbedarfter Neugier heraus seine Tochter, wie es in seinen Aufzeichnungen heißt, »einfach machen ließ«, ganz egal, »auf welchem Eis mein Esel gerade tanzt«.

Mit dem Esel auf dem Eis trifft Karl Hoppe, ansonsten kein Mann für sprechende Bilder und Tiere, unbewusst ins Schwarze und bringt Charakterzüge ins Spiel, die für Hoppe insgesamt kennzeichnend bleiben: Leichtsinn, Übermut, Gratwanderei, Disproportion, kühne Inkompetenz und jenen ausgeprägten Hang zum Aufschneiden und zur Prahlhanserei, den schon Bamie Boots an ihr festgestellt hatte. Neben dem immer wiederkehrenden infantilen Traum einer Karriere als Ratte auf dem Hamelner Marktplatz und der Selbststilisierung zum Superpuck bleibt der Esel ihr emblematisches Lieblingstier, wie Hoppes Antworten in Interviews und in zahlreichen in der Künstlerbefragung bis heute inflationär verbreiteten Fragebögen beweisen:

»Ihre Helden in der Geschichte: Esel. Ihre Helden in der Wirklichkeit: Esel. Mit wem würden Sie gern für einen Tag tauschen und warum: Mit einem Esel, weil er keine Fragebögen ausfüllen würde. Lieblingsmusik: IA. Ihre Lieblingsfarbe: Grau. (Hoppes Lieblingsfarbe ist nachweislich Rot./fh) Ihr Lieblingstier: Der Esel, was sonst. Liebt das Alleinsein in der Herde. Eine Eselskavallerie: Undenkbar. Ein Tier, das nie in die Schlacht ziehen würde. (Motto: Fuß vor Fuß) Trittsicher im Gelände. Gute Einschätzung der

Lage: Geht, wo er kann, steht, wo er muss. Ruhig, ausdauernd, intelligent und genügsam. Nicht schreckhaft. Selbst unter Androhung von Gewalt unverführbar. Schnell gelangweilt. Schmeichelt sich nicht ein, aber fühlt sich gut an, besonders hinter den Ohren.«

Ohren durchziehen das Werk Hoppes, die, wie Lucy Bell später schnell feststellte, das absolute Gehör besaß, von der ersten bis zur letzten Seite. Aber anders als die Eselsohren in Hoppes Lieblingsbuch *Pinocchio* sind sie keine Vorboten bedrohlicher Strafmaßnahme wie die einer Metamorphose von Mensch zu Tier (Pinocchio und sein Freund Docht verbergen ihre wachsenden Eselsohren peinlich berührt unter hohen Mützen), sondern entpuppen sich als Fluchträume vor der Außenwelt, weil sie unvermutet auch ganz anderen Zwecken dienen können, vor allem dann, wenn sie, wie in dem oft von Hoppe zitierten Reisebericht Pigafettas (Antonio Pigafetta: *Die erste Reise um die Welt*) so groß sind wie die jener Zwerge auf einer fernen Insel, denen das eine ihrer Ohren »als Bett, das andere aber zur Decke dient« *(Pigafetta)* oder wie die Ohren eines gewissen Hai Shang aus Shang Hai, unter denen man sich bei Regen wie unter einer Pelerine versammelt, um gemeinsam »traurige Lieder« zu singen. (Vgl. dazu A. Lindgren: *Pippi Langstrumpf.*)

»Wozu gibt es Innen- und Außenohren?«, fragt Hoppe in einem späten Aufsatz (*Wer Ohren hat*, 2008) und fährt fort: »Das Ohr ist beides, Antenne zur Außenwelt und Schutzmantel der Innenwelt.« Dennoch bleibt Vorsicht geboten, Hoppe misstraut jeder Form von Kommunikation zutiefst, wobei sie weniger die Frage beschäftigt, was wir eigentlich sagen und erzählen, als die Frage danach, was wir wirklich hören können, ob unsere Botschaft tatsächlich ankommt. Es ist kein Zufall, dass besonders in ihren frühen Texten so gut wie gar nicht gesprochen wird. Sie gleichen Prosa-stummfilmen, deren Protagonisten sich nicht mit Hilfe von Wörtern, sondern mit Gesten und Requisiten verständigen, sie sind nicht Sprechende, sondern Zeigende, als seien sie allesamt taubstumm, als sei ihre Erfinderin in Bells große Schule der Gebärdensprache gegangen.

Ständig winken sie mit Mützen und Schmetterlingsnetzen, tragen Kiepen und Rucksäcke unbekannten Inhalts mit sich herum und versuchen, ihre Umwelt mit Hilfe umständlicher Kameras einzufangen. Wo sie trotzdem zu sprechen versuchen, ist ihre Rede von ständiger Angst und Sorge begleitet: »Aber hörst du mir zu?«, heißt es in *Pigafetta*, »ist hier noch Platz für uns beide? Ja, ich höre dir zu, ich lausche genau. Im Gegensatz zu dir habe ich meinen Platz unter der Uhr keine Sekunde verlassen. Es ist nur der Blick, der dich kurzfristig täuscht, die geänderte Richtung, aber ich höre auch von weitem jedes deiner Worte, ich zeichne alles auf, Silbe für Silbe, und setze sie wieder richtig zusammen, weil du vergessen hast, wie man denen den Mund stopft, die lügen auf offener See.« Hoppes Lügnern wachsen keine langen Nasen, dafür Ohren, auf die aber auch kein Verlass ist. Was also bleibt, um in ein Gespräch zu treten? In *Wer Ohren hat* kommt Hoppe zu dem zweifelhaften Schluss: »Wer nicht hören kann, muss fühlen.«

Gut möglich, dass sie, die sich nachweislich nie ein Haustier hielt und wenig Sinn für die Tierwelt hatte (»mit dem Wunsch nach einem eigenen Hund oder einer eigenen Katze hat sie mich nie behelligt, sie wollte nicht einmal einen Fisch oder Vogel«, so Karl Hoppe in seinen Aufzeichnungen), gerade deshalb eine ausgeprägte Neigung für »Tiere im Text« entwickelte, denen sie nachgerade märchenhafte Fähigkeiten des Verstehens andichtet, eine Art stummes Mehrwissen, das sie am Ende (sie folgt darin ihrer lebenslangen Leidenschaft für Märchen) doch zu einer Art fabelhaften Sprechens befähigt. Eine »bedauernswert regressive Attitüde«, wie Reimar Strat in einer Rezension ihres Romans *Paradiese, Übersee* bemerkt, in dem der neben einem Ritter an der Reling eines Schiffes stehende Hund Munter (ein Name, den sich Hoppe bei Hauff geliehen hat) auf die Frage des Ritters, wie alt er (Munter) sei, die prosaische Antwort gibt: »Dreihundert.«

»Tiere«, schreibt 2005 dagegen Yasmine Brückner in ihrem Aufsatz *Wir sind, was wir spielen,* »sind in Hoppes Texten nicht Tiere, sondern, wie all ihre anderen Figuren auch, Gefährten fröhlicher Kostümierung. Hierarchien innerhalb des Personals sind dieser Autorin in der Literatur wie im wirklichen Leben vollkommen fremd. Sie ist verliebt in die reine Partnerschaft, gleich welcher Form. Sie kennt (oder macht) keine Unterschiede, zwischen Mann und Frau ebenso wenig wie zwischen Mensch und Tier, egal, wie sehr sie damit den Leser verwirrt, wobei Verwirrung niemals ihr Ansinnen ist, sondern nichts als die Folge ihrer eigensinnigen Auffassung von Wirklichkeit. In Hoppes Kosmos könnte jeder Hund ein Ritter, jeder Ritter ein Hund, jeder Kapitän die letzte Hamelner Ratte sein, die erst nach ihm das sinkende Schiff verlässt. In der Welt der Felicitas Hoppe nimmt sich rücksichtslos und ganz nach Belieben jeder an jedem ein Beispiel, ohne Furcht vor dem falschen Vorbild, ohne Angst vor dem falschen Kostüm, ohne die Frage danach, was wem passt. Alle sind alles und nichts auf einmal, Schauspieler auf Abruf in einem Stück, das keinen Unterschied zwischen Charakter und Schmiere kennt.« Und, möchte man hinzufügen, auch keinen Unterschied zwischen hoher und trivialer Literatur.

»Hoppes Welt«, so Brückner weiter, »ist auf so altmodische wie zeitgenössische Weise immer Bühne, das Leben permanenter Rollentausch. Dies und nichts anderes ist der Grund dafür, warum man ihre Kreaturen permanent aus den Augen zu verlieren droht. Eine windige Truppe wankelmütiger Verwandlungskünstler, die hinter Wandschirmen verschwinden, um kurz darauf wieder an der Rampe zu stehen und mit immer neuen Requisiten zu winken. Kein Wunder, dass die Lektüre solcher Texte nicht nur anstrengend ist, sie macht vor allem nervös. Die Angst um die eigene Identität wird, so bedenklich wie unbekümmert, in Lust und Laune verwandelt. Stellen wir uns ein Spielfeld vor, auf dem die Spieler fortwährend wechseln, nicht nur innerhalb der eigenen Mannschaft, sondern auch zwischen den Mannschaften selbst. Ein dunkles Hin und Her von Bewegungen und Finten, ein einziges Hakenschlagen, bei dem der Zuschauer hoffnungslos auf der Strecke bleibt. Wer, fragt man sich, trägt hier welches Trikot, wer spielt mit welcher Nummer, unter welcher Farbe und Fahne? Wer verbirgt sich hinter der Maske im Tor? Hoppes Protagonisten sind ein Team, das sich selbst genügt und auf Trainer und Publikum pfeift.«

Bamie Boots, der Hoppes literarisches Werk kaum zur Kenntnis genommen haben dürfte, wusste vermutlich schon länger und lange vor jenem legendären Endspiel in Edmonton (1972), in dem Hoppe sich ein für alle Mal weigerte, auf dem Eis ihren Rucksack abzulegen (Regelverstoß: unkorrekte Ausrüstung), dass Hoppe eine Meisterin wechselnder Kostüme und Masken war, weshalb sie schließlich (zu Recht) vom Eis verbannt wurde, womit sie nicht nur ihren Trainer, sondern auch ihre Teamkameraden nachhaltig enttäuschte und irritierte.

BBs Kommentar dazu: »Die Nummer mit dem Rucksack war natürlich reines Theater, Wichtigtuerei, eine unbeholfene Rache an Wayne, auf den Fly von Anfang an eifersüchtig war, weil er Furore machte und längst bei Gzowski (gemeint ist Peter Gzowskis Radioshow *Good Morning Canada*/fh) auftrat, während sie immer noch in der unteren Liga spielte. Er war nun mal einfach der Größte und Beste und schließlich so gut, dass er seinen eigenen Leibwächter auf dem Eis bekam, weil er es hasste, sich zu schlagen (»the most gentlemanly player of all«/»der höflichste Spieler von allen«/fh), während Felicitas sich andauernd selbst verteidigen musste. Wahrscheinlich hat sie deshalb diesen Hang zu Privatrüstungen entwickelt.«

Auf die Frage, ob Felicitas nicht womöglich schon damals beschlossen habe, in ein anderes Lager überzulaufen, weil sie den Sport auf dem Eis längst satthatte und lieber in eigener Sache kämpfen wollte als in einem »hell ausgeleuchteten Stadion, in dem mich dem ganzen Licht von Toronto zum Trotz sowieso niemand sieht«, reagiert BB leicht gereizt: »Das stimmt doch hinten und vorne nicht. Typische Behauptungen von Leuten, die von Sport nichts verstehen und nie ein Stadion von innen gesehen haben. Erstens war Fly, zur Not auch mit Rucksack, immer eine der Besten der Besten, nur war ihre Nummer einfach gegen die Regeln und ziemlich albern, und das wusste sie auch. Trotzdem hätten wir sie gern dabeibehalten. Denn zweitens war sie verliebt ins Eis, wo sonst hatte sie die Gelegenheit, sich so glänzend in Pose zu werfen. Ganz oder gar nicht war ihre Devise, sie war und blieb verliebt in den Auftritt. Ihr Abschied, der niemals ein Abschied war (BB legt seine Hand ins Feuer), hatte rein gar nichts mit Sport zu tun, sondern mit ihrem Vater, der selber völlig erfolglos war und dem nicht gefiel, was seine

Tochter da machte. Weshalb er sich dann diese Frau besorgte, die Fly vom Eis an die Tasten brachte. Mein Gott, Musik, wenn ich das schon höre! Wissen Sie, wen ich da vor mir sehe? Eine misslaunige Frau aus Brantford, die sonntags in einem grauen Kostüm den dünnen Gesang von müden Kirchgängern an einer verstimmten Orgel begleitet (im Brantforder Klima sind alle Orgeln verstimmt) und unter der Woche Musikstunden gibt, um sich irgendwie über Wasser zu halten. Und die ihren Schülern das Stadion missgönnt, weil sie selbst niemals auf einer Bühne saß und bis heute von nichts als vom großen Applaus träumt.«

Jener misslaunigen Frau im grauen Kostüm war Felicitas' Vater vermutlich zum ersten Mal auf einem Elternsprechtag begegnet, den Karl nur deshalb besuchte, weil Felicitas ihn dazu gedrängt hatte, Folge ihrer andauernden Klage, ihr Vater interessiere sich nicht für ihre schulische Laufbahn. Tatsächlich war er wenig enthusiastisch, als er an einem Brantforder Donnerstag (»muss die Patentkonferenz ausfallen lassen«) in der Schule erschien, um mit dem Lehrkörper seiner Tochter Kontakt aufzunehmen: »Lauter Gespräche, aus denen nichts folgt«, notiert am Abend der Agent in seinen Aufzeichnungen, »der Mantel, an den Ärmeln ausgelassen, würde auch ohne Rücksprache noch einen fünften Winter halten«. Und: »Schulbibliotheken sind ein Desaster.« Zum Schluss allerdings die überraschend persönliche Notiz: »Die Musiklehrerin macht übrigens Eindruck, eine gewisse Ms Bell, die mir die Notwendigkeit des Quintenzirkels erklärt hat.«

Es dürfte kaum der Quintenzirkel gewesen sein, der den Esel »vom Eis an die Tasten« brachte. An einem trüben Tag im November erschienen völlig unerwartet drei Männer vor dem »Haus der zwei Lichter«, um ein Klavier durch den

Vorgarten zu tragen und es danach »schwer atmend im Flur abzustellen. Der große Kasten erregte in mir vom ersten Moment an eine Mischung aus Faszination und Schrecken, genau wie die Männer, die ihn trugen. Ich begriff sofort, dass sich etwas geändert hatte, das Klavier war nur zum Schein für mich gedacht«, schreibt Felicitas in ihrer Erzählung *Tasten*.

Und sie fährt fort: »Ich erinnere mich noch genau, wie die Männer sich weigerten, es über die Treppe nach oben in mein Zimmer zu tragen, weil der Aufgang so schmal war, dass sie es über das Geländer hätten heben müssen, was völlig unmöglich war. Das Haus war einfach nicht für Klaviere gebaut, mein Vater war kein Mann für Klaviere und ich keine Schülerin für Lucy Bell. Ich bin und bleibe nun mal die Schülerin meiner Mutter, und das erkannten die Männer sofort, weshalb sie das Klavier einfach im Flur neben der Tür zum Labor meines Vaters stehen ließen. Da steht es vermutlich noch heute, wir haben es einfach zurückgelassen, als wir später nach Adelaide gingen.«

Zwischen dem erwähnten Klaviertransport und Hoppes Umzug nach Australien liegen knapp vier Jahre, eine Zeit, über die Hoppe in *Tasten* in mehr als nur Andeutungen schreibt: »So wurde aus meiner Musiklehrerin meine Klavierlehrerin und aus meiner Klavierlehrerin die Geliebte meines Vaters, auch wenn er das anfangs nicht zugeben wollte, obwohl offensichtlich war, dass er meinen Unterricht in Naturalien bezahlte, in unserem Wirtschaftsplan gab es für Musik keinen Posten. Bis heute werde ich den Verdacht nicht los, dass er auch das Klavier niemals selbst bezahlt hat, ein Instrument, das verdächtig jenem anderen glich, das eines Tages aus der Aula unserer Schule verschwand, um, so begründete Bell seine Abwesenheit, endlich gründlich überholt zu werden. Weshalb sie plötzlich an einem Donnerstag mit einem unbekannten Mann im Schlepptau erschien, breiter als hoch, die Zähne gelb wie vergilbte Tasten und auf entschiedene Weise verschwiegen, so dass er keine Zeit damit verlor, mich zu begrüßen oder sich vorzustellen (legte nur lässig im Vorübergehen eine Karte auf den Tisch: *Tony Tonell – Stimmung und Instrumentenbau*), sondern sich umgehend an die Arbeit machte.

Die Stimmung dauerte knapp zwei Stunden, in denen Lucy keine Sekunde von Tonys Seite wich, und obwohl sie kein einziges Wort dabei wechselten, befanden sie sich offenbar in einem Zustand von höherer Übereinstimmung, es war sicher nicht ihre erste gemeinsame Stimmung. Es war das erste (und vielleicht einzige) Mal, dass ich Lucy Bell aufrichtig bewunderte. Tony Tonell, das war offensichtlich, bewunderte sie schon länger.

Mein Vater übrigens auch. Lucy war eine schlanke Frau mit einem glatten Gesicht mit einem ernsten Ausdruck mit streng nach hinten gebundenen Haaren, die schwarz und ehrgeizig glänzten. Sie hatte (wie geboren für kanadische Orgeln) große Hände und Füße, in schwarzen Schuhen, die auf den ersten Blick den Eindruck erweckten, sie wisse genau, wohin sie wolle. Aber während sie in der Schule und in der Kirche die Selbstbeherrschung in Person war, ließ sie sich während der Klavierstunden in unserem Flur nicht selten ganz unvermutet zu überraschenden Darbietungen hinreißen, indem sie, anstatt mir Unterricht zu erteilen, ohne mit der Wimper zu zucken Bach zu Mozart, Mozart zu Beethoven, Beethoven zu Brahms, Brahms zu Rachmaninow, Rachmaninow zu Schönberg und Schönberg wieder zu Bach transponierte.

Lauter heimliche Zirkusnummern (sie die Arena, ich das

Publikum), denn eigentlich spielte sie ausschließlich Bach, immer nur Bach. Bach, sagte Bell (wobei sie seufzte), sei das Alpha und Omega, nicht nur in der Musik, auch im wirklichen Leben, der einzige wahre Gottesbeweis. Es gäbe nichts Größeres als Bach, und es werde auch nie etwas Größeres geben, nur er und sonst niemand sei in der Lage, die menschliche Existenz in all ihren Höhen und Tiefen auszumessen, das habe sie bei Flora Gould gelernt, in ihren frühen Torontoer Jahren.«

Wieder und wieder, behauptet die Schülerin Hoppe, habe die Lehrerin Bell von ihrer Zeit in Toronto als der schönsten ihres Lebens gesprochen, von jener unvergesslichen Zeit bei Flora Gould, ihrer ersten und einzigen Lehrerin, die ihr alles beigebracht habe, was man für das Klavierspiel brauche: Bach. Die Erzählungen aus dem Hause Gould habe sie (Bell) regelmäßig mit dem Hinweis darauf geschlossen, sie gehöre zu den wenigen glücklichen Menschen (»the happy few«), die Floras großen und einzigen Sohn (gemeint ist vermutlich der kanadische Pianist Glenn Gould/fh), noch leibhaftig auf der Bühne erleben durften:

»Was für ein Tag, als er zum letzten Mal öffentlich auftrat. (Niemand wusste, dass Glenn Goulds Auftritt am 10.4.1964 in Los Angeles sein letzter öffentlicher Auftritt sein würde./fh) Ich weiß noch genau, was auf dem Programm stand, wie schön und in sich gekehrt er aussah, wie er auf seinem kleinen bescheidenen Stuhl mit den abgesägten Beinen saß und wie ergreifend und demütig er spielte, von unten nach oben, wie auf Knien. Natürlich Bach. Und Hindemith und Beethovens opus 108. Nebenbei sang er. Es war einfach magisch.« (Bell frei nach Hoppe)

Auch in späteren Jahren scheint Hoppe nicht aufgefallen zu sein, dass Lucy Bell kaum in der Lage gewesen sein dürfte, sich 1964 (kaum vierundzwanzigjährig) eine Reise nach Los Angeles zu leisten, wo der große GG übrigens nicht Beethovens opus 108, sondern opus 109 zu Gehör brachte. Ein für Hoppes frühe Geschichte unbedeutendes Detail, da Lucys Erzählungen auch oder vor allem jenseits von Fakten einen großen Eindruck auf ihre Schülerin machten, die fortan von nichts anderem träumte, als davon, vom Eis in den Konzertsaal zu wechseln, um es am Ende, »wenn die Zeit endlich gekommen ist, in der ich für immer berühmt sein werde«, ihren Vorbildern gleichzutun und »ganz von der Bildfläche zu verschwinden«.

Vorerst aber träumt sie keineswegs vom Verschwinden, sondern vom »ganz großen Auftritt« und scheut, jedenfalls in ihren Träumen, nicht davor zurück, ihre beiden Vorbilder leichthändig in eins zu bringen. Denn auf einmal ist sie zu ihrer eigenen Überraschung doppelt verliebt, zu allem Überfluss in zwei Kanadier auf einmal, in Gretzky so sehr wie in Gould, in den ersten real, in den zweiten ideal, und gerät dadurch in »innere Not«, in anderen Worten, in einen einfachen Loyalitätskonflikt.

In einem 1973 in Ontarios Schulen unter dem Titel *Spell your Dreams* (*Wie man Träume buchstabiert*) ausgeschriebenen Wettbewerb reicht die noch nicht Dreizehnjährige (ohne Wissen ihres Vaters und ihrer Englischlehrerin und unter dem schlecht erfundenen Pseudonym Bee Hope) einen Aufsatz mit dem Titel *Wayne meets Glenn* ein, in dem sie von einem Pianisten erzählt, der statt im Frack »in einem Trikot mit der auch in den hinteren Rängen gut sichtbaren Nummer 99« (gemeint ist vermutlich das Trikot Gretzkys / fh) auf der Bühne hinter seinem Klavier sitzt und im ersten Satz des Klavierkonzerts Nr. 4 von Beethoven plötzlich unerwartet (»für die Kadenz war es eindeutig noch zu früh!«) »in eine

Improvisation ausschert«, mit der das Publikum nicht gerechnet hat: »Man muss sich das vorstellen – ein Publikum, das Beethoven wie sein Nachtgebet kennt und plötzlich auf eine Fährte gerät, die nicht, wie gewohnt, ins Vertraute führt, sondern ins eiskalte Abseits. Unvermutet verwandelte sich der Konzertsaal in eine Eisbahn, der Pianist in einen Eisläufer und das Publikum in Gäste eines Stadions, die beim besten Willen nicht wissen können, wie die Sache ausgehen wird.«

Ein zumindest in Auszügen bemerkenswerter Text, auch wenn es der jungen und deutlich überambitionierten Autorin nicht gelingt, Bühne und Stadion erzählwirksam in eins zu bringen. Die Geschichte endet für Protagonisten und Leser gleichermaßen verwirrend, als sich die Bühne überraschend mit einem Team von Eishockeyspielern füllt, die, »allesamt mit klingenden Schlägern bewaffnet, stürmisch wie eine kleine Armee« in den Zuschauerraum vordringen, um sich gegenseitig durch die vollbesetzten Sitzreihen zu jagen, bis die Gäste panisch das Auditorium verlassen.

Einen Preis erhielt Hoppe für ihren Text nicht, dafür spricht er Bände über ihr Verhältnis zur Musik wie zum Sport und zur hohen Schule der Lucy Bell, die weit über den wöchentlich stattfindenden Unterricht hinaus (»Dienstag und Donnerstag sind die Tage höchster Kunst und des höchsten Schreckens«) das Hoppe'sche Familienleben nachhaltig prägen sollte: »Seit sie unser Haus betreten hat, stelle ich mir Tag und Nacht die Frage«, schreibt Felicitas in *Tasten*, »welche Aufgabe sie eigentlich besser erfüllt, die Klavieraufgabe oder die Liebesaufgabe. So oder so, sie könnte jederzeit mit verbundenen Augen spielen, weil sie sowieso alles auswendig kann, weil sie weiß, wie der perfekte Fingersatz geht.

Was mich betrifft, so werde ich auf immer am Fingersatz scheitern, weil mir zum Üben die Grundgeduld fehlt. Von Transpositionen ganz zu schweigen. Nie werde ich wissen, wie man das macht, Bach zu Mozart und Brahms zu Rachmaninow und den Puck ins Tor. Schuld daran ist einzig und allein mein absolutes Gehör, ein blöder Streich der Natur, der Transpositionen einfach nicht duldet!

Es gibt Nächte, in denen ich taub sein möchte, lieber schweigendes Licht als tönendes Dunkel. Kurz nach Mitternacht mache ich zwei bis drei Schritte, bleibe lauschend an ihrer Zimmertür stehen und bilde mir ein, sie atmen zu hören. Dann laufe ich zurück in mein Zimmer, halte die Luft an und krieche, die Uhr auf dem Herzen, unter die Decke, es tickt und klopft und leuchtet im Dunkeln. Im Licht der Uhr schreibe ich Briefe nach Übersee, in denen ich meine Geschwister frage, wie es ihnen und unseren Eltern geht, was die Sahne macht und das *Miramare*, wann sie mich endlich besuchen kommen und dass ich, für den Fall, dass sie mich doch noch besuchen kommen, ihnen endlich alles vorspielen werde, was mir Lucy in den letzten Jahren beigebracht hat. Für den Fall, dass sie mir etwas beigebracht hat. Denn obwohl ich ununterbrochen übe, komme ich keinen Schritt weiter, ich werde vermutlich niemals begreifen, was es mit diesem Kasten auf sich hat. Und bis heute frage ich mich, ob mein Entführervater nicht mehr weiß als ich, weil er einfach der bessere Schüler ist, Lucys Schüler im Dunkeln, der, obwohl er wahrscheinlich nie im Leben eine einzige Taste berührt hat, trotzdem genau weiß, wie der Fingersatz geht.«

Wie das Leben im »Haus der zwei Lichter« wirklich aussah, nachdem drei unberufene Männer jenen »Kasten« ins Haus gebracht hatten, lässt sich aus *Tasten* kaum ernsthaft herauslesen. Weit verlässlicher sind Karls Aufzeichnungen, denen sich unter anderem entnehmen lässt, dass er zwar ein intensives Verhältnis zu Lucy Bell pflegte, aber durchaus nicht die Absicht hatte, ihr in seinem Haushalt einen vorrangigen Platz einzuräumen, auch wenn Felicitas im November 1973 einen Ton hochstilisierter Empörung anschlägt, als sie an ihre vier deutschen Geschwister schreibt:

»Wie gedankenlos Ihr da drüben seid, schon seit Monaten höre ich nichts mehr von Euch! Klar, Ihr seid unter Euch, in bester Gesellschaft, in Sicherheit, im deutschen Kaspertheater. Und habt nicht die geringste Ahnung davon, wie müde es macht, andauernd in leere Räume zu sprechen, während hier alles überläuft: Mein Entführer zieht eine Frau an Land, auf dem Tisch stehen plötzlich Blumen, und im Kühlschrank sammeln sich Vorräte an, als wären wir eine Familie! Es ist nur noch eine Frage von Wochen, bis sie auch sein Labor in die Küche verlegt hat und er mich zwingt, mit einer Frau, die alles andere als meine Mutter ist, sondern bloß meine Lehrerin, für immer an einem Tisch zu sitzen. Spätestens dann wird Schluss sein mit allem, wofür ich zeit meines Lebens gekämpft habe (Felicitas ist nicht älter als zwölf!/fh), Schluss mit meiner Freiheit, mit dem Frieden von Brantford und mit dem fröhlichen Briefverkehr, er im Labor und ich unterm Dach. Wie sehr ich diese Vorstellung hasse! Schon jetzt fehlt mir seine Abwesenheit.«

Tatsächlich war Lucy Bell nicht nur eine bemerkenswerte und überaus ehrgeizige Lehrerin (deren Einfluss und Leistungen Felicitas so verstockt wie konsequent verschweigt), sondern auch eine ausgezeichnete Köchin, womit sie allerdings weder bei Karl noch bei seiner Tochter (beide waren so ignorante wie gleichgültige Esser mit einer deutlichen Vorliebe für einfache Gerichte und gelegentliche Ausflüge in billige Imbissrestaurants, Felicitas meistens zusammen mit Wayne) Punkte machte. Aber obwohl Bell auch nach dem ersten gemeinsamen Winter nicht bei den Hoppes einziehen durfte (wobei unklar bleibt, ob sie damit nicht mehr ihren eigenen als den Wünschen Karls entsprach), »hat sie es irgendwie geschafft«, schreibt Felicitas in einem weiteren Brief in Sachen Bell nach Hameln, »rund um die Uhr anwesend zu sein. Keine Ahnung, wie sie das macht, sie ist einfach da, jedenfalls immer dann, wenn ich es auch bin.«

Am schlimmsten seien die Wochenenden. Früher der Inbegriff »größter Ruhe und Konzentration«, die »Stunden wahrer Erfindung«, seien sie plötzlich von Unruhe erfüllt, als liege etwas in der Luft, eine nebulöse Erwartung, irgendetwas müsse geschehen. »Mittlerweile habe ich mich daran gewöhnt, aber trotzdem passt mir nicht, dass sie ganze Sonntagnachmittage lang lesend und Klassenarbeiten korrigierend in unserer Küche sitzt, um dann unvermutet am frühen Abend anfallartig zum Kochen überzugehen. Viel schlimmer ist aber, wenn sie, was nicht selten vorkommt, schon am späten Nachmittag aufsteht und an die Tür des Labors klopft, was ich vom Treppengeländer aus jederzeit sehr genau im Blick habe.

Sie steht also auf (immer langsam und zugleich höchst entschlossen), dann geht sie zur Tür, streicht sich ein paar Haare hinters Ohr, legt das Ohr an die Tür (immer das rechte), wartet, zögert, atmet und wartet. Erst dann klopft sie an, dabei die Hand bereits schon leicht an der Klinke. Sie klopft. Leise, kaum hörbar, gut möglich, dass sie gar nicht gegen die Tür klopft, sondern nur mit dem Knöchel, leicht in die Luft. Jede Wette, dass er das drinnen unmöglich hören kann. Aber er hört es natürlich trotzdem, weil er es fühlt, und sie fühlt es auch, also ist gar keine Antwort nötig. Dann drückt sie schnell und entschlossen die Klinke runter, schlüpft durch die Tür, die Tür geht auf, wieder zu, sie verschwindet. Das heißt, sie ist drin, und ich bleibe draußen. So setzt sie das Sonntagsgesetz außer Kraft!«

Von welchem Gesetz auch immer Hoppe hier spricht, sicher ist, dass das Betreten des väterlichen Labors in den Augen der Tochter eine schwerwiegende Verletzung jenes Abkommens war, das sie und Karl bereits vor Jahren getroffen hatten und das nicht nur darin bestand, einander weitgehend in Ruhe zu lassen, sondern vor allem darin, andere aus ihrem gemeinsamen Einzugsbereich fernzuhalten. Sie selbst hat das Labor ihres Vaters in den kanadischen Jahren vermutlich niemals betreten, auch wenn sie sich in der Schule gelegentlich gern damit brüstete, die Tochter eines berühmten Erfinders zu sein. Nachweislich aber brachte sie (»weil wir das für immer so abgemacht haben«) niemals, schon gar nicht an Wochenenden, Freunde mit ins »Haus der zwei Lichter«, weil »mein Vater, besonders an Wochenenden, ausdrücklich nicht gestört werden will«.

Bei allem Leichtsinn und aller Sprunghaftigkeit, die man Felicitas immer wieder zu Recht attestiert hat, hielt sie sich mit wenigen Ausnahmen nicht nur sonntags, sondern auch alltags verlässlich an Regeln (Bamie Boots, Martha Knit und selbst Lucy Bell bestätigen das einvernehmlich), worin sie dem Vorbild ihres Vaters folgte, der seinerseits niemals ihr Zimmer betrat, ohne vorher anzuklopfen. Der Ort ihrer Begegnungen und ihrer im Laufe der Jahre immer heftiger werdenden Auseinandersetzungen war und blieb die Küche, jene Küche, »in der jetzt auf einmal eine Frau sitzt, die hier eigentlich nichts zu suchen hat, weshalb es völlig unmöglich geworden ist, einander Zettel zu hinterlassen. So viel ist sicher: Lieber verstumme ich lebenslänglich, als dass ich Lucy

Einblick in Dinge gewähre, die sie nichts angehen. Aber wohin mit der Post, da Lucy jetzt schon längst überall ist, in der Küche, im Labor und im Schlafzimmer und, wenn der Frühling kommt, auch in meinem Schaukelstuhl auf der Terrasse.« (Der in Hoppes Werk immer wieder auftauchende Schaukelstuhl ist reine Erfindung, in Hoppes kanadischem Haus gab es keine Gartenmöbel./fh)

Der hier mehrfach zitierte Brief an die vier Hamelner Geschwister mündet in einige biographisch höchst aufschlussreiche Ausführungen über Felicitas' Angst vor dem kommenden Sommer: »Ich stelle mir lieber gar nicht erst vor, was in dem Fall passieren könnte, dass Lucy auch im kommenden Sommer noch da ist. Gar nicht auszudenken, die Rede käme womöglich auf ein gemeinsames Sommerhaus, auf Angeln, Picknicks und Schwimmen.«

Hoppes hier erstmals ausdrücklich erwähnte Sommerangst ist nur der Auftakt ihrer langen Geschichte im ewigen Kampf mit den Jahreszeiten. Noch in einem Text aus dem Jahr 2007, mit dem sich die soeben als ordentliches Mitglied in die Deutsche Akademie für Sprache und Dichtung aufgenommene Autorin, einem dort üblichen Ritual folgend, in der Mitgliederversammlung präsentiert, bringt sie nicht nur den Rattenfänger wieder ins Spiel, sondern vor allen Dingen jenen kleinen Jungen, der (nach der Überlieferung der Brüder Grimm) umkehrt, um seinen Mantel zu holen und darum den Anschluss an die Gruppe verliert:

»Und dann war da noch ein kleiner Knabe, der trug nur ein Hemd und kehrte um, seinen Rock für die Reise zu holen. Als er zurückkam, waren die anderen verschwunden. Dieser Junge bin übrigens ich, denn ich bin im Dezember geboren, und ich rechne mit Kälte. Aber sobald ich anfange, von meinem Mantel zu sprechen, der rot (sic!/fh) ist und lang und vier große Taschen hat, zwei davon auf der Brust und zwei auf dem Rücken, gibt es Streit. Die Tochter des Bürgermeisters behauptet, ich käme in dieser Geschichte nicht vor, ich hätte mich und den Mantel nur dazuerfunden. Auch sei das stumme Kind gar nicht stumm gewesen, sondern einfach nur lahm. Meine schreckliche Neigung, die Dinge falsch nachzuerzählen, weil ich immer alles einkleiden, wärmen und verbessern will. Ich bin und bleibe ein Winterkind, ich bin mit dem Leben nicht einverstanden.«

Zeit ihres Lebens ist Hoppe ein Winterkind geblieben, was die australischen Jahre zu einer Herausforderung der besonderen Art machen sollte. Die Forschung allerdings hat den Ursprung von Hoppes Sommerkomplex auf einen schlichten kindlichen Tick vordatiert, indem sie ihn auf eine Folge ihrer frühen Verehrung für Glenn Gould zu reduzieren versuchte, von dem Hoppe, wie Tracy Norman 1999 in einem Aufsatz mit dem Titel *Missing the Summer* (*Den Sommer auslassen*) behauptet (ohne diese Behauptung faktisch untermauern zu können), immer ein Bild bei sich getragen habe, das den kanadischen Pianisten, in Mantel, Schal und Handschuhe verpackt, an einem Strand auf den Bahamas zeigt.

Ob Hoppe das Bild wirklich kannte, ist ebenso zweifelhaft wie die Behauptung, Glenn Goulds ehrgeizige Radioproduktion *The Idea of the North* (*Die Idee des Nordens*) habe sie nachhaltig begleitet und einen »unauslöschlichen Eindruck« (Norman) bei ihr hinterlassen. Ob sie das Hörstück jemals ernsthaft zur Kenntnis nahm, ist bis heute nicht nachweisbar. »Aber genau wie Glenn«, führt Norman weiter aus, »hatte Hoppe ein äußerst gestörtes Verhältnis zu ihrem Körper, was sich unter anderem in ihren Texten ausdrückt, in denen ständig von Schneidern die Rede ist, die

nicht nur ihren persönlichen familiären Hintergrund aufrufen, sondern deren Kunst ganz allgemein, die ausdrücklich
darin besteht, nichts zu zeigen, sondern alles zu verhüllen,
was Hoppes ausdrückliche Ablehnung ungepanzerter Ver-
gnügungen erklärt.

Gepanzerte Gestalten sind in Hoppes Werk Inflation,
von kämpfenden Rittern über gequälte Rucksackträger auf
mühsamen Expeditionen bis hin zu Damen in endlosen Ge-
wändern unter hohen Hauben, die durch keinen Türrahmen
passen. Von ihrer Neigung zu Pelztieren ganz zu schweigen.
Was den Körper und seine Bekleidung betrifft, lässt sich
sagen, dass Hoppe, jedenfalls literarisch, nie in der Gegenwart angekommen ist. Bei Hoppe trägt man bis heute, egal,
bei welchem Wetter, geschlossene Schuhe, schwere Mäntel
und in der Regel Mützen mit Ohrenklappen. Eine Eiszeit-
literatur der besonderen Sorte, in der Strände, das Meer und
nackte Körper im günstigsten Fall eine Metapher, niemals
aber ein Freizeitvergnügen sind. Hoppes Protagonisten vergnügen sich grundsätzlich nicht. Selbst wenn sie gelegentlich picknicken dürfen, geht es nicht um Entspannung, sondern auf höchst beklemmende Weise immer ums Ganze, um
eine eiskalte deutsche Winterphilosophie. Warum macht sie
nicht einfach den Reißverschluss auf und lässt uns einen
Blick ins Innere werfen?«

Ginge es ausschließlich um Hoppes Freizeitverhalten, läge
Norman mit ihrer Vermutung einigermaßen richtig. »Freizeit«, so die Autorin 2004 in einem Interview (»Was macht
eigentlich Frau Hoppe diesen Sommer?«/*Öschinger Tagblatt*) »ist eine pure Illusion. Die Zeit ist so frei oder unfrei,
wie wir selber in dieser Zeit sind. Urlaub ist im Prinzip schön
und gut, aber nur, wenn man nicht weiß, was sich hinter

diesem Begriff verbirgt: Urlaub, im ritterlichen Sinn, heißt nicht mehr und nicht weniger, als sich nicht zu verliegen, sondern immer wieder aufzustehen und weiterzugehen auf der Suche nach neuen Abenteuern. Nur dass es am Strand keine Abenteuer gibt, sondern bloß Gestrandete.«

Was Hoppe, eine in der Regel äußerst höfliche und gelegentlich bis zur Selbstverleugnung zuvorkommende Interviewpartnerin, dem *Öschinger Tagblatt* verschwieg, war die Geschichte ihrer ausgedehnten Angelausflüge, die sie im Laufe des Sommers 1974 zusammen mit ihrem Vater und Lucy Bell unternahm und die sie offenbar auf immer das Fürchten verordneter Freizeit lehrten: »Eine völlig idiotische Idee meines Vaters, jedenfalls wenn man bedenkt, wie sehr Bell bis heute Glenn verehrt und wie sehr Glenn das Angeln hasst, weil er Tiere abgöttisch liebt und genau weiß, wie schlecht sich ein Fisch am Haken fühlt. Von uns dreien bin ich übrigens die Einzige, die jemals faktisch einen Fisch an der Angel gehabt hat und keine Sekunde lang daran dachte, ihn wieder zurück ins Wasser zu werfen, weil mir das den Spott des gesamten Gretzkyclans eingebracht hätte!«

Sowenig sie Glenns Tierliebe teilte, so sehr machte Felicitas in ihrem Kampf gegen Lucy raffiniert und unverhohlen Gebrauch davon, indem sie, im Boot sitzend, Vorträge über die grausamen Qualen der am Haken Gefangenen hielt, wie eine Notiz Karls verrät (»sonntags immer wieder Fischmonologe«), die allerdings deutlich ihren Zweck verfehlten, nämlich Lucy des Weiteren davon abzuhalten, die Wochenenden mit Karl am See zu verbringen, auch wenn man ihr, wie Felicitas feststellt, »deutlich ansieht, dass sie nicht die geringste Lust verspürt, so zu tun, als verschaffe es jemals jemandem Lust, Karl dabei zuzusehen, seinerseits angestrengt so zu tun, als verschaffe es ihm größte Lust, für eine Frau einen Fisch aus einem See zu ziehen, zu dem sie beide in keinem Verhältnis stehen.« (*Fische am Haken*, 1998)

Dem widerspricht allerdings das einzige von den Angelausflügen erhaltene Bild, das, Arm in Arm, nicht nur einen lachenden Karl (Felicitas' Vater lachte gern und oft, was seine Tochter uns konsequent verschweigt), sondern auch eine lachende Lucy zeigt, die mit der rechten Hand einen riesigen Fisch in die Kamera hält, von dem allerdings nicht sicher ist, wer ihn wirklich gefangen hat, was das Glück des Paares offenbar nicht trübt. Kein Wunder also, dass Felicitas sich den letzten Angelausflügen des letzten gemeinsamen Sommers nachhaltig verweigert. Die bis zu ihrem Umzug nach Australien verbleibenden Wochenenden verbringt sie so demonstrativ wie ausschließlich bei den Gretzkys (»Wo sonst könnte ich die restliche Zeit schöner auf den Kopf hauen!«), obwohl Wayne in jenem »langen und lauen Sommer des Abschieds« an den Wochenenden längst nicht mehr da war, sondern ständig woanders, ständig auf Tour, immer unterwegs, endlose Nächte in Bussen und auf künstlichem Eis, Walter natürlich immer dabei.

»Zurück blieben Phyllis und ich, während er geisterhaft in der Ferne verschwand und sonntags abends, genau wie all die anderen Brantforder Angler, mit lauter Trophäen nach Hause kam, aus Silber und Gold, lauter alberne Pokale, Säcke voller nutzlosem Zeug und Sachen, für die im Haus längst kein Platz mehr war. Er war dreizehn, hatte längst Pickel und jede Menge Fans und war immer noch schön wie am ersten Tag. Je länger er weg war, umso mehr liebte ich ihn, und wenn er länger weg war als ein Wochenende, liebte ich ihn sogar mehr als mein Leben.

Wie gut ich mich an jene Sonntage erinnere, an denen

Phyllis und ich in der Garage sitzen, die Walter feierabends, nachdem er im unermüdlichen Dienst für *Bell Canada* sämtliche Telefone der Nachbarschaft repariert hatte, so gründlich wie hingebungsvoll ausbaute – Gretzkys kleines Museum der großen Triumphe: Pokal an Pokal, Schläger an Schläger, der zweite und dritte neben dem ersten, Handschuh an Handschuh, wieder ein Handschuh und noch ein Handschuh und wieder ein Handschuh. Im Regal wird es eng, die Trophäen fangen schon an zu drängeln, das erste Gitter gegen die letzte Maske, das erste Polster am linken Knie, das auf den ersten siegreichen Schuh trifft, auf die erste Kufe, von Anfang an die Kufe des Profis. Runter ins Knie und ab in die Kurve: You don't have to know where it's coming from but where it is going to! (Nicht vom Anfang her, sondern aufs Ende hin spielen!) Lauter leere Waschmittelbehälter und Bierdosen: Chase that! Uncanny anticipation! (Der weiß alles im Voraus!), a solemn squirrel, quick as a whisper. (Mein Eichhörnchen, schneller als der Wind!)

Denn Wayne, der Beste und Größte von allen (unschlagbar die Nummer 99) weiß genau, was jetzt kommt. Angriff und Abschied. Der erste frei Hand geschnitzte Schläger, der immer noch (längst verblasst, aber gültig) Walters unbarmherzige Handschrift trägt: Nimm nie in die Hand, wofür du nicht selber gekämpft hast! Daneben, in einer kleinen Vitrine, drei verlorene Zähne (nicht die ersten, sondern die zweiten, er war damals zehn!), die Wayne in einer frühen Schlacht lassen musste und für die es, aller Dentistenkunst zum Trotz, niemals einen Ersatz geben wird. Noch heute stehe ich ratlos vor dem »Glas der verlorenen Zähne«, und immer noch ist mir so kalt wie damals, weil ich jedes Mal friere, wenn ich Waynes kostbare Zähne sehe und Phyllis dabei leise lachen höre, weil sie genau sieht, wie ich da sitze und friere und wie ich mir, immer noch frierend, mit der Zunge über die eigenen Zähne fahre, um nachzuzählen, ob sie noch da sind: Seid ihr alle da?

Ja, tatsächlich, sie sind alle noch da, weil es das Krokodil gar nicht gibt und auch keinen Gegner und keinen Schläger, auch die Garage ist immer noch da. Und Phyllis und ich, umzingelt von Urkunden, Pokalen und Unterschriften, vom gestrigen Schläger, dem Ruhm von morgen, lauter leere Handschuhe und Schlittschuhe, aus denen Wayne längst herausgewachsen ist. Und Phyllis lacht und hört überhaupt nicht mehr auf zu lachen, weil sie lange vor mir begriffen hat, dass nur das der Sinn der Sache sein kann und womöglich der Sinn des Lebens ist: dass man sich Kinder für einen Handschuh einhandelt, für einen Schläger und ein Glas voller Zähne, weil Walter ein Sammler ist, mit Sinn für die Zukunft, ein Listenkönig, genau wie mein Vater, ein Mann mit Ahnung für großen Erfolg.

Während Phyllis, müde, lässig und sehr elegant, scheinbar ganz nebenbei, eine Zigarette aus ihrer Packung zieht und, indem sie sich großzügig Feuer gibt, unauffällig eine zweite nach oben schiebt, die sie mir hinhält: Jetzt, sagte sie, während sie das Streichholz gegen das Zündblatt rieb und dabei gut hörbar rasselnd und pfeifend zwei- bis dreimal deutlich durchatmete, jetzt sind sie weg und wir unter uns, und du bist alt genug, eine mitzurauchen.«

Es ist also Phyllis Gretzky gewesen, die Felicitas das Rauchen beibrachte, die ihrer Lieblingsstiefmutter nicht nur darin zeitlebens die Treue hielt, »auch wenn ich es«, wie sie später einmal schrieb, »im Rauchen genauso wenig zu Höchstleistungen brachte wie auf dem Eis oder später am Klavier«. Allerdings ist bekannt, dass Hoppe ihre Gäste auch noch in späteren Jahren, als das Rauchen längst zum

Tabu geworden war, ausdrücklich dazu anhielt, nicht nur auf dem Balkon, sondern »im ganzen Haus und bitte auch in der Küche« zu rauchen, »weil mich das immer an Phyllis erinnert, auch wenn niemals jemand geraucht hat wie Phyllis, niemals wird jemand rauchen wie sie: selbstvergessen, höflich, entwaffnend nervös. Abwesend und zugleich auf dem Posten.

Ich weiß noch genau, wie sie frühmorgens rauchend in der Küche stand, wenn wir unsere Eishockeyrucksäcke packten und immer alles auf einmal fehlte: Wayne der Helm, Kim der Schläger, Glen die Schuhe, Keith die Maske, mir das Gitter. Und ganz nebenbei war auch noch Sonntag, und Phyllis hatte auch einen Traum, von dem wir nichts wussten, weil wir Kinder waren, und von dem sie nicht sprach, weil wir Kinder waren und weil Phyllis Phyllis war, die niemals davon gesprochen hätte, wie das gehen kann: zehn Kinder, zwanzig Schuhe und Handschuhe, zehn Schläger und Helme auf einmal im Schuppen. Und dass sie sonntags manchmal einfach nicht aufstehen wollte, weil sie davon träumte, sich kurzfristig umzudrehen und aus der warmen Versenkung heraus leise in Walters Richtung zu fragen: Könnte nicht alles auch anders sein? Haben wir diese Kinder wirklich?«

2. Miramare

Der Abschied hat mir das Herz zerrissen«, schreibt Felicitas kurz vor ihrer Einschiffung nach Australien am 1. November 1974 in einem Brief von New York nach Hameln und fährt fort: »Aber gleich heute Morgen beim Frühstück hat mein Entführervater mir genau erklärt, wie schnell so ein Herz wieder zusammenwächst, ein Wunder der Anatomie. Er hat übrigens recht. Als wir in Brantford den Zug bestiegen, hatte ich tatsächlich noch das Gefühl, ich könnte sogar Lucy Bell vermissen. Das hat sich allerdings sehr schnell verflüchtigt. Schließlich reicht es, wenn einer von uns sie vermisst, auch wenn er, seit wir auf Reisen sind, kein einziges Wort über sie verliert.

Aber wie kommt es, ganz allgemein, dass sich alles so schnell in der Ferne verliert? Schon nach den ersten Stunden im Zug hat nicht nur Lucy ihr Gesicht verloren, auch Martha wird unscharf, sogar Bamie fängt langsam an zu verblassen. Nur was, wenn plötzlich auch Wayne verschwindet? Irgendwie werde ich den Verdacht nicht los, dass mir die Kraft der Erinnerung fehlt, nicht weil ich mich nicht erinnern kann, sondern weil der Platz fürs Erinnern beschränkt ist, weil ich den größten Abschied längst hinter mir habe. In meiner Erinnerung ist nur Platz für eine Familie, und der ist besetzt, weil er Euch gehört.«

Der hier angeschlagene Ton, jenes schon für die junge Hoppe so typisch hochtrabende Pathos, bleibt kennzeichnendes Merkmal einer endlosen Reihe von (gelegentlich redundanten) Briefen, die Felicitas in den folgenden Wochen auf hoher See zwischen New York und Adelaide verfassen wird, wobei sie weniger die Tatsache zu beschäftigen scheint, dass sie tatsächlich nicht die geringste Ahnung hat, »warum wir eigentlich umziehen müssen« (sie nahm den Umzug fatalistisch in Kauf und hat ihn an keiner Stelle ihres Werkes jemals thematisiert), als die Frage danach, welchen höchst persönlichen Verlust dieser Umzug mit sich bringt. Denn von Vergessen kann keine Rede sein (das Felicitas von Martha Knit bescheinigte gute Gedächtnis hat sie höchst selten im Stich gelassen), schon gar nicht davon, Wayne sei, wie sie mehrfach entschlossen zu Papier bringt, schon innerhalb weniger Reisetage aus ihrer Erinnerung verschwunden, weil es »da draußen so viel zu sehen gibt, dass man sein Innenleben vergisst«.

Zumal sie, über die reine Behauptung hinaus, mit keinem Wort erwähnt, was da draußen wirklich zu sehen war: die Stadt New York nämlich, die Felicitas zum ersten Mal bei ihrer Ankunft aus Europa als Fünfjährige gesehen hatte und die die inzwischen knapp Vierzehnjährige bei ihrem zweiten Besuch auf ganz andere Weise beeindruckt haben dürfte. Tatsächlich verliert sie aber in ihren Briefen kein Wort darüber, was selbst dann befremdlich bleibt, wenn wir ernsthaft glauben wollen, Felicitas habe sich »für Orte noch weniger als für Verhältnisse« interessiert, und davon ausgehen, dass Karl Hoppe, auch in den siebziger Jahren nach wie vor »sparsam an allen Ecken und Enden«, vermutlich nur wenig Ehrgeiz hatte, seiner Tochter vor der Abfahrt »die große Stadt von Abschied und Ankunft« zu zeigen. (Seiner akribischen Buchführung zufolge logierten Vater und Tochter vor ihrer Abreise nach Adelaide zwei Nächte in einem »so überteuerten wie heruntergekommenen Quartier« in Brooklyn.)

Trotzdem ist davon auszugehen, dass Felicitas einen wie auch immer gearteten Eindruck von New York mit auf die Reise nach Australien nimmt, der über den des mittlerweile legendären Kochs aus ihrem Roman *Pigafetta* weit hinausgegangen sein dürfte, der, an der Reling eines namenlosen Schiffes stehend, die Stadt folgendermaßen kommentiert: »Zehn Monate Fahrt, dreimal New York, kein Fuß an Land, wenn diesmal nicht, dann vielleicht in der nächsten Runde.« Die aufregendste Stadt der Welt bleibt eine Leerstelle, nicht nur in Hoppes Briefen, sondern im Werk insgesamt.

Es ist also nicht das Bild New Yorks, sondern das Bild Wayne Gretzkys, das Felicitas' Schiffsreise begleitet. Das ist wörtlich zu nehmen. Noch lange nach den kanadischen Jahren trug sie in einem eigens zu diesem Zweck angelegten Heft (Marke *Clairefontaine*), zusammen mit einigen anderen Bildern und einer per Hand abgeschriebenen Zitatensammlung (»aus den Werken meiner Wahl«), jenes berühmte Foto bei sich, das den zehnjährigen Wayne in voller Hockeymontur und genau so zeigt, wie Felicitas ihn, wann und wo auch immer die Rede auf ihn kam, beschrieben hat: »Überraschend blond und zerbrechlich.« Das Bild, auf der Vorderseite mit einem Autogramm Waynes versehen (»Wayne for Fly!«), trägt auf der Rückseite den Vermerk: »Pretzl, the solemn squirrel!« (Die »Pretzl« (Bretzel) als Anspielung auf Waynes Spitznamen unter seinen Teamkameraden (schmale Gliedmaßen, höchste Biegsamkeit), »the solemn squirrel« (»das feierliche Eichhörnchen«) einer Beschreibung des kanadischen Radiomoderators Peter Gzowski folgend.)

Dieses Bild dürfte vermutlich kaum jenen Wayne zeigen, der im November 1974 längst keine Zeit mehr hatte, seine ehemalige Spielkameradin Felicitas zum Bahnhof zu bringen, »weil er bereits in einem dieser Busse unterwegs in den Kampf saß«. Ein Abschiedsgeschenk gab es trotzdem, jenes legendäre Trikot mit der ebenso legendären Nummer 99, das Felicitas noch Jahre später trug, auch als sie längst herausgewachsen war, obwohl Wayne, ganz Praktiker, es nachweislich »auf Zuwachs« gekauft hatte.

Noch prägender als der Abschied von Wayne dürfte der Abschied von Phyllis gewesen sein. In keinem ihrer während der Seereise nach Australien verfassten zahlreichen Briefe gibt es einen einzigen Hinweis darauf, die Erinnerung an Phyllis sei, wie etwa die an Lucy oder Martha, jemals verblasst oder schattenhaft geworden, von einem Verschwinden »der besten Stiefmutter von allen« ganz zu schweigen. Der Grund liegt auf der Hand: »Besonders bei hohem Seegang vermisse ich Phyllis, weil sie die Einzige ist, die auch zwischen New York und Adelaide niemals vergessen würde, was es mit dem Rattenfänger auf sich hat, was es bedeutet, entführt zu werden und seine Heimat zu vermissen. Immer wieder hat sie nach Euch gefragt. Ich erinnere mich noch genau daran, wie wir am letzten Sonntag vor unserer Abreise zusammen in Walters Garage sitzen, zwischen den Regalen voller Trophäen. Wir rauchen die letzte Zigarette, da fragt sie mich plötzlich: Raucht deine Mutter eigentlich auch? Und ich sage, dass unsere Mutter nicht raucht, dafür unser Vater, aber nur nach Feierabend, und dass unsere Mutter trotzdem immer Zigaretten bei sich hat, eine ganze Schachtel, immer voll, für den Fall, dass einer vorbeikommt, der keine hat, aber welche braucht. Streichhölzer hat sie natürlich auch. Und Phyllis sagte: Gut zu wissen!«

Sicher ist, dass Phyllis nicht nur in den kanadischen Jahren die Einzige war, die neben der Geschichte vom Rattenfänger auch Hoppes Hamelner Familie beim Wort nahm, auch wenn sich das faktisch nicht nachweisen lässt, da Phyllis weder Tagebuch führte noch Briefe schrieb. Aber immer wieder erwähnt Felicitas in ihren Briefen, auch Phyllis lasse schön grüßen, »und zwar Euch alle« (niemand aus der Gretzkyfamilie, auch nicht Wayne, lässt in ihren Briefen sonst jemals grüßen), »sie kennt Euch nämlich längst alle beim Namen, sie weiß sogar, wann Ihr Geburtstag habt«.

Das dürfte übertrieben sein, Phyllis hatte vermutlich genug damit zu tun, sich die Geburtstage ihrer eigenen Kinder zu merken, auch wenn Waynes Schwester Kim in einem späteren Interview darauf hinweist, sie könne sich noch gut daran erinnern, wie Phyllis an bestimmten Tagen Kuchen auf den Tisch gestellt habe, »obwohl es doch gar keinen Anlass gab«. Außerdem habe sie mit Fly über Leute geredet, von denen sie (Kim) keine Ahnung gehabt habe, was ihr gelegentlich einen Stich versetzt habe, später habe sie das dann aber wieder vergessen.

Felicitas dagegen vergaß nichts und niemanden: weder Lucy noch Martha, auch nicht Bamie, von den Gretzkys ganz zu schweigen. Glaubt man den *Briefen an vier deutsche Geschwister* zwischen New York und Adelaide, war ihr unterwegs nichts wichtiger, als die Matrosen (in der Mehrzahl Russen und Polen) davon zu überzeugen, Toronto sei tausendmal schöner als New York, schöner als alles sei aber »das herrliche Brantford«, was die Mannschaft mit Gelächter quittierte – niemand war jemals in Brantford gewesen. »Auch von unserem großen AGB (Alexander Graham Bell/fh) hat keiner der Männer jemals etwas gehört«, schreibt Felicitas, »Seeleute sind ungebildet, sie wissen nicht einmal, wohin sie fahren. Woher sie kommen, wissen sie auch nicht.«

Man darf sich die Reise vermutlich insgesamt als recht merkwürdig vorstellen: Die knapp vierzehnjährige Felicitas geht in einer eigens von ihrem Vater angefertigten Reisekleidung, einem angeblich wasserdichten Overall (der Felicitas' Traum vom Rattenkostüm ziemlich nahegekommen sein dürfte), zwischen den Matrosen auf und ab und präsentiert nebenbei Waynes Bild (das Bild eines zehnjährigen Kindes) als das Konterfei »meines ersten Verlobten«, was mit Sicherheit für Unterhaltung sorgte. »Felicitas hat eindeutig zu viel Anschluss«, notiert der Patentagent. In anderen Worten: zu viel Phantasie.

Gut möglich, dass sie auf ihrer Schiffsreise unbewusst nachholte, was ihr in New York entgangen war. Die vermeintliche Stubenhockerin hockt keineswegs in ihrer Kabine (die sie mit ihrem Vater teilt), sondern erfreut sich nicht nur bei den Deckmannschaften, sondern auch bei den Offizieren und beim Kapitän überraschend großer Beliebtheit. Der Kapitän der MS *Queen Adelheid* (»wir sind schon auf schöneren Schiffen gereist, aber nie auf einem mit schönerem Namen«, so Felicitas) nimmt sie innerhalb kürzester Zeit unter seine Fittiche und bringt ihr alles bei, »was man über die Seefahrt wissen muss und was man wissen muss, um Wayne zu vergessen«, schreibt Felicitas in einem weiteren Brief an ihre Geschwister. Und im vertrauten Ton des Hoppe'schen Pathos fährt sie fort: »Er ist der beste und größte Kapitän von allen, auch wenn ihm der passende Name fehlt.« (Der Kapitän der *Adelheid* hieß John Small./fh) »Aber was«, ergänzt Felicitas wenig später gönnerhaft, »sind schon Namen!«

Tatsache ist, dass Felicitas im November 1974 auf der *Adelheid* die einzige Frau an Bord war, eine Tatsache, der sie sich nur zum Teil bewusst war. Ihre, wie es scheint, eher linkisch, gelegentlich fast trotzig vorgetragene Leidenschaft für Wayne und die behauptete Verlobung mit der großen Liebe ihrer Kindheit spiegeln vor allem die Naivität einer (ansonsten überaus intelligenten) Spätentwicklerin wider. Sie war so unterhaltsam wie unerfahren, dabei auf den ersten Blick wenig attraktiv, ein Mädchen, das sich weder zu kleiden noch zu frisieren wusste und das, sosehr sie darunter vielleicht gelegentlich litt, immer noch klaglos die Rucksäcke ihres Vaters trug.

Trotzdem (oder gerade deshalb) erobert sie die *Adelheid* im Sturm, und das nicht nur, weil sie schon früh auf dem Eis den eher kumpelhaften Umgang mit Männern gelernt hat, sondern vor allem deshalb, weil sie Geschichten erfindet. Bereits hier zeigt sich ein weiterer entscheidender Grundzug ihres Wesens, jene Eigenschaft, die in so krassem Gegensatz zu ihren ständigen Fluchtbewegungen stand: »Sie konnte eben schon damals sämtliche Sprachen«, so zwanzig Jahre später ein Kommentar der Berliner Schriftstellerin Jutta Raulwing, mit der Hoppe eine lebenslange Freundschaft verbinden sollte.

Das ist so freundlich übertrieben wie faktisch falsch, trifft aber einen für Hoppe typischen Wesenszug. Hoppe, deren Werk ein ständiges Misstrauensvotum an jede Form von Kommunikation ist (»Hörst du mir überhaupt zu?«), war nicht nur in ihrem privaten Briefverkehr, sondern auch im wirklichen Leben eine so meisterhafte wie nachgerade manische Kommunikatorin, wobei sich lange darüber spekulieren lässt (und reichlich ist auch darüber spekuliert worden), was sie zu dieser Form von Kommunikation antrieb.

War der Motor tatsächlich ihre von BB immer wieder ins Feld geführte Prahlhanserei, ihr gesteigerter Geltungsdrang also, Folge dessen, dass sie sich von ihrem Vater vernachlässigt fühlte, oder war sie womöglich schlicht und einfach ihrem Wesen nach zugewandt, wie Martha Knit mit Nachdruck behauptet: »Das erste Schuljahr verbrachte sie in einem seltsamen Schweigen, was vielleicht einfach an ihrem Englisch lag, das damals noch nicht besonders gut war und wofür sie sich offensichtlich schämte, obwohl sie rasante Fortschritte machte. Aber bereits im zweiten Jahr ging sie unvermutet zum Angriff über. Ja, tatsächlich, es war, als hätte sie von einem Tag auf den anderen eine Art inneren Hebel umgelegt, auf einmal fing sie an zu sprechen und hörte nie wieder auf. Auf ihre Mitschüler machte das Eindruck, der Rucksack war natürlich längst vergessen, ruck, zuck stieg sie zur Klassensprecherin auf, ein Amt, das sie liebte und bis zum Schluss nicht abgegeben hat. Nicht, dass irgendjemand ihr das streitig machen wollte, dazu war sie einfach viel zu gut in der Rolle, war schlagfertig, rhetorisch ganz ungewöhnlich für ein Kind, ziemlich konkurrenzlos. Nicht nur, weil sie so sprachbegabt war (wenige Jahre später spricht und schreibt Felicitas ebenso fließend Französisch wie Englisch/fh), sie redete ja praktisch in allen Zungen, sondern weil sie, wenn es wirklich drauf ankam, mit Händen und Füßen sprach.«

Denn mit Händen und Füßen mussten auch jene Kinder sprechen, die der Rattenfänger nicht mitnehmen wollte und deren Geschichte in Felicitas' Bewusstsein längst eine feste Verbindung mit jener anderen Geschichte von Alexander Bell, jenem »ersten und einzigen Erfinder der Gebärdensprache« eingegangen war. Schon früh war ihr bewusst, dass Sprache nicht alles ist, weil »die Karten insgesamt irgendwie schlecht verteilt sind«, auch in Brantford gab es blinde und taubstumme Kinder und jenen »beinlosen Mann, der neben unserem Schulhoftor saß und, sich dabei auf dem Akkordeon begleitend, entsetzlich traurige Lieder sang, in der Hoffnung, wir würden stehen bleiben, nicht um ihm zuzuhören, sondern um ihm Geld in den Hut zu werfen«.

Es ist also keineswegs abwegig anzunehmen, dass diese Erfahrungen sich auch in ihren späteren Texten niederschlugen. In ihrer Geschichte *Not und Tugend* (*Picknick der Friseure*) lesen wir: »Ob unsere Mutter uns liebte? Ja, unsere Mutter liebte uns, sie gab uns erst Milch und später Kakao und wechselte auch die Straßenseite, wenn wir an der städtischen Anstalt vorbeikamen. Kinder mit riesigen Köpfen und Armen wie Paddel brüllten und warfen zum Gruß die Beine in die Luft, die aussahen wie Stelzen. Das ist der Zoo, und dort sind die Affen, sagte unsere Mutter und drehte uns die Köpfe scharf auf die Seite, so dass wir fast in die Schaufenster fielen.«

Es ist nicht die einzige Stelle im Text, die sich deutlich auf jene bezieht, die niemals nützliche Mitglieder einer Gesellschaft werden können. Nicht nur Martha, auch Bamie fiel neben Felicitas' Kommunikationsversessenheit ihr über die Maßen ausgeprägtes Gerechtigkeitsempfinden auf, das, so Bamie, »manchmal ziemlich seltsame Blüten trieb. Bei allem Kampfgeist – für ein Tor hätte sie so ziemlich alles gegeben – bekam sie manchmal, ganz unvermutet, plötzliche Anfälle von, ich weiß gar nicht, wie ich das nennen soll, sagen wir mal von Ausgleichswahn. Als wäre es ihr auf einmal peinlich, andauernd Tore zu machen oder drei Spiele hintereinander zu gewinnen. Dann konnte es tatsächlich passieren, dass sie die schönsten Chancen verpatzte, vor dem Tor abdrehte, einen Pass verweigerte, plötzlich unvermutet stehen blieb, wobei sie eine komische Figur machte, irgendwie gequält, weil sie genau wusste, was ich auch wusste, nämlich, dass sie das alles mit Absicht machte, was fast einer Art von Boykott gleichkam. Manchmal habe ich sie deswegen später zur Rede gestellt, und dann gab sie sich immer sehr zerknirscht, aber trotzdem wurde ich irgendwie das Gefühl nicht los, dass sie glaubte, immer im Recht zu sein. Das Einzige, womit ich sie kriegen konnte, weil ich sie damit nicht nur bei ihrer Ehre erwischte, sondern weil das ein bisschen tiefer ging, war, wenn ich sagte: ›Hör mal, Wayne wäre das nicht passiert!‹« Ein Satz, den Hoppe niemals vergessen sollte und mit dem folgendem Kommentar in ihrem Merkheft notierte: »Volltreffer für BB! Hohe Schule des Scheiterns in einem Satz. Aus mir wird niemals ein Goaly.«

Vermutlich hat sie den Wayne'schen Merksatz, lässiges Einbringen höchster Leistung, gelegentlich auch auf der *Adelheid* zum Einsatz gebracht, spätestens, als sie kurz vor der Durchquerung des Panamakanals aus reiner Langeweile auf die Idee verfallen sein soll, die Mannschaftsmitglieder auf das kanadische Eishockeyspiel einzuschwören, wobei ihr offenbar nicht bewusst war, dass sie sich mitten im Kalten Krieg befand, weshalb die Russen und Polen, schon untereinander ständig auf Kriegsfuß, wenig Sinn dafür zeigten, Hoppes imaginierter kanadischer Privatmannschaft zum Sieg zu verhelfen.

Der Erste Offizier (ein gewisser Kramer) erinnert sich noch zehn Jahre später daran, wie Felicitas mehrere Abende lang in der Mannschaftsmesse damit beschäftigt war, Spieler zu rekrutieren: »Sie stand auf der Schwelle zur Küche und riss plötzlich, wie ein Dirigent, beide Arme nach oben, um dann überraschend den rechten sinken zu lassen, den Zeigefinger auszufahren und, auf eine Reihe von Matrosen deutend, in einer Art Befehlston zu rufen: Vier mal zwei: die Verteidigungsreihen! Und: Vier mal drei: die Sturmreihen!«, wobei die Sturmreihen, wie Kramer berichtet, wesentlich beliebter gewesen seien als die Reihen der Verteidigung.

Danach, so Kramer, sei sie mit großer Entschiedenheit zum Erklären der Regeln übergegangen, wobei sie einen geradezu missionarischen Eifer gezeigt habe, der die Mannschaft erst erheitert, dann aber ermüdet habe, schnell hätten die Matrosen deutlich gemacht, dass sie das kanadische Hockeyspiel nicht im Geringsten interessiere. Bandy (ein Vorläufer des heutigen Eishockeys / fh) sei, behaupteten jedenfalls die Russen, sowieso viel schöner, das Spielfeld nicht so lächerlich eng, sondern groß wie ein anständiges Fußballfeld, die Mannschaft auf elf statt auf sechs gerechnet, und das Tor nicht so mickrig, stattdessen richtige Tore für richtige Männer, so dass man nicht immer den Kopf einziehen müsse. Und keine Mätzchen hinter dem Tor, kein Büro auf dem Eis (gemeint ist »Gretzky's office« / fh), von wo aus man ohnehin ständig nur täusche und den Gegner mit plumpen Bauerntricks foppe. Vor allem aber sei Bandy weit besser, weil der Puck kein Puck, sondern, wie es sich für jedes ernsthafte und ehrliche Spiel gehöre, ein Ball sei, mit einem Kern aus Kork, leuchtend gelb oder rot. Und schließlich sei, so ein gewisser Wladimir Grushenko (Zweiter Maschinist), was ja wohl jeder Seemann wisse, die Erde keine Scheibe, sondern eine Kugel, mit anderen Worten ein Ball, und wer immer noch glaube, mit einer Scheibe spielen und gewinnen zu können, bleibe hoffnungslos hinter allem zurück, was die Menschheit seit Jahrhunderten wisse.

Woraufhin Felicitas, so Kramer weiter, ihren Puck aus der Tasche gezogen habe (NHL / National Hockey League / fh), um zu demonstrieren, dass, »die Erde hin und Bandy her«, eine Hartgummischeibe bei einem Spiel an Deck weit besser zu handhaben sei als ein Ball und sich, besonders bei hohem Seegang, den Bewegungen des Schiffes um Längen besser anpasse. Offenbar aber, habe sie polemisch geschlossen, sei man hier gar nicht am Spiel interessiert, weder an Hockey noch an Bandy, nicht einmal an Shinty (eine weitere Variante des Eishockeyspiels/fh), weder am Kämpfen noch am Gewinnen, was den Verdacht in ihr aufkommen lasse, die Mannschaft sei schlicht und einfach feige und fürchte sich vor dem Verlieren, wofür sie (Felicitas) übrigens vollstes Verständnis habe, denn so ergehe es schließlich fast jedem im Angesicht des übermächtigen Ozeans.

Kramers Beschreibung ist gewissermaßen als eine Art Übersetzung der geschilderten Ereignisse zu lesen, denn die Debatte um Ball oder Puck, so der Offizier weiter, die sich die ganze Reise über fortgesetzt und dabei in eine Art wilde Hitzigkeit hineingesteigert habe, sei hauptsächlich in einem ziemlich verwirrenden Kauderwelsch ausgetragen worden, untermalt von einer abenteuerlichen Zeichensprache und unter Zuhilfenahme eines breitgefächerten Repertoires von Requisiten. So habe, nachdem man die eine oder andere Formation mit Stöcken und Stangen und unter Zuhilfenahme von Bierdosen und Eimern an Deck nachzustellen versucht habe (wegen des hohen Seegangs allerdings mit geringem Erfolg), der geduldige Grushenko Felicitas anhand diverser Zeichnungen immer wieder klarzumachen versucht, was es mit Erde und Scheibe auf sich habe und dass ihre Argumente nicht stichhaltig seien. Aber Felicitas habe eisern gegengehalten, was Grushenko schließlich in eine tiefe Unruhe versetzt haben soll.

So richtig aufregend sei es aber erst geworden, als Felicitas eines Abends, kurz vor der Äquatortaufe, die gefährliche

Position des Torwarts ins Spiel gebracht und dessen Rolle damit attraktiv zu machen versucht habe, dass sie »freie Maskenwahl für alle« versprochen habe. »Womit sie sich«, so Kramer, »ahnungslos ins eigene Fleisch schnitt, weil die Matrosen, die, was die Äquatortaufe betrifft, einen ausgeprägten Sinn für Masken und Scherze besonderer Art haben, die Gelegenheit beim Schopf ergriffen und auf ihre Art Rache an der kleinen kanadischen Nervensäge nahmen, indem sie, allesamt mit Neptunmasken und Dreizack versehen, Felicitas über das gesamte Schiff jagten, wobei sie, dem Anlass entsprechend schon etwas haltlos, eine lange Ankerkette schwenkten und in mehr als nur einer Sprache wilde Drohungen ausstießen, mit denen sie ankündigten, man werde den Gegner aus Kanada schon erwischen und noch in dieser Nacht mindestens dreimal barbieren, ihm das Maul mit rohem Fisch stopfen und danach in ein dreifach vernageltes Fass stecken und untertauchen.«

»Der Seemann reist auf höchst beweglichem Eis und führt seinen eigenen Schläger«, kommentiert Hoppe dieses einschneidende Erlebnis zwanzig Jahre später in ihrem Essay *How to exercise on the Ocean*. (In deutscher Übersetzung unter dem missverständlichen Titel *Wie man das Weltmeer trainiert* erschienen.) Auch wenn Hoppes essayistische Bemerkungen ebenso wie Kramers Erzählung vermutlich eher in den Bereich des gehobenen Seemannsgarns zu verweisen sind, findet sich in Karl Hoppes Aufzeichnungen immerhin eine kurze Bemerkung darüber, dass seine Tochter nach der Überquerung des Äquators etwas stiller geworden sei und die Abende nicht mehr an Deck, sondern entweder mit Kramer auf der Brücke oder lesenderweise bei Small in der Kapitänskajüte verbracht habe.

Dass der Vater sich zu irgendeinem Zeitpunkt der zehnwöchigen Reise ernsthaft Sorgen um seine Tochter gemacht hätte, ist seinen Aufzeichnungen nicht zu entnehmen, was auch der Tatsache geschuldet sein dürfte, dass Karl Hoppe nicht nur unter Flugangst, sondern auch unter der Seekrankheit litt und demzufolge wenig Anteil an den äußeren Geschehnissen der Reise nahm, während Felicitas diese Krankheit ganz offenbar nicht von ihrem Vater geerbt hatte.

»Nur das Meer lehrt uns, zu essen, was auf den Tisch kommt, ohne ein einziges Wort zu verlieren«, schreibt Hoppe in einem anderen Essay mit dem Titel *Wie man essen und sprechen lernt* (2009), der ihr einen weiteren der unzähligen Tadel ihres wahrscheinlich treuesten Kritikers Reimar Strat einbringt, der in einer Besprechung *(Schreiben bei Seegang)* bemerkt: »Danke, Frau Hoppe. Ein weiterer Aphorismus der Sorte, und ich gebe endgültig auf!« Aber ungerührt fährt sie fort: »Wo sonst sind wir von so viel Appetit bei so viel Stummsein umgeben?«

Auch das klingt, wie meistens bei Hoppe, wesentlich dramatischer, als es in Wirklichkeit ist. Zutreffend ist allerdings, dass Felicitas, wie Small und Kramer unabhängig voneinander und nicht ohne ein gewisses Erstaunen vermerken, »tatsächlich alles isst, was auf den Tisch kommt« (Kramer), und das »nicht nur ohne Klagen, sondern sogar mit großem Genuss, obwohl wir schon bessere Köche an Bord hatten. Besonders gern isst sie Fleisch. Auch sonst isst sie alles, bei Wind und Wetter, selbst bei Sturm und sehr hohem Seegang, wenn nicht nur ihr Vater, sondern auch einige von uns längst nicht mehr zu den Mahlzeiten erscheinen« (Small). Sowenig der Seegang Felicitas vom Essen abhielt, so wenig hielt sie das Essen vom Sprechen ab, ganz im Gegenteil sprach sie beim Essen besonders gern, weil sie dort ein sicheres Publikum hatte, dass selten vor dem Dessert die Messe verließ. »Beim Essen spricht sie«, notiert Kramer, »tatsächlich ununterbrochen, eine erstaunliche Leistung, wenn man bedenkt, dass es ihr trotzdem gelingt (sie ist bemerkenswert gut erzogen und hat tatsächlich so etwas wie Manieren), niemals mit vollem Mund zu sprechen.«

Während Felicitas in der Kabine mit ihrem Vater (auch auf See blieb ihr sprachlicher Geheimbund bestehen) ausschließlich Deutsch spricht, parliert sie in der Messe auf Englisch, hin und wieder streut sie auch gern französische Brocken ein, »um sich ein bisschen großzutun«. Den größten Eindruck hinterlässt sie aber mehr oder weniger unfreiwillig, als sie nach der Durchquerung des Panamakanals und der damit überstandenen Taufe (bei der sie selbstverständlich niemand in ein vernageltes Fass steckte) plötzlich Polnisch zu sprechen beginnt. Ein polnischer Matrose hatte sie, vermutlich mehr mit Gesten als Worten und angeblich schwer stotternd, darauf angesprochen, ihr linker Schuh sei schlecht geschnürt, was auf dem frisch gewischten Deck ein Sicherheitsrisiko darstelle.

»Und was soll ich Euch sagen?«, schreibt sie an ihre Geschwister, »auf einmal höre ich, wie ich Polnisch spreche, ja, plötzlich spreche ich wirklich Polnisch, mit meiner eigenen Stimme, als hätte ich nie etwas anderes gesprochen, was dem Matrosen nicht komisch vorkommt, stattdessen beginnt sein Gesicht zu leuchten, dann fragt er mich, woher ich komme, was dauert, weil er fürchterlich stottert. Und weil ich es nicht übers Herz bringen kann, ihm die ganze Wahrheit zu sagen (dann hätte ich nämlich sagen müssen, ich komme aus Hameln, und er hätte doch gar nicht gewusst, wo das liegt), sage ich einfach, ich komme aus Breslau (Wrocław), und meine Mutter ist Klavierlehrerin und wird vermutlich in Russland berühmt, wo sie gerade auf Tournee ist. Und der Matrose reißt beide Augen auf, ganz groß, will was sagen und kriegt es nicht raus, bewegt stattdessen nur seine Hände, weshalb ich ihn frage, ob er Klavier spielt, aber er schüttelt den Kopf. Also bewege ich auch die Hände und sage schnell, dass ich beides beherrsche, Klavier aber besser als Polnisch. Da hat er zum ersten Mal gelacht.«

Die Episode mit dem polnischen Matrosen auf der *Adelheid* ist in mehrfacher Hinsicht bedeutsam, verstößt Felicitas hier doch nach knapp zehn Jahren zum ersten Mal entschieden gegen das von ihr selbst aufgestellte Gesetz, ihre Hamelner Kindheit nie zu verleugnen oder zu verraten. Bemerkenswert, welchen Aufwand sie treibt und welche rhetorischen Haken sie schlägt, um ihre vier erfundenen Geschwister davon zu überzeugen, die Geschichte von der Breslauer Klavierlehrerin sei aus reiner Not geboren, einzig eine Folge ihres Mitleids mit einem Mann, »der nicht nur fürchterlich stottert, sondern vor allem entsetzlich an Heimweh leidet, das ist ganz deutlich aus seinem Gesicht zu lesen, vor allem aber in seinen Augen!«

Gut möglich, dass Felicitas hier weniger den polnischen Matrosen als sich selbst meint. In den zahlreichen Folgebriefen, die sie zwischen New York und Adelaide nach Hameln schickt, gewinnt der stotternde Seemann zunehmend an Präsenz und wird im Lauf der Zeit nicht nur zum intimen Reisegefährten (so wird in einem der Briefe unter anderem vom gemeinsamen Rauchen am Heck während heimlichen Angelns berichtet und von einer ebenso heimlichen, weil streng verbotenen Zubereitung und Verspeisung der gemeinsamen Beute), sondern, mehr noch, zu einer Art Alter Ego, zu einem Sprachrohr für jene Beobachtungen und Empfindungen, die Felicitas sich selbst offenbar nicht in den

Mund legen wollte. Bemerkenswert allerdings, dass er auch nach zehn Wochen gemeinsamer Fahrt immer noch keinen eigenen Namen trägt, sondern bis zum Schluss jener anonyme polnische Matrose bleibt, der »zwar angeln, aber kein Klavier spielen konnte«. Die Existenz des jungen Seemanns lässt sich anhand der Besatzungsliste der *Queen Adelheid* nicht nachweisen, was den Verdacht nahelegt, er habe womöglich gar nicht existiert.

Ob Wirklichkeit oder Erfindung, sei dahingestellt. Fest steht, dass Hoppe dem Matrosen über zwanzig Jahre später in ihrem Roman *Pigafetta* in der Figur des Schiffsmechanikers Nobell ein unvergessliches Denkmal gesetzt hat, wenn sie in einem Kapitel mit dem Titel *Schule des Stotterns* schreibt: »Da wurde der Lehrer still und gefährlich, jetzt, sagte er, lehre ich dich, wie man wirklich spricht, und er schlug ihm flach mit der Hand in den Text, so dass, als er wieder sprechen sollte, alles zerfiel, die Wörter zu Silben und die Silben zu Buchstaben. Dann schickte er ihn nach Hause. Aber auf halbem Weg fiel ihm der ganze Text wieder ein, und er ging nicht nach Hause, sondern bestieg ein Schiff.« Und nur vierzehn Seiten später heißt es: »Wer steigt schon auf Schiffe? Ungelernte, Sträflinge, Stotterer, lauter Leute, die es an Land zu nichts bringen (…), die keine Frauen, aber überall Kinder haben und keine Briefe schreiben, weil sie kein einziges verständliches Wort zu Papier bringen, Dahergelaufene, die den Weg nach Hause nicht finden und zu Hause stumme Gäste sind.«

Matrosen und die Seefahrt haben Hoppe nicht nur ein Leben lang begleitet, sondern in hohem Maße inspiriert. Dabei verfügt sie in ihren literarischen Arbeiten nicht nur (so lässig wie fahrlässig gleichermaßen) über die Weltmeere und das sie bereisende Personal, sondern ebenso über die endlosen Wälder Kanadas, das ewige Eis, den Niagarafall beiderseits (den sie nachweislich erst lange nach ihren kanadischen Jahren von der amerikanischen Seite aus besuchte), die Hügel des Weserberglands und später über die australische Wüste, den Mittleren Westen der Vereinigten Staaten, ganz Sibirien und die Schweizer Viertausender.

Schon früh entwickelte sie jenen Hang, sich die Welt, ihre Landschaft und deren Bewohner nicht nur literarisch anzueignen, sondern sie jederzeit rigoros ihren höchstpersönlichen Zwecken unterzuordnen. »Man möchte fast von einer Art Einebnung sprechen, von einer gespenstisch phantastischen Faulheit«, bemerkt so bewundernd wie missmutig der Kulturwissenschaftler Kai Rost in den frühen zweitausender Jahren. »Wir haben es hier nämlich mit einer Autorin zu tun, die offenbar nicht gern liest und davon ausgeht, immer und überall die Erste zu sein. Womit nicht nur das Kartenlesen, sondern das Lesen ganz allgemein gemeint ist. Ganz zu schweigen davon, dass diese Autorin nicht den geringsten Sinn für die Natur besitzt und, davon abgesehen, andauernd und ausdauernd glaubt, sie sei nicht nur auf dem Meer allein, sondern müsse auch das Festland mit niemandem teilen. Zu dumm, dass da noch ein paar andere sind, von denen die meisten viel besser wissen, wie viele Möglichkeiten es gibt, sich zu seiner Umgebung in ein Verhältnis zu setzen. Bei Hoppe dagegen wird man, ob man will oder nicht, ständig gezwungen, sich nicht ins Verhältnis zu setzen, sondern andauernd alles in eins zu werfen und dabei die Realität als Kategorie förmlich auszulöschen, da die Autorin offenbar keinen Begriff von Ort, Zeit und Handlung hat und sich an keiner Stelle die Mühe macht, eine wie auch immer geartete Wirklichkeit wenigstens versuchsweise und ohne Klischees zu simulieren. Bleibt am Ende die Frage:

Was haben wir, ihre Leser, davon? Das Unterwegssein in Hoppes Privatkosmos mag unterhaltsam sein, auf Dauer hinterlässt es aber, im günstigsten Fall, nicht mehr als Ratlosigkeit.«

Der Unmut des Kritikers ist nachvollziehbar. Nicht erst zwischen New York und Australien macht sich das Winterkind Hoppe, das mit dem Leben nicht einverstanden ist und angeblich auch in der Hitze des Äquators nicht die geringsten Anstalten macht, sein wasserdichtes Rattenkostüm abzulegen, die Erde und ihre Ozeane untertan. Kaum eine Autorin, die weiter über die Meere gereist ist, und kaum eine, die die Seefahrt so beharrlich und ausdrücklich wider besseres Wissen so entschieden klischeehaft beschreibt. Wären Hoppes Reisen nicht (wenigstens teilweise) faktisch verbürgt, man hielte sie allesamt für erfunden, ihre gesamte Literatur für ein durch und durch hochgestimmtes »Als ob«.

In diesem »Als ob« reist Hoppe nach eigenen Gesetzen, eigenen Karten und eigener Zeitrechnung, wie ein weiteres Beispiel aus *Not und Tugend* zeigt: »Winter und Sommer waren uns gleich. (Sic!/fh) Wir wussten nicht, wie man Äpfel von den Bäumen holt, aber wir träumten davon, kleine Mädchen mit großen Schmetterlingsnetzen von den Schulwegen wegzufangen und zu verkaufen an Sammler in ferne Länder. Fluchen wollten wir dabei wie die Matrosen, obwohl in dieser Gegend niemand weiß, wie Matrosen fluchen.«

Dass Hoppe sich immer wieder ausdrücklich selbst in eine Reihe mit ihren Weggefangenen gestellt hat, veranschaulicht das permanent wiederkehrende Motiv von ihrem »Entführervater«, den wir uns, wollen wir ihren Erzählungen folgen, als eine Art Ratten- und Menschenfänger vorzustellen haben, der mit einem überdimensionalen Schmetterlingsnetz bewaffnet (ein typisches Hopperequisit) in einer wie immer bei Hoppe nicht recht dingfest zu machenden Gegend auf Jagd geht. Und weil nicht nur in dieser Gegend angeblich niemand weiß, »wie Matrosen fluchen«, sondern weil es vermutlich überhaupt niemand weiß, bleiben auch der Fluch und das Fluchen in Hoppes Werk ein mit schöner Regelmäßigkeit wiederkehrendes Thema.

In einem Vortrag mit dem Titel *Dass euch der Donner schände, ihr Hunde!*, gehalten im Frühjahr 2007 auf Einladung des Schifffahrtsmuseums in Bremerhaven, unterhält die Autorin ihr Publikum zunächst eine gute halbe Stunde lang mit einem Repertoire ausgewählter Flüche aus über fünf Jahrhunderten, um dann unvermutet fortzufahren: »Wie ich sehe, haben Sie Sinn für Flüche, das gefällt mir. Aber vergessen Sie nicht, dass ich das wenigste davon selber gehört habe, und ob das wenige, das ich tatsächlich gehört habe, nicht eigens für mich erfunden wurde, weil man mich nicht enttäuschen wollte, ist auch nicht sicher. Aber je länger und weiter ich reise, umso weniger habe ich eine Sprache für das, was ich höre und sehe. Am Anfang scheint alles noch halbwegs in Ordnung zu sein, aber sobald ich anfange, darüber zu sprechen, beginne ich unwiderruflich zu stottern. Ganz zu schweigen vom Schreiben, denn spätestens auf dem Papier gibt es kein Entrinnen mehr, dort kann man nämlich nicht stottern, auch nicht mit Händen und Füßen, weil dort alles ganz anders aussieht, vor allem hört es sich anders an. Mein Innenohr lässt sich nicht betrügen, auch auf dem Papier herrscht mein absolutes Gehör.

Und so kommt es, dass mein ganzes Bemühen allmählich einer leisen Verzweiflung weicht, weil es mir einfach nicht gelingt, aufzuschreiben, was ich zu sagen hätte, falls ich etwas zu sagen habe. Schweigen wäre die Alternative, nach innen lauschen, Mönch werden. Aber die Mönchskunst beherrsche ich nicht, ich fürchte das Schweigen mehr als das Schreiben, weil ich mich vor dem Verstummen fürchte, davor, dass mir die Zunge im Mund vertrocknet (offenbar eine weitere Anspielung auf Astrid Lindgrens *Pippi Langstrumpf*, in der Pippi einen indischen Matrosen nachdrücklich auf die Gefahren des Verstummens hinweist/fh), dass meine Finger steif werden, sobald ich aufhöre, in die Tasten zu hauen. Was übrig bleibt? Die Antwort ist einfach: Fluchen wie die Matrosen.«

Der Fluch als lautstarker Ausdruck der Verzweiflung über die Unmöglichkeit, sich zur Sprache zu bringen, ist also nichts anderes als eine gesteigerte Form des Verstummens, der letzte Versuch, die Angst vor der Leere mit Hilfe kurzer Formeln zu bannen, »eine Art säkulares Stoßgebet«, so Hoppe, »das Einzige, was uns geblieben ist, wenn es uns wirklich ans Leder geht. Ein letzter Versuch der Kontaktaufnahme, auch wenn wir nicht wissen, mit wem.«

In ihrem Roman *Johanna* (2006, gemeint ist Jeanne d'Arc, die heilige Johanna von Orleans) dagegen heißt es: »Wie gut uns das tut! Wie sehr uns das Fluchen die Seele erleichtert, wie lässig dabei Schimpf in Schande aufgeht, in den Klatsch und Tratsch der falschen Behauptung. (...) Nur fluchende Herzen fühlen sich stark.« Wenig später aber: »Nur ein gläubiges Herz versteht sich aufs Fluchen, nur wer glaubt, dass Gott hört, kann ihn bündig verleugnen. Hochmut glänzt nur im Spiegel der Sünde, in der Hoffnung auf Strafe und Aufmerksamkeit. (...).«

Wer glaubt, Hoppe bemühe mit Johanna eine sperrige und katholisch verschrobene Figur des späten Mittelalters und rufe damit, wie wiederum Kai Rost bemerkt, retrospektiv Sprach- und Verhaltensmuster auf, die mit der Neuzeit »längst nicht mehr kompatibel« seien, verkennt, dass wir es hier mit einer Autorin zu tun haben, die, nicht nur was Flüche betrifft, ausdrücklich und ausschließlich in der Gegenwart lebt und die in ihrem Werk, jenseits der Wünsche von Lesern landläufiger historischer Romane, nicht in erster Linie dazu angetreten ist, uns anhand ihrer Geschichten »die Geschichte zu erhellen«. Wie wenig Talent sie für Letzteres besaß, wusste schließlich bereits ihr Erfindervater: »deutliche Schwächen in Landeskunde, Geographie und Geschichte«.

Dem ist nichts hinzuzufügen. Hoppe, egal, wo sie war und zu wem und worüber auch immer sie sprach, wählte ihr Personal ausschließlich nach der Dringlichkeit ihrer persönlichen Anliegen und verfuhr dabei folgerichtig mit den Jahrhunderten nicht weniger fahrlässig als mit den Weltmeeren und Kontinenten. So wie sie sich einen eigenen Kosmos schuf, schuf sie sich auch ihren eigenen historischen Kanon von Nothelfern und Stellvertretern, um nicht nur auf See, sondern auch in ihren literarischen Abenteuern und nicht zuletzt im wirklichen Leben mit sich und ihren Angelegenheiten ins Reine zu kommen.

Dabei ist sie, wir haben es oben gezeigt, auf Partnerschaft angewiesen und zieht es vor, Allianzen zu schmieden, anstatt sich von ihren Figuren zu distanzieren und sie aus der Distanz heraus für ihr Publikum aufzubereiten. So auch in *Johanna*, wo die Autorin ihre Protagonisten in ein so angestrengtes wie anstrengendes Dauergespräch treten lässt und sich über weit mehr als zweihundert Seiten nicht im Geringsten dafür interessiert, ob ihre Leser dabei auf der Strecke bleiben, wenn es neben Fragen des Fluchens und Kämpfens unter anderem um typisch Hoppe'sche Spezialfragen geht, wie die nach »zeitgenössischer Jungfräulichkeit« oder um persönliche Zentralfragen wie zum Beispiel diese: »Wie krönt man richtig?«

Die Krönungsfrage hat Felicitas offensichtlich bereits auf der *Queen Adelheid* intensiv beschäftigt. Nicht nur, »weil mein Entführervater und ich«, wie Felicitas immer wieder behauptete, »zwischen Kanada und Australien ausschließlich und ausdrücklich im Dienst der englischen Königin reisen«, sondern weil während einer gemeinsamen Lesestunde in Kapitän Smalls Kajüte plötzlich die Frage aufgekommen war, was es eigentlich mit jener Adelheid, der Namensgeberin des Schiffes, auf sich habe. »Die Frage brachte mich in eine gewisse Verlegenheit«, erzählt Small später, »denn natürlich hatte ich keine Ahnung. Meine Güte, auf wie vielen Schiffen bin ich gefahren! So viele Schiffe und so viele Namen, wer soll sich das merken. Und wer will sich all die Geschichten merken, die hinter diesen Namen stecken.«

Also wendet sich Hoppe an Offizier Kramer, der wenig mehr weiß: »Alles, was ich von Kramer erfahren konnte«, schreibt Felicitas an ihre Geschwister, »ist, dass sie eine deutsche Prinzessin war, die irgendwo bei Euch um die Ecke wohnte und später Königin von England wurde.« Sie schließt ihren Brief mit der dringenden Bitte, in Hameln die Stadtbücherei aufzusuchen, um dort mehr über jene deutsch-englische Adelheid zu erfahren.

Felicitas' Hartnäckigkeit ist bemerkenswert. Bei einem Landgang in Charleston bedrängt sie Kramer so lange mit ihren Bitten um mehr Information, dass er sich schließlich tatsächlich auf den Weg macht und mit einem kleinen, »etwas schmutzigen« Buch mit dem Titel *Kurze Geschichte Englands* zurückkehrt, das sie zwischen Charleston und dem Panamakanal dreimal von vorne bis hinten liest, mit dem ernüchternden Ergebnis: »Viel habe ich daraus nicht erfahren, aber immerhin so viel, dass es sich bei unserer Queen um Adelheid Louise Theresa von Sachsen-Meiningen handelt, die ein kurzes und schweres Leben hatte. Eine deutsche Prinzessin, weggefangen und nach England verkauft, wo sie Königin wurde und jede Menge Kinder hatte, die allerdings nicht ihre eigenen waren.«

(Hier die Fakten: Adelheid von Sachsen-Meiningen (1792 – 1849) wird im April 1818 mit dem bereits dreiundfünfzigjährigen Wilhelm Heinrich von Großbritannien (Herzog von Clarence) verlobt, der aus einer morganatischen Ehe mit der Schauspielerin Dorothy Blend bereits zehn Kinder mit in die Ehe bringt. Im Juli 1818 heiraten sie, eine politische Verbindung, aus der sechs weitere Kinder hervorgehen, von denen fünf im Kindbett sterben, das sechste wird keine drei Monate alt. Adelheid, vielsprachig, gebildet, kunstsinnig, zeigt für politische Belange wenig Interesse. Sie kümmert sich ausschließlich um ihren Gemahl (der König stirbt im Juni 1837) und dessen zahlreiche Kinder und Enkelkinder. Ihre Hofhaltung gilt den Engländern als so bescheiden wie langweilig, die »hässliche deutsche Frau« (*Morning Chronicle*) als »reaktionär, dominant, eine Feindin des Volkes« (*Times*). Im Dezember 1849 stirbt Adelheid in Anwesenheit Queen Victorias und ihrer Geschwister. Die Bestattung, »so einfach wie möglich«, findet in Windsor statt./fh)

Es ist anzunehmen, dass Felicitas bereits auf der *Adelheid* mit der Niederschrift jener seltsamen Erzählung begann, die, obwohl später immer wieder und mit bemerkenswert großem Aufwand umgearbeitet, trotzdem ein literarisch dürftiges Fragment und weit hinter einigen anderen ihrer Jugendwerke zurückbleibt. Der Umgang mit historischen

Stoffen, der sie immer wieder gereizt hat, war auch später nie recht mit ihrer überbordenden Phantasie in Einklang zu bringen. Nicht selten drohen die realhistorischen Figuren unter einer Fülle eigener Geschichten und Assoziationen unterzugehen.

Der Titel des ersten Entwurfs der genannten Erzählung, *Die hässliche Königin*, wird in den unterschiedlichen Fassungen mehrfach gegen andere Titel ausgetauscht, so zum Beispiel: *Die Volksfeindin, Zehn Schauspieler und sechs Tote, Königskinder, Die heilige Adelheid, Bushey Park* oder *Die Königin und ihr Matrose*, wobei Letzterer am ehesten widerspiegelt, worum es im Text eigentlich geht, in dem Felicitas Queen Adelheid ein Jahr nach dem Tod ihres Gatten auf eine Kreuzfahrt durch das Mittelmeer schickt (die Kreuzfahrt ist historisch verbürgt), in deren Verlauf die Königswitwe einem stotternden polnischen Matrosen ihre Lebensgeschichte erzählt, dem die Autorin an der einen oder anderen Stelle das Privileg zugesteht, den ziemlich monotonen und stilistisch nicht besonders abwechslungsreichen Monolog der Königin zu kommentieren oder durch die eine oder andere (eher unbeholfene) Frage zu unterbrechen: »Er (Wilhelm Heinrich/fh) hat Eure Majestät also wirklich niemals geliebt?«

Am Ende jedoch übernimmt überraschend souverän der Matrose das Ruder der Rede, indem er pathetisch (und erstaunlicherweise ganz ohne zu stottern) ausführt: »Und doch seid Ihr eine große Frau, Majesty Queen, und eines Tages wird auch die Welt das erkennen, und auf der ganzen Welt werden sich alle Schauspielerinnen (nur die Größten der Größten) darum reißen, Euch auf der Bühne geben zu dürfen! Man wird viel und überall von Euch sprechen. Nicht nur wird man Bücher über Euch schreiben, Verse auf Euch schmieden, Euch mit Sonetten bedichten, Euch Lieder singen und Opern zueignen, sondern Flüsse und Inseln, Berge und Täler, ganze Länder und halbe Kontinente, endlose Haupt-, Neben- und Bundesstraßen wird man nach Euch benennen, Parks und Chausseen und Avenuen werden Euren Namen tragen, Bibliotheken, Theater und Botschaftsresidenzen, Zoologische und Botanische Gärten, Kindergärten, Schulen und Universitäten, sogar die eine oder andere Kirche!«

Auf Adelheids den so naiven wie enthusiastischen Redefluss des Matrosen (der abschließende Matrosenmonolog umfasst im handschriftlichen Manuskript weit über zehn Seiten) freundlich aber entschieden unterbrechende Frage, woher er (der Matrose) das alles zu wissen glaube und ob er sich nicht, anhand von Beispielen, etwas genauer fassen könne, gibt dieser (»indem er die Augen zu Boden schlug«) zur einfachen Antwort: »Hoch verehrte Majestät – Matrosen wissen nicht viel, aber mancher weiß mehr, als Eure Majestät sich jemals zu träumen vermöchte. Um Euch also, da Ihr mich bittet, ein einfaches Beispiel zu geben: Wisst Ihr, wo jenes Südland liegt, dessen innere Schönheit noch längst nicht erforscht ist, jenes große Land, an dessen rauer Küste schon mancher Mann, egal ob Deutscher, Franzose, Holländer oder Engländer, grausam auf immer gescheitert ist? An der südlichen Küste dieses fernen Südlands liegt eine Stadt, die auf immer Adelheid (Adelaide/fh) heißen wird, um die Menschen für alle Zeiten an Euch und Euren Ruhm zu erinnern, auch wenn Ihr längst von uns gegangen sein werdet.«

Dass die Vision des polnischen Matrosen bereits vor Adelheids Mittelmeerkreuzfahrt Wirklichkeit wurde, war Felicitas offenbar unbekannt, die *Kurze Geschichte Eng-*

lands gab dieses Detail nicht her. Felicitas' neue Heimat, die Hauptstadt des australischen Bundesstaates South Australia am Saint-Vincent-Golf, war bereits 1836, also ein Jahr vor König Wilhelms Tod, auf dessen ausdrücklichen Wunsch nach seiner Frau benannt worden, die einzige nach einer Frau benannte australische Hauptstadt, wie Felicitas gern immer wieder und nicht selten mit fast kindlichem Stolz hervorhob.

Dass Schiffsbibliotheken »ein Desaster« sind, »weil sie uns in der Frage, was die Menschheit tatsächlich voranbringt, nicht im Geringsten befördern«, wusste Karl Hoppe, dessen Lektüre sich während der langen Seereise ausschließlich auf Fachliteratur beschränkte, längst. Sein Lieblingsbuch war (und blieb) das *Handbuch der Patentbewertung*, für Belletristik besaß er keinen Sinn. (»Wie kann man freiwillig lesen, was nachweislich falsch, weil erfunden ist?«) Felicitas dagegen schlug aus den »wässrigen Bibliotheken«, die ihr Vater so demonstrativ ablehnte, wenn nicht verachtete, vermutlich mehr Kapital als alle anderen Reisenden zusammen. Von dem wenigen, was an Bord überhaupt zu haben war, enthielten ihr Kramer und Small keine Zeile vor, und wir können sicher sein, dass sie keine einzige davon ausließ und dass die Lektüre ihre spätere Arbeit nicht nur inhaltlich, sondern auch stilistisch stark beeinflusst hat. Sie las mit größtem Vergnügen alles, was sie zu fassen bekam.

»Sie liest, wie sie isst«, bemerkt dazu Kramer, »unterschiedslos alles, was auf den Tisch kommt, von schlichten Abenteuerromanen über Reisebeschreibungen bis hin zu historischen Romanen, auch vor Hand- und Logbüchern schreckt sie nicht zurück, obwohl ich mir sicher bin, dass sie davon so gut wie nichts versteht. Aber offenbar gefällt es ihr, so zu tun, als ginge sie alles etwas an, als hätte sie ein Verständnis davon und ein Verhältnis dazu.« (Kramer wusste nicht, dass Felicitas auch während ihrer Schiffsreise weiterhin mit ihren »Sonntagserfindungen« beschäftigt war und die Handbücher unter anderem zu diesem Zweck ausschlachtete. / Vgl. dazu in den *Sonntagserfindungen* unter N: Navigationsgerät mit integriertem Fischdetektor.)

Am häufigsten aber las sie historische Romane, Bücher jener Gattung also, von der sie sich später immer wieder mit geradezu polemischem Nachdruck distanzieren sollte, als sei ihr der historische Roman als Gattung insgesamt peinlich. Davon abgesehen wurde die deutsche Schriftstellerin Hoppe, egal, wann und wo man sie später danach fragte, niemals müde, darauf hinzuweisen, dass sie eigentlich sowieso kaum lese, schon als Kind habe sie so gut wie gar nicht gelesen (obwohl späteren eigenen Darstellungen zufolge ihr Hamelner Elternhaus voller Bücher gewesen sein soll: »Wo man stand, saß und ging, überall Bücher, meine Eltern und meine Geschwister sind bis heute besessene Leser!«), da sie sich beim Lesen allzu schnell langweile. (»Ich weiß schon auf der dritten Seite, was auf der letzten passiert, wozu also weiterlesen?«) Dies und nichts anderes sei der Grund dafür, dass sie überhaupt mit dem Schreiben begonnen habe, »weil ich da machen kann, was ich will, und mich nicht mit drittklassigen Phantasien herumschlagen muss«.

Auch wenn sich die erwachsene Autorin Hoppe nicht ohne weiteres mit der knapp vierzehnjährigen Leserin Felicitas auf der *Adelheid* in eins setzen lässt, strafen die Schiffsbriefe Hoppes die Autorin leise Lügen. Ganze Seiten ihrer Bordlektüre hat Felicitas in ihre Briefe hineinkopiert, ausführlich kommentiert und zum Teil sogar durch eigene Stücke ergänzt, weshalb die *Lektürebriefe* unter den Schiffsbriefen (abgelegt unter *Adelheidbriefe*) zweifellos zu den interessanteren Stücken der Sammlung gehören. Sie erlauben einen aufschlussreichen Blick in Hoppes frühe Schreibwerkstatt und machen deutlich, dass das von Hoppe später in jeder Hinsicht verfeinerte und perfektionierte Verfahren, Literatur aus Literatur herzustellen und dabei trotzdem einen eigenen Ton anzuschlagen, bereits hier in Ansätzen deutlich ist.

So zum Beispiel, wenn sie nach der Lektüre eines Buches mit dem Titel *Terra Australis* in einer »Piratenparade« unter prägnanten wie plakativen Titeln Kurzporträts und Steckbriefe »großer Männer und Mörder« zeichnet, deren Leben sie offenbar faszinieren, darunter auch das eines gewissen William Dampier, zu dem wir unter *Schnelles Geld* folgenden Eintrag finden: »Eltern sterben, als D. noch ein Kind ist. Erhebt sich, um die Welt mit eigenen Augen zu sehen. Schiffsjunge in Neufundland. Zu kalt, zu dunkel. Auf nach Süden. Seekriege. Plantagenverwalter und Holzfäller. Große Träume vom schnellen Geld. Pirat unter Sharp und Coxon (gemeint sind Bartholomew Sharp und John Coxon/fh). Wenig Erfolg. Diverse Zwischenstationen. Kaperfahrten. Entdeckungen. Krankheit und Trunksucht. Heirat mit Gräfin von Grafton (Ehe kinderlos). Verfasser mehrerer Bücher. Anklage wegen mehrfacher Verschwörungen gegen die Krone. Betrugsprozesslawine. Stirbt hochverschuldet (677 Pfund) in London.«

Wochenlang traktiert Felicitas die Mannschaft mit ihren historischen Ratespielen, wobei sie den Enthusiasmus der Mannschaft, wie meistens, überschätzt: »Wer von den dreien ist der älteste: Cook, Marco Polo, Magellan?, Wer hat mehr Menschen auf dem Gewissen: Coxon oder Sharp?, Wer hatte eine französische Großmutter: Dampier oder Wafer?, Wer fluchte lauter: Revison oder Simpson?, Wer hatte mehr als hundert Frauen: Jack Bird oder Old Mob?, Wer hat mehr Narben im Gesicht: Jack der Obrist oder Terry Sawchuk?, Wie viele Piraten heißen Tom?

Lauter Fragen, die sie in ihren *Adelheidbriefen* auch ihren Geschwistern in Hameln stellt, von denen sie ebenfalls keine Antwort erhält. Der Fragenkatalog macht weniger deutlich, dass Felicitas Piratengeschichten liebte, als die Tatsache, dass sie vor allem auf Unterhaltung, Ablenkung und Anregung aus war. Und wie allein sie in Wirklichkeit war, »weil mir einfach niemand zuhören möchte«. Spätestens seit der Äquatorüberquerung war sie nämlich von einer »seltsamen inneren Unruhe« ergriffen, »keine Langeweile, sondern, weit schlimmer, etwas, das sich insgesamt schlecht anfühlt«, schreibt sie an ihre Geschwister. »Jeden Morgen wünsche ich mir, es würde sich endlich etwas ereignen, eine Meuterei zum Beispiel, oder wenigstens eine Messerstecherei, bei der einfach mal jemand über Bord geht und für immer verschwindet. Oder dass endlich ein richtiger Sturm aufzieht, so dass wir uns beim Essen festbinden müssen, um nicht durch die Fenster zu fliegen. (Das Wetter war, mit Ausnahme weniger kleiner Stürme die ganze Reise über vollkommen unspektakulär. / fh)

Aber nichts davon, hier ist einfach nichts los, der Koch bringt nicht mal die Kraft auf, uns die Suppe zu versalzen. Selbst wenn man die Hitze in Rechnung stellt, ist die Trägheit der Mannschaft skandalös: arbeiten, essen, trinken, schlafen, arbeiten, essen, Karten spielen. Kein Sport, keine Bücher, keine Lieder, rund um die Uhr nichts. (Wayne wäre das nicht passiert!) Kurz nach Mitternacht mache ich manchmal zwei bis drei Schritte, bleibe lauschend an der Tür zur Mannschaftsmesse stehen und höre sie drinnen

114

gurgeln und lachen. Dann plötzlich Stille, gemeinsames Lauschen auf beiden Seiten, sie drinnen, ich draußen, leises Klopfen, das Klopfen der Knöchel beim Werfen von Karten, kann auch das Klopfen von Würfeln sein. Klirren von Flaschen und Gläsern, dann wieder Gelächter. Dass euch der Donner schände, ihr Hunde! Dann wieder Stille. An anderen Abenden kleine Tumulte, drinnen springt jemand auf Tische oder wirft Stühle im Kreis herum. Leise Schreie, ich stelle mir vor, wie ein Gesicht auf die Tischkante fällt oder zwischen die Gläser oder unter den Tisch, auf den Boden zwischen die Füße. Treten, schieben und stoßen. Schritte, die auf die Tür zukommen. Ich laufe zurück in unsere Kabine, ziehe auf der Schwelle die Schuhe aus (weil mein Erfindervater längst schläft), halte die Luft an und krieche, die Uhr auf dem Herzen, unter die Decke, es tickt und klopft und leuchtet im Dunkeln. Da liege ich jetzt und schreibe Briefe, bis Coxon und Sharp mich holen.«

Was Felicitas allerdings am meisten beschäftigt, ist die Tatsache, dass »keiner von ihnen auch nur die geringste Ahnung hat, woher sie kommen und wohin sie fahren. Das ganze Schiff eine Insel von Ahnungslosen, die Mannschaft ein leerer Kopf mit einem gefräßigen Mund, immer essen statt sprechen, und wenn sie trotzdem sprechen, dann nur übers Essen, während sie Decks wischen, Rost kratzen, Schrauben drehen, Gemüse schneiden, Wäsche waschen und Tische decken. Kein Held weit und breit. Weder der Stewart noch der Koch haben jemals den Namen Sharp gehört, von Dampier oder Coxon ganz zu schweigen. Nicht die geringste Lust auf Abenteuer, niemand hier weiß, was das ist, dass es das überhaupt gibt: Abenteuer.

Selbst Grushenko, der sich immer so wichtig tut in Sachen Scheibe und Kugel, hat nicht die geringste Ahnung davon, wer als Erster in der großen Menschheitsgeschichte unsere kleine Erde umsegelt hat, wer das schöne Südland entdeckt hat und wer tatsächlich die Kraft aufgebracht hat, das Gebirge zwischen dem Atlantischen und Pazifischen Ozean zu überqueren, um danach ein Loch in die Landschaft zu bohren und den Panamakanal zu bauen. Auf der Brücke sieht es nicht besser aus, Small und Kramer wissen doch gar nichts, nicht mal, auf welchem Schiff sie reisen und was es mit Adelheid auf sich hat.«

Wäre Hoppe der literarischen Adelheidlinie und ihren Piraten treu geblieben, wäre sie heute vermutlich eine erfolgreiche Verfasserin historischer Romane. Selbst Kai Rost, dem Hoppes Jugendwerk selbstverständlich unbekannt ist, erkennt »unter der Last Hoppe'scher Gedankenprosa« ein »leider vollkommen verschüttetes und verdrängtes Talent zu so plastischer wie unterhaltsamer Darstellung« und bedauert in seinen Ausführungen, dass Hoppe »ein ungeheures Potential« verschenke, indem sie sich »zügellos egozentrischen Selbstbetrachtungen« hingebe, eine »bei näherem Hinsehen zutiefst unliterarische Attitüde«, wie er hinzufügt, die immer wieder zur Ausschließung »williger Leser« führe, weshalb es kein Wunder sei, »dass Hoppe bis heute weder ins britische noch ins amerikanische Englisch übersetzt worden ist«.

Übrigens sah Hoppe sich auf späteren Lese- und Vortragsreisen mit schöner Regelmäßigkeit immer wieder mit dem Vorwurf der Verantwortungslosigkeit konfrontiert, den sie auf sämtlichen Podien der Welt unermüdlich und mit dem ihr eigenen Sportsgeist parierte. Denn so vermeintlich »enigmatisch«, »hermetisch« und scheinbar abgewandt Hoppes Literatur, so zugewandt, verhandlungs- und kampfbereit war paradoxerweise ihre Autorin. Erinnert sei in diesem Zusammenhang, stellvertretend für viele andere Auftritte ähnlicher Art, an eine Begegnung im Goethe-Institut Chicago (2004), bei der der Moderator und Historiker Jerome Keith Chester Hoppe »ausgeklügelte Versteckspiele« (»all kinds of tricky hideaways«) zur Last legte.

Was Hoppe folgendermaßen konterte: »Sind Sie jemals, sagen wir mal mit einem Deutschen, der davon nicht die geringste Ahnung hat, bei einem amerikanischen Baseballspiel gewesen? Dann wissen Sie so gut wie ich, wie sehr der Deutsche sich dort, für den Fall, dass er höflich ist, nur zu Tode langweilt, für den Fall aber, dass er unhöflich ist, in einer groben Polemik verliert, weil das Spiel ihm ganz sinnlos erscheint, da er schlicht und einfach die Regeln nicht kennt. Dass er sich unwohl in seiner Haut fühlt, versteht sich von selbst, naturgemäß fühlt man sich immer unwohl, wenn man Begeisterung nicht teilen kann. Man landet im Off, weil man einfach nicht weiß, was gespielt wird. Das muss man als Gast allerdings aushalten können, als Gastgeber aber ebenso, denn, seien wir ehrlich, das Einzige, was Sie, den Gastgeber, rettet, ist die einfache Tatsache, dass das Stadion, in das Sie den Gast geführt haben, voll ist, womit Sie scheinbar die Mehrheit auf Ihrer Seite haben. Aber wäre ein Spiel wirklich schlechter, weil es, sagen wir, nur zehn Besucher hat, die allerdings alle die Regeln kennen und alle frenetisch begeistert sind? Sind wir nicht ständig ausgeschlossen? Hat man jemals von einem Sportler gehört, der sich dafür entschuldigt hätte, dass man auf dem Mond nicht weiß, wie man Eishockey spielt? Genauso ist es beim Lesen und Schreiben. Die einen sind drinnen, die anderen draußen.«

Natürlich hatte Jerome Chester nicht die geringste Ahnung, dass Hoppe in Kanada und Australien aufgewachsen war, von ihrer Eishockeykarriere ganz zu schweigen. Hoppes Vergangenheit war und blieb, wohin immer sie reiste und vor wem immer sie sprach, tabu. Zeit ihres Lebens vermied sie mit allen Mitteln, »den Joker meiner Kindheit und Jugend, diesen billigsten Trick von allen«, auszuspielen. Weshalb es nicht weiter verwundert, dass Jerome Chester an jenem Abend in Chicago Hoppes Einwand mit dem simplen Gegeneinwand erschlug, bei deutschen Dichtern sei eben auch der Sport »nichts als reine Metapher«. Dass er selbst jeden Wettbewerb auf dem Spielfeld hasste und Sport, welcher Art auch immer, von Grund auf verachtete, erfuhr Hoppe erst zwei Tage später, als Chester sie zu einer Stadtrundfahrt mit anschließendem Abendessen einlud. Denn er hatte sich, wider Erwarten, in seine Gesprächspartnerin verliebt.

Ob Hoppe zwei Tage später auf der erwähnten Stadtrundfahrt versucht hat, Jerome Chester beizubringen, wie man »richtig krönt«, sei dahingestellt. Auch wenn einiges darauf hindeutet, dass er, zumindest in Teilen, Modell für die Figur des Geschichtsprofessors und »Krönungsexperten« in Hoppes Roman *Johanna* gesessen haben dürfte, der zunächst wenig Sympathien auf sich versammelt, scheint es auf den zweiten Blick weit wahrscheinlicher, dass Hoppe Chester in der Figur des im Roman weit prominenteren »Doktor Peitsche« verewigt hat, dem Bild jenes so wunderbaren wie verquälten ewigen Assistenten, der »schönste und beste Schüler von allen, der vorn in der ersten Reihe sitzt, wie auf dem Kutschbock, und längst keine Lust mehr hat mitzuschreiben, weil (…) er sich vor seiner Handschrift fürchtet, die sich vom Lernen nicht trennen kann. Eine Linkshänderhandschrift aus Kränkung und Ehrgeiz«.

Allerdings wird es kaum Chester gewesen sein, der Hoppe auf den Stoff der heiligen Johanna aufmerksam machte. Er war auf die Entdeckungsgeschichte des achtzehnten und neunzehnten Jahrhunderts spezialisiert und hielt das »sogenannte Mittelalter« für ein »insgesamt wenig ergiebiges und ohne besondere Not zu vernachlässigendes Forschungsgebiet«, für eine »aus nichts als nostalgischen Wünschen zusammengesetzte Projektionsfläche für rückwärts gewandte Schwärmer, die allzu gern hinter Aufklärung und zeitgenössische Wissenschaft zurückfallen, weil sie sich, den meisten Belletristen darin nicht unähnlich, dort offenbar sicherer fühlen«.

Hoppes lebenslange Neigung zu Helden, Heiligen, Rittern und Königen ist selbstverständlich rein emotionaler Natur und weit jenseits jedes ernsthaften Forschungsinteresses angesiedelt. Sie geht, nicht anders als ihre Liebe zu Kapitänen, Matrosen, Söldnern und Handwerkern, vermutlich sowohl auf ihre Vorliebe zum Kaspertheater als auf Rudimente ihrer so kurzen wie intensiven religiösen (katholischen) Früherziehung durch ihre Mutter (Maria Siedlatzek) und auf ihre offenbar daran anknüpfende und bis ins Erwachsenenalter anhaltende (gelegentlich naiv anmutende) Liebe zu Märchen, Sagen und Legenden aller Art zurück, in anderen Worten – zur einfachen, das Personal stets typisierenden Geschichte.

In Chicago, so erinnert sich der Direktor des dortigen Goethe-Instituts, gewann sie ihre Zuhörerschaft nicht etwa mit der Lektüre aus eigenen Texten, sondern, von JKChester nach literarischen Einflüssen befragt, mit einer so vitalen wie anschaulichen Nacherzählung der Sage vom Hamelner Rattenfänger, bei der sie besonderen Wert darauf legte, das Schicksal des blinden und des lahmen Kindes in den Vordergrund zu rücken, um mit den Worten zu schließen: »Und sage mir keiner (don't tell me/fh), er kenne sie nicht, die beiden Kinder, die zurückbleiben mussten, weil sie nicht schnell genug waren, und die bis heute ratlos vor dem Hamelner Hochzeitshaus stehen und darauf warten, dass er eines Tages doch noch zurückkommt, dieser windige Spielmann, damit auch sie ihre Chance bekommen. Denn schließlich hat jeder ein Recht darauf, ein Recht auf die Chance, ein Recht auf die Reise, ein Recht darauf, ein Schiff zu besteigen und die Welt mit eigenen Augen zu sehen.«

JKChester soll an dieser Stelle gelacht haben, wobei er sich allerdings die Hand über den Mund gehalten habe, worauf Hoppe ihrerseits bemerkt haben soll, niemand müsse sich für sein Lachen schämen, überhaupt sei Scham nicht nur in literarischen Fragen höchst unproduktiv, eine These, die später bei Bretzeln und Wein ziemlich heftig diskutiert worden sei. In erster Linie beweist sie aber nur einmal mehr, wie sehr Hoppe die Bühne und das provokative Vergnügen liebt, das Szenario, das Theater, das pathetisch Einfache wie das plakativ Prunkvolle, die Krone des Königs wie die Mütze des Kapitäns. Und das Rattenkostüm.

So soll sie auf der *Queen Adelheid* gelegentlich auch noch bei größter Hitze in voller Hockeymontur samt Schläger, Helm und Handschuhen an der Reling posiert haben. Heimweh oder Prahlhanserei? Den Aufzeichnungen ihres Vaters lässt sich entnehmen, dass sie unter keinen Umständen dazu zu bewegen war, ihre Ausrüstung in Brantford zurückzulassen, obwohl Small und Kramer ihr mehrfach und ausdrücklich versichert hatten, sie werde dort keinen Staat damit machen, weil man in Australien dafür nicht die geringste Verwendung habe. Was Felicitas wenig überzeugte: »Sie behaupten tatsächlich, die Welt zu kennen«, schreibt sie nach Hameln, »aber wie wollen sie wissen, welches Spiel in Australien wirklich gespielt wird?«

Für den Rest der Reise hat Felicitas nichts Besseres zu tun, als die Mannschaft weiter mit ihren biographischen Ratespielen zu traktieren. Noch quälender sind bloß ihre berühmt-berüchtigten Spiele mit Scheinalternativen, jene Fragen, die ihr Vater schon während ihrer frühen Jahre aus Prinzip nie beantwortete, mit denen sie ihren Mitschülern, Lehrern und Teamkameraden auf die Nerven ging und die einzig Phyllis jederzeit so lässig wie mühelos zu parieren gewusst hatte (»Deinen Leuchtpuck sieht doch ein Blinder!«). Jetzt verfolgte sie Small und Kramer damit: »Was ist schlimmer? Ersticken oder ertrinken? Im Eis erfrieren oder in der Wüste verdursten?« »Wo ist«, fragte Kramer, »der Unterschied?« Und Small sagte: »Hat man die Wahl?«

Dass ausgerechnet Hoppe, deren kindlich naive Quizmentalität auf schöne Weise veranschaulicht, dass Geschichte und Geographie nachweislich nicht mehr für sie waren als einfache »Bausteine im Kasten meiner großen Erzählung«, sich über die Unbildung der Mannschaft eines durchschnittlichen Frachtschiffes erhob, auf dem sie und ihr Vater während der gesamten Reise die einzigen zahlenden Gäste waren, zeigt in erster Linie, wie angespannt und unruhig sie auf der letzten Etappe ihrer Reise gewesen sein muss, auf der sie sich zunehmend verzweifelt mit allen erdenklichen Mitteln zu unterhalten und abzulenken suchte. Ihrem Vater konnte Felicitas sich über ihren Zustand offenbar nicht mitteilen. In Karl Hoppes Aufzeichnungen finden wir mit Ausnahme des Vermerks, Fly verschwinde gelegentlich nachts aus der Kabine, sei aber morgens »immer wieder am richtigen Platz«, keine weiteren Hinweise darauf.

Ein Mangel, für den wieder und wieder Hoppes polnischer Matrose aufkommen muss, der auch in der Südsee namenlos bleibt und dem sie seit Reisebeginn immer wieder den Schwarzen Peter ihrer eigenen Schwierigkeiten und Ängste unterschiebt. So auch, als sie ihm in einem ihrer späteren Briefe attestiert, worunter sie aller Wahrscheinlichkeit nach selber leidet: eine Mischung aus »Wasserklaustrophobie« und »ozeanischer Platzangst«, bei der die Weite und Endlosigkeit des Meeres »eine schrecklich quälende Enge in der Brust erzeugen, als schrumpfe, weil kein Land in Sicht ist, auf einmal die Welt auf nichts zusammen«. Dann sei es, »als schnüre ihm alles den Atem ab, als müsse er augenblicklich ersticken, wobei er (wir sprechen immer noch Polnisch) die Augen verdreht und die Hände abwechselnd an seinen Hals und auf seinen Brustkorb legt. Manchmal sehe ich ihn an der Reling stehen, zwischen den Tauen hantieren und höre ihn murmeln: Mehr Wind, mehr Luft, mehr Wasser. Dabei ist doch von allem genug da. Wind, Luft, Wasser.«

Weit mehr als die dramatische ozeanische Platzangst (Das Thema der Platzangst und Klaustrophobie hat Hoppe nie verlassen. Erinnern wir uns daran, dass sie an Asthma litt.) quält Felicitas' polnischen Stellvertreter allerdings das Heimweh, während sie selbst in den *Adelheidbriefen* mit hartnäckig übertriebenem Nachdruck behauptet, von Heimweh könne überhaupt keine Rede sein, sie habe längst so gut wie vergessen, dass es so etwas überhaupt gebe. In Wahrheit gibt es zahlreiche Hinweise darauf, dass sich ihr Heimweh nicht gelegt, sondern, je weiter die Reise nach Süden ging, auf empfindliche Weise gesteigert haben dürfte und dass sie spätestens südlich des Äquators damit begann, neben den Briefen an ihre deutschen Geschwister auch zahlreiche Briefe nach Kanada zu schreiben (die, wie Smalls Buchführung bestätigt, auch abgeschickt wurden), nicht nur an Phyllis, sondern vor allem an Wayne. Briefe, auf die sie

122

vermutlich nie eine Antwort erhielt und die uns leider nicht zugänglich sind. (Familie Gretzky verweigert die Einsichtnahme.)

Dafür gibt eine andere, für ihre Geschwister festgehaltene Episode deutlich Aufschluss über ihren Gemütszustand zwischen dem Panamakanal und Tahiti: »Gestern Nacht standen wir unter enormen Sternen (nirgends sonst auf der Welt solche Sterne!) und teilten uns gerade die letzte Zigarette, als er mich plötzlich heftig gegen die Reling drückte und mir (indem er die noch brennende Kippe über Bord warf) ins Ohr flüsterte: Ich hasse Tahiti!«

Dem ist nichts hinzuzufügen. Felicitas mochte den Sommer im Allgemeinen so wenig wie die Südsee im Besonderen. Wie groß ihre Sommerangst vor der neuen heißen Heimat tatsächlich war, belegt eine Notiz Kramers, der sich sehr genau daran erinnert, ganze Abende mit Felicitas verbracht zu haben, an denen er sie damit zu trösten versuchte, dass es, was wenig bekannt sei, auch in Australien eiskalt werden könne und dass man dort, auch wenn das Eishockeyspiel nicht sehr populär sei, immerhin doch gut Ski fahren könne, er habe das selber auch schon getan. (Reine Erfindung. Kramer hat nie auf Brettern gestanden./fh) »Und wie ich dich kenne«, sagte Kramer (und schlug ihr dabei freundlich auf die Schulter), »wirst du innerhalb kürzester Zeit eine tüchtige Mannschaft zusammenhaben, lauter nette Mädels und Jungs, und wo eine richtige Mannschaft ist, da findet sich auch das passende Eis, selbst in der Wüste, das garantiere ich dir!«

»Aber was fange ich an mit diesem Kramerschen Trost«, schreibt Felicitas, »wenn zu Hause die längste Nacht vor der Tür steht, mein Geburtstag (mehr Licht!) und Weihnachten. In Brantford liegt schon seit Wochen Schnee, in

Hameln fallen die ersten Flocken, die Gastgeberkönigin backt seit Tagen Kekse, mein Vater schnitzt frische Kasperfiguren (ob es dieses Jahr endlich ein Krokodil gibt?), Martha (Martha Knit/fh) strickt Strümpfe, Phyllis sitzt in der Küche, raucht (und schlägt Sahne), Walter wässert den Eisring nach, Kim schreibt Listen (Geschenke für alle, keinen vergessen!), was Keith und Glen machen? Keine Ahnung. Nur das Eichhörnchen Nummer neunundneunzig (Wayne/fh) fliegt langgestreckt übers Eis und sammelt Pokale und noch mehr Pokale, einer für alle, Pokale für alle, und hat mich vergessen, während Lucy damit beschäftigt ist, ihre Schüler, wie jedes Jahr im Dezember, von der Orgel aus anzutreiben und auf das Weihnachtsspiel einzuschwören, lauter ehrgeizige Schafe und Hirten.

Lucy, die beste Klavierlehrerin von allen, die unsichtbar durch alle Türen geht und alle Sonntagslabore von innen kennt, wird das schon irgendwie schaffen. Denn Maria und Josef wachsen jedes Jahr nach, und Tony (Tony Tonell/fh) bringt sie alle in Stimmung. Aber einen Hirten wie mich (Hand aufs Herz und ins Feuer!) bekommt sie nie wieder, niemand wird jemals einen besseren Hirten geben als ich, den ersten und besten Hirten von allen, der weiß, was die Stunde geschlagen hat, weil er die Sterne liest und genau weiß, wann die Könige kommen und wie man das feierlich verkündet: nicht mit Orgeln, nicht am Klavier, nicht mit Hindemith und Rachmaninow, nicht mit Schönberg und auch nicht mit Bachtrompeten, sondern mit einer Schiffstrompete, unter deren Klang sich das Stampfen der Füße der Matrosen in das Stampfen von Elefanten verwandelt, begleitet von Kamelen und Trommeln, von Zimbeln und Rasseln, bis ich, der Hirte im Trikot 99, dem wilden Treiben Einhalt gebiete, indem ich meine Stimme erhebe und für alle gut hörbar von der Arena bis in die höchsten Ränge rufe, dass die Könige kommen. Die Könige kommen, die Könige kommen!

Und siehe, Stille herrscht auf dem Eis, die Spieler erstarren in ihrer Bewegung, sogar Nummer neunundneunzig hält inne und schaut in den Himmel, in dem gar nichts zu sehen ist, weil man oben nicht sieht, was man unten nicht fühlt und unten nicht fühlt, was man oben nicht sieht, weshalb sich nirgendwo Könige zeigen. Eine kurze Zehntelsekunde lang halten die Spieler inne, selbst Bamie und Walter sitzen still und lauschen auf den Befehl von oben. Alles steht Schlange vor der großen Stille. Nur der erste Beweger, der größte Trainer von allen, schweigt. Und Phyllis lacht leise und zärtlich und zündet sich, ganz nebenbei, eine weitere Zigarette an, weil sie wie immer weiß, was kommt. Dass sich die Esel auf dem Eis plötzlich in Könige verwandeln, denn die Könige sind ja gar nicht verschwunden, sondern bloß weitergewandert, Fuß vor Fuß, trittsicher im Gelände, bis sie am anderen Ende des Berges plötzlich ein großes und strahlendes Licht sehen. Und, Kinder!, was soll ich euch sagen: Da stehen sie plötzlich in Tahiti, an einem frisch erschaffenen Strand. Damit hatte natürlich keiner gerechnet. Wie groß die Freude war, könnt ihr euch denken. Und das alles haben sie dem Rattenfänger zu verdanken. Denn hätte der sie nicht mitgenommen, säßen sie bis heute in Brantford, ohne Aussicht auf Kronen.«

Es ist also wiederum Phyllis gewesen, die Felicitas, über größte Distanzen hinweg, dazu anhielt, aus der Not eine Tugend zu machen, auch wenn wir es hier fraglos mit einem frühen Musterbeispiel Hoppe'scher Tröstungsliturgie und Selbstrettungsprosa zu tun haben, in der zahlreiche Motive auftauchen, die Hoppe in ihrem späteren Werk (in weit weniger emotional und pathetisch aufgeladener Form) wieder-aufgenommen hat, vor allem in ihrem Roman *Paradiese, Übersee*, in dem sie (literarisch stark verklausuliert) noch-mals jene Jahre aufruft, in denen sie regelmäßig in den von Lucy inszenierten musikalischen Weihnachtsspielen auftrat und dies nachweislich nicht nur mit großem Erfolg, sondern mit größtem Vergnügen.

Wie wirksam Hoppes Formen literarischer und phantas-tischer Selbsttröstung tatsächlich waren, lässt sich schwer ausmachen, denn das eben Geschriebene konterkarierend, fährt sie in demselben Text in der für sie typischen Gegen-bewegung, die Trost und Erbauung nur kurzfristig zulässt, um danach wieder alles in Frage zu stellen, fort: »Nur dass leider weder Phyllis und Lucy, schon gar nicht hier unten am anderen Ende der Welt, meine Hirtenstimme vernehmen können, weil hier längst Sommer ist, ein Sommer, von dem da oben keiner auch nur die geringste Ahnung hat, weil nicht nur Sommer und Winter nicht gleich sind, sondern weil auch kein Sommer dem anderen gleicht.

Denn was ist ein Sommer im Weserbergland gegen einen kanadischen Sommer, gegen einen australischen Sommer! Schließlich sind wir hier unten am Ende der Welt, die immer noch eine Scheibe ist, von Wünschen umzingelt, von lauter Inseln süßer Verheißung, auf denen jeder Matrose vergisst, woher er glaubt, gekommen zu sein, und wohin er glaubt, noch fahren zu wollen. Denn das hier sind besondere Inseln, mit anderen Hirten und Königen, auf denen es weder Win-ter noch Friedhöfe gibt, auch keine Weihnacht, von dort kehrt keiner zurück.« (Aus: *Ich hasse Tahiti*)

Sosehr Small und Kramer sie dazu drängten, so sicher ist, dass Felicitas auf ihrer Reise im Jahr 1974 bei ihrer Ankunft in Papeete (Tahiti) keinen Fuß an Land gesetzt hat, worin sie übrigens dem Vorbild ihres Vaters folgte, der seiner ununterbrochenen Seekrankheit zum Trotz die ganze Fahrt über jeden Landgang vermied: »Schließlich haben wir an Bord alles, was wir brauchen. Nur dass Felicitas sich, nicht ganz unerwartet, auch hier unten einen Adventskranz wünscht. Dabei gibt es da draußen Lichter genug, um sich in Weihnachtsstimmung zu bringen.« Und er fährt fort: »Heute Abend wieder ein weinendes Kind. Lästig. Felicitas fürchtet sich vor der Ankunft, man werde sie für ihre Kleidung verspotten. Kinderklage. Ein neuer Badeanzug kommt gar nicht in Frage.«

Gut möglich allerdings, dass sich Karl Hoppe, genau wie seine Tochter, einfach vor dem Festland fürchtete, ein »ziemlich durchschnittlicher Fall von Landgangsangst«, wie Kramer in seinen Notizen vermerkt, »unter der nicht nur Seeleute, sondern vor allem zahlende Gäste nach mehreren Wochen ununterbrochener Reise auf See nicht selten zu leiden haben, wenn sie plötzlich das enge und in jeder Hinsicht beschränkte Bordleben und die unter solchen Bedingungen gelegentlich besonders ausufernden persönlichen Phantasien auf einmal mit der Wirklichkeit abgleichen müssen.«

Denn »an Land standen halbnackte Frauen, Männer und Kinder mit Körben voller seltsamer Früchte und komischem Spielzeug und mit Kränzen am Hals, die alles mit offenen Armen empfingen, was ihnen vom Schiff aus entgegenkam. Sie lachten und tanzten, warfen Blüten und bunte Bälle (rot und gelb) in die Luft, die Grushenko lässig mit links auffing, und einen Moment lang glaubte ich, ich würde ihn niemals wiedersehen. Aber zwei Tage später kam er zurück, fröhlich schwankend, sehr betrunken und mit Blüten im Ohr, und erzählte mir, dass er nicht abreisen wolle, denn hier gäbe es keine Jahreszeiten und auch keinen Friedhof, woraus er zu seinen Gunsten schloss, dass wenigstens hier die Menschen unsterblich seien, ewige Jugend, ewige Schönheit. Ich war nicht an Land, aber ich weiß ganz genau, woran er im letzten Moment gedacht hat, bevor er langsam und lächelnd ins Knie ging, um sich der Länge nach aufs Deck zu legen und in einen ewigen Schlaf zu fallen, aus dem er erst wieder erwachte, als sich in der Ferne der erste Streifen der australischen Küste zeigte.« *(Ich hasse Tahiti)*

Am Vorabend des 22. Dezember erreichte das Frachtschiff *Queen Adelheid*, segelnd unter englischer Flagge und unter dem Befehl von Kapitän Bartholomew Jonathan Small, nach Plan und »ohne besondere Vorkommnisse verzeichnet zu haben« gegen 7.30 p. m. örtlicher Zeit bei einer Temperatur von ca. 28° Celsius Port Adelaide, den Hafen der Hauptstadt des Bundesstaates South Australia in Australien, die (Felicitas hatte sich in der Schiffsbibliothek kundig gemacht) ihren Siedlern bereits im November 1838 Religionsfreiheit versprochen hatte, weshalb Felicitas es sich nicht nehmen ließ, beim Abschied an Deck einen Adventskranz (»niemand wusste, woher sie den hatte«) mit vier brennenden Kerzen auf dem Kopf zu tragen (»Man soll schließlich sehen, dass ich komme!«), die der Wind und die reine Körperbewegung allerdings schon beim ersten Schritt auslöschten, was sie nicht daran hinderte, im Anblick des Hafens in der Ferne die folgende Abschiedsrede zu halten, die uns nur deshalb überliefert ist, weil Kapitän Small sie mitstenographierte. Der folgende Auszug sei hier unter Vorbehalt zitiert:

»Hochverehrte Queen Adelheid, Kapitäne, Offiziere, Matrosen, Seefahrer und Freunde! Der Abschied wird mir das Herz zerreißen, auch wenn mir heute beim letzten Frühstück mein Vater erklärt hat, dass so ein Herz schnell wieder zusammenwächst, ein reines Wunder der Anatomie. Hoffen wir, dass er recht behält. Sollte ich euch trotzdem vermissen, so will ich, das habt ihr mir beigebracht und ich habe meine Lektion gelernt, kein einziges Wort darüber verlieren. Trotzdem frage ich euch: Wie kommt es, dass sich nichts in der Ferne verliert, sondern alles für immer hängenbleibt? Das muss die Kraft der Erinnerung sein, die größer als jeder Ozean ist und in der, wie wir es drehen und wenden, für alles und jeden ein Platz reserviert ist (an dieser Stelle, so Small, heftige Gesten vonseiten der Vorträgerin wie auch vonseiten der Mannschaft), den nie ein anderer einnehmen kann. Lasst es mich so sagen: Wir sind zusammen gefahren, haben zusammen gegessen, zusammen gespielt (Sturmreihe die einen, Verteidigungsreihe die anderen), zusammen geschlafen und zusammen dem Meer ins Auge geblickt und in allen Sprachen gesprochen.

Aber was sind schon Sprachen – der eine spricht, der andere lacht, der Dritte wirft Karten zwischen die Würfel, und der Vierte steht auf und legt sich ins Bett. Ich kann euch weder die Sterne erklären (an dieser Stelle, so Small, scharrende Füße und Augenkontakt mit einem polnischen Matrosen) noch Kränze versprechen (lautes Gelächter und Fingerzeige auf Hoppes Adventskranz), weil ich euch nichts versprechen kann, außer, dass ich nicht wiederkomme und euch nie wieder fragen werde, ob Dampier eine französische Großmutter hatte (Gelächter) und wie viele Narben Sawchuk trug. Aber, verzeiht mir zum Abschied die Offenheit, eine echte Mannschaft wird aus euch nie werden, dazu seid ihr viel zu flüchtig, viel zu zerstreut, viel zu sehr mit euch selbst beschäftigt. Trotzdem gebe ich die Hoffnung nicht auf, dass sich das eines Tages ändert (hier riss sie, berichtet Kramer, unvermutet beide Arme nach oben, genau wie damals in der Messe, als sie erfolglos versuchte, ein Team zu bilden), und zum Zeichen dafür, dass ich an euch glaube, will ich euch etwas hinterlassen, das euch für immer an mich erinnert, macht damit, was ihr wollt!«

»An genau dieser Stelle«, so Smalls Mitschrift, »hielt sie inne, warf beide Arme wieder nach unten (der Adventskranz rutschte gefährlich auf die Seite, blieb aber über dem linken Ohr sitzen) und zog unvermittelt ihren Puck aus der Tasche, hielt ihn sekundenlang gegen den Mond und warf ihn (eingeübt, allzu effekthascherisch, bemerkt Small), mit großer Geste zwischen die Zuhörer, die sofort heftig in Bewegung gerieten.«

Nicht der stotternde polnische Matrose, sondern Maschinist Grushenko fing Hoppes Puck im Flug mit links und brachte ihn für immer ins Tor, in die eigene Tasche. Worauf ein wildes Gedränge entstand, wie ein Mann machten sich alle über Grushenko her und versuchten, an seine Tasche zu kommen, bis Small einen scharfen Pfiff ausstieß, das Knäuel der Männer fuhr auseinander und formierte sich in Windeseile wieder in Reihen, man begann zu klatschen. Der Koch und der Stewart machten ein Foto, während Karl Hoppe, weniger verlegen als ungeduldig, von einem auf den anderen Fuß trat, weil ihm immer noch übel war (er hatte seit Tagen nicht gegessen) und weil er seit Wochen von nichts anderem träumte, als die Seefahrt hinter sich zu lassen und sich endlich in ein Bett zu legen, das »ein für alle Mal aufhört zu schwanken und Aussicht auf Festland und Arbeit verspricht«.

Karls Geduld wurde allerdings ein letztes Mal auf die Probe gestellt, als Grushenko unvermittelt vortrat und selbst eine Rede zu halten begann, in einem so fließenden und unaufhaltsam anschwellenden Russisch, dass niemand mehr ans Übersetzen dachte. So floss die üppige Rede dahin und trat über die Reling bis ans Ufer, bis Felicitas sich plötzlich erhob, auf Grushenko zutrat und (»was niemand ihr zugetraut hätte«, so Small) ihm einen Kuss »mitten auf den Mund« drückte, worauf dieser, leicht schwankend, endlich verstummte, ihr unbeholfen den Adventskranz auf dem Kopf zurechtrückte und, indem er verlegen zurücktrat, sich mit dem Handrücken über die Augen wischte. Da plötzlich wollten alle sie küssen, aber weil das natürlich unmöglich war, begannen sie, in ihren Taschen zu wühlen und nach Geschenken zu graben. Nur fanden sie keine, selbst wenn sie welche gefunden hätten, hätten sie sie nicht loswerden können, weil Karl, als sei er plötzlich aus einem Halbschlaf erwacht, seine Tochter entschieden in Richtung Gangway schob.

Nur das Meer lehrt uns zu essen, was auf den Tisch kommt, ohne ein Wort zu verlieren. Hier seht ihr Felicitas, da ihren Vater und dort Kramer, der ihr leicht auf den Rücken schlägt, während Small ihr zum Abschied ein Buch mit dem Titel *Schicksal im australischen Busch* (Ludwig Leichhardt: *Schicksal im australischen Busch. Vorstoß in das Herz eines Kontinents*/fh) in die Hand drückte, das Felicitas sorgfältig in ihrem karierten Rucksack verstaute. Dann gingen Vater und Tochter die Gangway hinunter, Karl links, Felicitas rechts, bis sie gemeinsam das Ende der Welt erreichten. Unten angekommen, drehte sich Felicitas ein letztes Mal um, riss sich mit leichter Hand den Adventskranz vom Kopf und warf ihn ins Wasser. Obenauf eine Kusshand. Zu den Flaschen und Fischen.

3. Durch die Wüste

Am Morgen des 22.12.1974 erwachte Felicitas in Port Adelaide in der Pension *Grant's Children* (preiswerte Zweibettzimmer mit Hafenblick) neben ihrem noch schlafenden Vater (der im Halbschlaf Telefonnummern aufsagte) und begann umgehend, das Abschiedsgeschenk Kapitän Smalls zu lesen: Ludwig Leichhardt, *Schicksal im australischen Busch. Vorstoß in das Herz eines Kontinents.* Kurz vor dem Frühstück, gegen 7 a. m., ist sie zur Hälfte durch, nach dem Frühstück geht sie wieder aufs Zimmer und ist durch nichts mehr dazu zu bewegen, mit ihrem Vater auf die Straße zu gehen. Also macht sich Karl allein auf den Weg. Am Nachmittag ist die Lektüre beendet, und Felicitas beginnt, das *Buch L* zu schreiben.

Dass das mittlerweile legendäre *Buch L* (in schwungvoller Handschrift Kapitän Small und Offizier Kramer gewidmet, »ohne die dieses Werk niemals entstanden wäre«) als Manuskript erhalten blieb, ist demselben Umstand zu danken, der uns auch ihr deutsch-kanadisches Kinderwerk erhielt – der einfachen Tatsache, dass Hoppe, die immer wieder behauptet hat, sie hebe rein gar nichts auf, was nicht umgehend in Druck gehen könne, und werfe alles, was übrig sei, zu den Flaschen und Fischen, sich nicht an ihre Grundsätze hielt und, von wenigen Ausnahmen abgesehen, alles bei sich führte, was sie jemals zu Papier gebracht hatte.

Buch L umfasst circa einhundert handschriftliche Seiten (in zwei Heften der Marke *Clairefontaine*), die Felicitas in den ersten drei Wochen, die sie zusammen mit ihrem Vater in der kleinen Pension in Hafennähe verbrachte, nach eigenen Angaben ausschließlich deshalb verfasste, um »die Zeit totzuschlagen, die mein Entführervater braucht, um eine Unterkunft für uns beide zu finden, für sich ein Labor, für mich eine Schule«. Und um sich, was Felicitas unerwähnt lässt, bei *Australia Post* vorzustellen (vormals *Postmaster's General Department* / PMG), wo man ihm, auf Empfehlung von *Bell Telephone Canada*, eine Patentprüferstelle zugesagt hatte, einen Posten, von dem nicht sicher ist, ob Karl Hoppe ihn tatsächlich bekam oder ob er nicht auf eine andere Tätigkeit bei *AP* ausweichen musste.

»In all den Jahren«, schreibt Felicitas später, »hatte ich immer nur eine vage Vorstellung von seiner Tätigkeit, ich konnte mir nichts darunter vorstellen, weil er niemals darüber sprach, was er wirklich tat zwischen sieben und sieben, so wie ich meinerseits nie darüber sprach, was ich zwischen sieben und sieben tat.« (Eine Erfahrung, die Kinder weltweit mit ihr teilen dürften.) Ihre Form der Kommunikation über kleine Zettel haben Hoppe und seine Tochter allerdings auch in Adelaide beibehalten, nur dass die Nachrichten seltener, die verhandelten Anliegen dafür umso dringlicher wurden, je mehr Felicitas sich der Kontrolle ihres Vaters entzog.

In den ersten Wochen nach ihrer Ankunft sieht das noch anders aus. Felicitas macht nicht die geringsten Anstalten, sich auf eigene Faust durch die Stadt zu begeben, »ein typischer Fall von Landgangsangst«, wie Karl in seinen Aufzeichnungen vermerkt, »keine Spur von Neugier, sie ist abwesend, wie in Watte, tut sich mit dem Aufstehen schwer, hat Mühe, hinunter in den Frühstücksraum zu gehen«. Eine ungewöhnliche Attitüde, wenn man bedenkt, dass Felicitas auf der *Adelheid* neben zahlreichen anderen auch den Spitznamen der »Messekönigin« (»Tablequeen«) trug, immer die Erste am Frühstückstisch, die sämtliche Tischgespräche regierte.

Hier dagegen, zu Gast bei *Grant's Children*, scheint sie »vollkommen unzugänglich«, schreibt ihr Vater, der sich sonst selten hinreißen lässt, was die Beschreibung des Zustands seiner Tochter betrifft. Er macht sich Sorgen, während Felicitas lakonisch bemerkt: »Je länger drinnen, desto besser.« Und: »Je mehr Zeit er braucht, eine Arbeit, eine Wohnung und einen Schulplatz zu finden, desto mehr Zeit für mich, um alles in Ruhe aufzuschreiben, was mir im Kopf herumgeht«, schreibt sie am Morgen des ersten Weihnachtstages an ihre Hamelner Geschwister, bevor sie sich wieder »ans Hauptwerk« macht.

Kein Hauptwerk zwar, aber bemerkenswert, weil es sich, vergleicht man es mit Felicitas' früheren Arbeiten, in denen sie sich stark an Vorlagen hält und als hochbegabte Plagiatorin erweist, die nur selten zu eigenen Ufern aufbricht, durch eine Eigenwilligkeit auszeichnet, die vermutlich vor allem ihrer Naivität und ihrer Ahnungslosigkeit in Bezug auf einen Kontinent geschuldet ist, auf den sie nicht im Geringsten vorbereitet war und auf dem sie schließlich mehr als sieben Jahre ihres Lebens verbrachte.

Buch L, liest man es neu und im Kontext dessen, was wir heute wissen, illustriert allem voran eins: dass Felicitas sich »mit phantastischen Illusionen gestopft« auf den Weg gemacht hatte, »wie eine Weihnachtsgans auf dem Weg in den

Ofen, die von ihrem Schicksal nichts weiß und sich bis zum Schluss nicht vorstellen kann, tatsächlich gerupft, gebraten und verzehrt zu werden. Ein typisches Entdeckerschicksal.«

Auf kurzer Strecke erzählt das Buch allerdings alles andere als das Schicksal von Friedrich Wilhelm Ludwig Leichhardt (geboren am 23.1.1813 in Sabrodt, Brandenburg, spurlos verschollen 1848 in Zentralaustralien), jener so berühmten wie sagenumwobenen deutschen Entdeckergestalt, Zoologe, Botaniker und Geologe, der sich in den Kopf gesetzt hatte, das unbekannte australische Südland von Osten nach Westen zu durchqueren, und dabei kläglich scheiterte, sondern *Buch L* beginnt so:

»Was mich betrifft, so ist, im Gegensatz zu L, bis heute niemand auf die Idee gekommen, für mich eine Expedition auszurüsten, um mich selbst ernsthaft zu finden, was vermutlich dem Umstand geschuldet ist, dass man mich nie für vermisst erklärt hat, obwohl ich seit Jahren verschollen bin. Warum ist SEIN Leben ein Drama und MEINS nur ein Spiel? (Die Versalien folgen dem handschriftlichen Text./fh) Warum schickt man niemanden nach MIR aus, warum setzt man niemanden auf MEINE Spur an? Keine Suchhunde, Esel, Träger und Waffen, keine Männer mit Fernrohr und Kompass, keine Frauen mit Thermoskannen und Schnitten? Hat mein Entführervater alle Spuren verwischt, oder ist es mein eigener Mangel an Unternehmungsgeist, der niemanden zwingt, endlich aufzubrechen, um sich nach mir auf die Suche zu machen? Man entdeckt ja nur den, der selber etwas entdecken will, um am Ende als verschollen zu gelten, damit er seinerseits wieder entdeckt werden kann. Man muss nicht berühmt SEIN, man muss nur berühmt WERDEN WOLLEN, um auf der großen Vermisstenskala eine Chance zu haben. (Das hat mich schon Walter im Eisring

138

gelehrt, Bamie wusste es auch, und Lucy erst recht./Im Manuskript gestrichen./fh) Es sei denn, man wird, egal was man tut, egal was man lässt, von oben beschützt und von unten geliebt.

Nur dann kann Wirklichkeit werden, wovon ich träume, dass sich eines Tages endlich einer erhebt, der sich aufmacht über den Ozean, um zu sehen, wo ich geblieben bin, um durch die Straßen einer fremden Stadt zu gehen (sie könnte Adelaide heißen), um an alle Türen und Fenster zu klopfen und immer wieder nach mir zu fragen. Zuerst wird es heißen: Kennen wir nicht, wer soll das sein, nie gehört, nie gesehen. Dann aber wird es, je nach Hartnäckigkeit, heißen: Gesehen zwar nicht, aber schon mal gehört, jemand hat gestern von ihr gesprochen, kann bei den Nachbarn gewesen sein. Und dann wird es wider Erwarten heißen: Neulich auf der Straße gesehen, gleich nebenan vor der kleinen Pension bei *Grant's Kindern*. Und dort schließlich wird man freundlich sagen (denn die Dame am Empfang weiß, wie man mit Gästen umgehen muss): Ja, sie ist wirklich hier gewesen, hat hier gewohnt, gegessen, geschlafen, zwei Wochen lang jeden Morgen dasselbe, immer zwei Eier (weich gekocht) und zwei Scheiben Toast, mit Butter die eine, mit Marmelade die andere. Dazu hat sie Kaffee getrunken, mit viel Milch. Aber niemals mit Zucker.

Heute früh aber, fährt die Dame fort (eine gewisse Helena Ayrton, besser bekannt als die schöne Helena, obwohl sie schon in den Vierzigern ist), ist sie aufgebrochen, den Rucksack auf dem Rücken, ein karierter Rucksack, keine Ahnung, was drin war. Und hat keine Nachricht hinterlassen, nicht für mich, auch nicht für ihren Vater, wie ich später beim Aufräumen sah. Nichts auf dem Tisch, kein Zettel, kein Brief. Was mir seltsam vorkam, nicht ihre Art. Seit zwei

Wochen teilen sie sich ein Zimmer, Vater und Tochter. Keine Klagen, kein Streit. Nach dem Frühstück verlässt der Vater das Haus, die Tochter geht zurück nach oben. Wenn ich später zum Aufräumen komme, nimmt sie Stift und Papier und geht wieder nach unten, um im Frühstücksraum weiter zu schreiben. Das Haus hat sie eigentlich nie verlassen und das Zimmer auch nur aus Höflichkeit, weil sie mir nicht im Weg sein wollte, wenn ich Betten mache und Handtücher wechsele.

Überhaupt war sie höflich, gut erzogen. Und schweigsam. Natürlich habe ich ein paarmal versucht, sie in ein Gespräch zu verwickeln, viel war dabei nicht herauszuholen, obwohl ich die Sache behutsam anging (ich horche meine Gäste nicht aus), ich fragte nur, wie die Reise war, die Gesellschaft, das Essen, das Wetter. Acht Wochen auf See, wie mir der Vater erzählte, sind schließlich keine Kleinigkeit. Aber sie hat nur gelacht: Ein Schiff ist ein Schiff, auf dem Meer gibt es keine Neuigkeiten.

Wenn das alles ist, wird der Besucher sagen (Enttäuschung malt sich auf seinem Gesicht), was mache ich jetzt? Denn er ist nicht gekommen, um Adelaide oder die schöne Helena oder Kapitän Grant und seine Kinder zu sehen, sondern MICH. Was also jetzt? Dabei fährt er sich müde über die Stirn, eine hohe europäische Stirn, unter der viel gedacht wird, wie die schöne Helena gleich erkennt, sie kennt sich mit Gästen aus. Jetzt, sagt Lady H., legen Sie erst mal ab, waschen sich die Hände und ruhen sich aus, während ich Ihnen Kaffee mache, und warten, bis der Vater zurückkommt, der kommt gegen sieben und hilft Ihnen weiter. Wenn Sie möchten, zeige ich Ihnen die Zimmer, bleiben Sie einfach eine Nacht, morgen ist ein anderer Tag, frisch rasiert sieht man weiter.

140

Der Gast, jung und blauäugig unter der Stirn, legt ab, stellt den Koffer neben den Tresen (ein kleiner Koffer), lässt sich Kaffee bringen, schaut auf die Uhr (4 p. m.), wird müde, lässt sich die Zimmer zeigen und mietet ein Zimmer nach vorn raus, Hafenblick, dritter Stock. Während er das Formular ausfüllt, blättert die schöne Helena in seinem Pass und errötet: Sie kommen also wirklich aus Deutschland? Als der Gast lächelnd bejaht, gerät sie ins Schwärmen, denn sie ist, was der Gast nicht wissen kann, eine Ayrton nur in zweiter Ehe, in erster Ehe die Frau eines Deutschen, eines gewissen Herrn Voss (der Mann meines Lebens!), der eines Tages (hier legt sich ein Schatten auf ihr Gesicht) über Nacht verschwand, eine lange Geschichte, für die jetzt keine Zeit ist, weil Ms Ayrton in die Küche muss, Sie verstehen, das Abendbrot und die Gäste, Sie sind natürlich herzlich willkommen.«

»Obwohl Ms Ayrton«, so das Hoppewerk weiter, »an diesem Weihnachtsabend kaum Gäste hatte, war das Abendessen lebhaft und heiter, denn die, die sie hatte, waren gesprächig: Madame und Monsieur Paganel aus der Bretagne, ein Ehepaar auf Hochzeitsreise, er Schiffsbauingenieur, sie Lehrerin für Geographie, die viel über Land und Leute wusste, während er es vorzog, sich über die rein technische Seite der Dinge zu verbreiten. Und ein gewisser Dick Floater, handelsreisender Amerikaner, nach eigener Auskunft auf Kurzurlaub, der, während er Würste verschlang, heftig kauend erklärte, er sei auch im Urlaub immer auf Arbeit (always on duty), besonders zur Weihnachtszeit, wenn die Wünsche der Menschen so offen liegen, dass sie für einen Handlungsreisenden mit Händen zu greifen sind.

Sagt Floater und winkt nach dem vierten Bier (mit der

Rechten) und (mit der Linken) zu dem jungen Deutschen hinüber, der, blauäugig abseits, in einer Ecke sitzt, mit einem Sandwich beschäftigt, das er nicht recht in den Griff bekommt. Mehr Flüssigkeit, ruft der Amerikaner, dann geht's besser runter, wobei er lacht, sich den Schaum von den Lippen wischt, lässig den Teller zur Seite schiebt, sich erhebt und nach seinem Bierkrug greift, um an den Tisch des Deutschen zu wechseln.

Die schöne Helena (sie erkennt die Gefahr) tritt beiläufig von hinten an den Tisch, füllt das Glas des Deutschen nach, der Weißwein trinkt, worauf Floater, dem das nicht entgeht, mit der Faust auf den Tisch haut und ruft: Muss man bei Grant denn ein Deutscher sein, um die Damen auf seiner Seite zu haben? Worauf Helena lacht, sich die Hände an der Schürze abreibt und besänftigend sagt: Mister, in dieser Hochheiligen Nacht ist uns jeder Gast willkommen, bei *Grant's Children* ist Platz für alle. Und Floater schallend zu lachen beginnt, nach der Hüfte der Wirtin greift und sich, für alle Anwesenden überraschend, über der Brust bekreuzigt, bevor er wieder sein Glas erhebt und ruft: Dann also auf Jesus, Maria und Josef, drei Runden für alle.

Und plötzlich geht tatsächlich ein Stern auf, nicht sehr groß zwar, kein richtiges Leuchten, nur ein verlegenes Schimmern über halbleeren Tellern. Man erhebt die Gläser, alle fünf auf einmal: Madame und Monsieur Paganel die roten, der Deutsche das weiße, Floater sein Bier und Helena, weil sie niemals trinkt, erhebt ein leeres und fängt an zu singen. Es fehlten nur mein Vater und ich, denn ich war längst auf und davon, und mein Vater kam erst gegen neun zurück und schlich sich grußlos die Treppe hinauf, weil er den Fragen des Deutschen ausweichen wollte. Am Morgen packte er unsere Koffer.«

Während ihr Vater die Koffer packt, geht in Hoppes *Buch L* an den Tischen der schönen Helena die Weihnachtsfeier unbeschwert weiter, in der Floater zum Flirter wird und sich überraschend als begnadeter Tänzer erweist, sehr zum Ärger von Monsieur Paganel, der in dieser »scheinheiligen Nacht« um seine Braut zu fürchten beginnt, die nicht aufhören kann, beim Tanzen »ihren Mund an das Ohr eines Amerikaners zu legen, der offenkundig nichts taugt«, und von einem gewissen *L.* zu erzählen, der sich »eines Tages tatsächlich aufgemacht hat, um das Südland von Ost nach West zu durchqueren«.

Was den blauäugigen deutschen Besucher betrifft, so hat er das Warten längst aufgegeben und lauscht stattdessen »gebannt« der Erzählung von Madame Paganel, die »alles über Leichhardt wusste« und sich im Lauf von Hoppes Erzählung sogar zu der Behauptung hinreißen lässt, sie habe Monsieur Paganel einzig deshalb das Jawort gegeben, weil er ihr eine Reise versprochen habe, »auf der du eine Entdeckung machst, von der andere nur träumen«.

Ob Hoppe sich des schlüpfrigen Doppelsinns dieser Aussage eines frisch verheirateten Mannes beim Schreiben bewusst war, sei dahingestellt. Auffallend für die Arbeit einer gerade Vierzehnjährigen ist jedenfalls die überraschend scharfe Zeichnung ihrer Figuren, auch wenn sie dabei über Typisierungen selten hinauskommt. Vor allem dann, als die schöne Helena unvermittelt einen Stapel von »Schicksalskarten« aus der Tasche zieht und auf dem Tisch auslegt und kein Hehl daraus macht, dass das alles natürlich nichts als »der reinste Humbug« sei, ein »an der Seefahrt erprobter Spaß«, weil die meisten, die bei *Grant's* absteigen, nun mal abergläubische Seeleute seien.

Spätestens als Floater »taumelnd treppauf« die Szene verlässt und der blauäugige Deutsche in seiner Ecke erwacht und, »weil auch er nicht mehr ganz nüchtern war«, plötzlich beginnt, Madame und Monsieur Paganel von seiner Heimatstadt Hameln zu erzählen, die im Herzen des Weserberglands liege und die nicht anders als lieben könne, wer in Hochzeiten reist, bekommt die Geschichte eine neue Dimension: »Denn die Glocken am Hamelner Hochzeitshaus«, sagt der Deutsche, »sind besondere Glocken. Wer sie einmal gehört hat, kann ihren Klang nie wieder vergessen und mit dem Klang auch den nicht, der ihm für immer angetraut ist, er bleibt auf ewig gebunden, egal, ob er lieben kann oder nicht.« Worauf die schöne Helena die Karten neu mischt. »Trunken«, so Hoppes Erzählung weiter, greift der Deutsche in den Stapel abgegriffener Karten und zieht, was sonst, die Sehnsuchtskarte, worauf Helena, weil sie niemals trinkt, entschlossen die nächtliche Tafel aufhebt und ihre Gäste »wie Seeleute in die Betten schickt«, denn »morgen ist schließlich auch noch ein Tag, dann sehen wir weiter«.

»Am Morgen danach«, so der Hoppetext weiter, »wusste die schöne Helena so gut wie alles über den Deutschen: wie schlecht er schlief, dass er im Halbschlaf die Namen meiner Geschwister aufsagte und dass er, obwohl sein Pass nichts verriet, tatsächlich mein großer Bruder war, nicht gekommen, um mich zu suchen, sondern um mich zu finden und für immer nach Hameln zurückzuholen. Damit hatte natürlich niemand gerechnet, am wenigsten ich. Weshalb mein Bruder am nächsten Morgen verloren im Frühstücksraum saß und vergeblich darauf wartete, dass ich die Treppe herunterkäme, um ihm stürmisch in die Arme zu laufen und ihn endlich, von Angesicht zu Angesicht, zu fragen, wie es unseren Schwestern geht und unserem kleinen Bruder. Ob meine Mutter immer noch Sahne schlägt und ob mein Vater immer noch wagt zu behaupten, dass es das Krokodil gar nicht gibt. Und ob sich das *Miramare* immer noch, spätestens im September, in einen Ausstellungsraum für Pelze verwandelt, wenn die Italiener kurzfristig nach Süden verschwinden.

Aber ich war längst auf und davon, mein Vater hatte die Rechnung bezahlt, und mein Bruder befand sich im Elend, in einer Stadt, die ihm so fremd war wie mir und den anderen Gästen. Madame Paganel hatte Kopfschmerzen und Monsieur Paganel schlechte Laune, die mit Dick Floater zusammenhing, der überhaupt nicht zum Frühstück erschien, sondern sich erst am Nachmittag zeigte und wortlos ein riesiges Sandwich verschlang, während mein Bruder durch Adelaide spazierte und beide Augen offenhielt, aber er konnte mich nirgends entdecken. Am Abend kam er erschöpft zurück, um sich von Helena trösten zu lassen, die lauter schöne Geschichten erfand, die alle mit der Verheißung schlossen, er müsse nur zwei Tage länger bleiben, dann würde er mich bestimmt erwischen, weil ich alle zwei Tage zu *Grant's Children* zurückkam, um nach neu eingegangener Post zu fragen.

Sie ist nämlich verrückt nach Post, sagte Ms Ayrton, weil sie selber wie eine Verrückte schreibt, kein Tag, an dem kein Brief verschickt wird oder wenigstens eine Karte. Und alles nach Übersee, die eine Hälfte nach Kanada, die andere nach Hameln. Kein Tag, ohne dass sie nach Antwort fragt. Immer dasselbe Spiel, lauter Fragen und keine Antwort. Um ihrer Rede Nachdruck zu verleihen, zog Ms Ayrton eine Schublade unter dem Tresen auf und präsentierte meinem Bruder zwei große Briefmarkenbögen. Nur für Felicitas, sagte Ms Ayrton, außer ihr schreibt nämlich niemand, wenn sie nicht wiederkommt, bleibe ich auf den Briefmarken sitzen. Aber, da können Sie sicher sein, sie kommt wieder, alles nur eine Frage der Zeit, der Geduld. Worauf mein Bruder sich zu Helenas Freude für drei weitere Nächte eintrug, bevor er sich wieder auf den Weg in die Stadt machte und hier und da klopfte, um immer dieselbe Antwort zu hören: Kennen wir nicht, nie gehört, nie gesehen.«

Überflüssig zu erwähnen, dass die Suche des Bruders erfolglos bleibt. Am Neujahrstag reist er, sehr zum Bedauern von Ms Ayrton, unverrichteter Dinge ab. Felicitas ist nicht aufgetaucht, um nach neuer Post zu fragen, die schöne Helena bleibt auf ihren Briefmarken (»die mit dem Schiffsmotiv«) sitzen. Und Hoppes Erzählung gerät ins Schwimmen, sie ist offensichtlich nicht in der Lage, die Geschichte überzeugend zu Ende zu bringen. Die Spur des großen Bruders aus Hameln verliert sich in einem schlecht beleuchteten Hinterzimmer, genau wie Madame und Monsieur Paganel, wie Dick Floater und Friedrich Wilhelm Ludwig Leichhardt, »von dem man bis heute nichts gefunden hat als einen Baum in der Wüste, signiert mit dem Buchstaben *L*«.

Zurück vom Hoppetext zu den Fakten. Tatsache ist, dass Felicitas und ihr Vater insgesamt drei Wochen bei *Grant's Children* logierten, laut Eintragung im Gästebuch vom 21.12.1974 bis zum 12.1.1975, für die Karl Hoppe am Nachmittag des 13.1. nachweislich die Rechnung beglich. Von einem Auf und Davon in der Weihnachtsnacht kann also keine Rede sein. Gleichfalls verbürgt ist, dass Hoppe, wie in *Buch L* angedeutet, regelmäßig in die Pension zurückkehrte, um nach Post zu fragen. Denn die schöne Helena aus Hoppes Erzählung, die allerdings nicht Helena, sondern Lucy (Ayrton) heißt, betreibt die Pension bis heute (die Tarife für Zweibettzimmer mit Hafenblick sind inzwischen allerdings erheblich gestiegen), ist mittlerweile hoch in den Siebzigern, überraschend lebhaft und auskunftsfreudig und erinnert sich noch sehr genau an jenen »stillen Vater«, der zusammen mit seiner Tochter für mehrere Wochen bei ihr zu Gast war, nicht zuletzt deshalb, weil Felicitas nach dem Umzug der Hoppes in eine eigene Wohnung, »niemals aufgehört hat, mein Gast zu sein. Sie kam immer wieder, anfangs mindestens einmal die Woche, um nach Post zu fragen, später seltener, aber immer noch regelmäßig, bis zum Schluss hat sie mir die Treue gehalten«, berichtet die Wirtin.

»Warum ich die schöne Helena liebte«, schreibt Felicitas in dem bereits oben erwähnten Entwurf zu ihrer ersten Autobiographie, »ist schnell gesagt. Weil sie wusste, dass ein Familientisch rund sein muss, damit es weder Vorzug noch Nachteil gibt.« Die Suche nach einem runden Tisch hat Felicitas niemals aufgegeben. Die schöne Helena wird zu ihrer australischen Phyllis, einer weiteren Gastgeberkönigin in Hoppes Sammlung, der sie in ihrem späteren Werk ein Denkmal setzt, als sie in *Paradiese, Übersee* »Frau Conzemius« erfindet, jene Wirtin, die unter den Achseln nach frischem Brot riecht und deren Haar niemals grau wird.

Mit Frau Conzemius erschafft Hoppe ihren Traum von der ewigen Wirtin, einen Typus, der ihren Wunsch nach einer globalen Heimat verkörpert, nach jenem Ort, an dem man immer zu Hause ist. Das geht weit über das idealtypische Familienidyll ihrer Hamelner Wunschfamilie hinaus. In ihrem 2004 erschienenen Essay *Wir sind nur Gast auf Erden (The eternal Landlady)* führt Hoppe selbst aus, dass bei Frau Conzemius eine Art von Zuneigung herrscht, die nicht an Blutsverwandtschaft gebunden ist: »Nirgends als bei Frau Conzemius ist man wirklich frei, weil hier jeder zu Hause sein darf, ohne Tadel und Furcht, unabhängig davon, woher er kommt, was er ist, wohin er geht, was er tut, ob er bleibt oder jemals zurückkommt.« Frau Conzemius' »Echternachzimmer« in einem »Land ohne Meer« (gemeint ist vermutlich Luxemburg) ist in Wahrheit jenes Zimmer mit Hafenblick in Downunder, bei *Grant's Children*, »der Schatten dessen«, schreibt Hoppe, »was man das Paradies nennen könnte«.

Was die echte Ms Ayrton betrifft, so deckt sich ihre Beschreibung des jugendlichen Gastes weitgehend mit Felicitas' Selbstbeschreibung aus dem oben zitierten *Buch L* wie auch mit den Notizen Karls: »Sie war«, berichtet Ms Ayrton bei einer Tasse Kaffee, »ziemlich zurückweisend, in der ersten Woche sah ich sie nie, erst in der zweiten Woche kam sie gelegentlich runter, setzte sich an den hinteren Tisch, aß zwei Scheiben Toast, Eier lehnte sie ab. Wenn ich sie fragte, gut geschlafen?, sah sie mich an, sagte nichts. Nach dem Frühstück verschwand sie aufs Zimmer, was sie da machte, weiß ich nicht, hat wohl Briefe geschrieben. Wie gesagt, sie war eine manische Schreiberin, schickte die Briefe auch ab, fast jeden Tag einen, was natürlich ins Geld ging, die gingen ja alle nach Übersee, eine Hälfte nach Deutschland, die andere Hälfte nach Kanada, das Porto hat ihr Vater bezahlt, der übrigens selber Briefe schrieb, die gingen nach Polen, an eine Maria, genau gefragt habe ich nie, ich spioniere meinen Gästen nicht nach, habe mir nur mein Teil gedacht.

Merkwürdig war: Die Briefe sind später zurückgekommen, nicht die nach Kanada, auch nicht die nach Polen, nur die nach Deutschland, allerdings erst Monate später, ich habe sie alle gesammelt, keinen einzigen weggeworfen, aber auch keinen davon gelesen, auch wenn ich oft in Versuchung war, es wäre ja nicht weiter aufgefallen, wenn ich sie hätte verschwinden lassen. Was ich genauso wenig übers Herz gebracht hätte wie die Wahrheit über die Lippen, wofür ich mich, um ehrlich zu sein, bis heute schäme. Jahrelang habe ich sie mit der Geschichte von Robinson Crusoe vertröstet: Irgendwann kommt ein Schiff vorbei.«

An dieser Stelle gießt sich Ms Ayrton, die nicht Helena ist und gelegentlich gerne trinkt, ein Glas Portwein *(Seppeltsfield Winery)* ein, bevor sie mit ihrer Erzählung fortfährt: »In der dritten Woche legte Felicitas den Hebel um und erschien als Erste zum Frühstück, man hätte die Uhr nach ihr stellen können. Manchmal kam sie schon kurz vor sechs runter, um mir in der Küche zu helfen. Dabei stand sie mir meistens im Weg, in Haushaltssachen war sie ziemlich unbeholfen für ein Mädchen von vierzehn Jahren, zwei linke Hände, aber wegschicken ließ sie sich nicht, war anhänglich wie ein junger Hund. Und erzählte ununterbrochen Geschichten, was mir auf die Nerven ging, aber die Gäste mochten das, besonders ihre Seefahrtsgeschichten, viel besser als das, was Seeleute sonst so erzählen, stumm wie Fische, miserable Erzähler. Felicitas war dagegen unschlagbar, eine blühende Phantasie, keine Ahnung, was wahr, was erlogen war, sie war eine große Erfinderin, übrigens auch im praktischen Leben, immer voller Ideen, nur dass sie nichts davon umsetzen konnte. (Vgl. hierzu Karls oben zitierte Aufzeichnungen: »Zur Durchführung fehlt es an Präzision. Insgesamt Mangel an Ausdauer.«/fh)

Ich sehe sie noch vor mir, wie sie morgens in meiner Küche steht und den tastenfreien Toaster erfindet, akustisch animierte Brotscheiben, die auf Anruf nach oben springen, und den automatischen Eierwender, eine Pfanne, die alle Probleme löst, die man mit Spiegeleiern so hat. Sie erfand alles neu, den ganzen Haushalt, lauter Unsinn, einen spre-

chenden Sahneschläger und für den Frühstücksraum eine
Art Tischleindeckdich, mit dem sie Servierpersonal einspa-
ren wollte, für den Zimmerservice den Lakendreher, fürs
Bad einen je nach Körpergröße verstellbaren Seifenspender
und, um den Briefverkehr zu beschleunigen, die Deutsche
Taube, die in Sekundenschnelle übers Meer fliegt.« (Vgl.
hierzu *Meine Sonntagserfindungen./fh*)

Spätestens nach dem dritten Portwein wird klar, dass
Lucy Ayrton mehr über Hoppe erzählen könnte als jedes
deutsche Feuilleton, mit der einzigen Ausnahme, dass sie
nicht die geringste Ahnung hat, was tatsächlich aus Hoppe
geworden ist, eine deutsche Schriftstellerin nämlich, wovon
sie sich kaum überrascht zeigt: »Felicitas traue ich alles zu.«
Von Deutschland hat Lucy keine Ahnung, die Stadt Hameln
hält sie, wie sich herausstellt, bis heute für reine Erfindung
(»Warum sonst hätten die Briefe zurückkommen sollen?«),
genau wie die Geschichte vom Rattenfänger, die sie noch
aus ihrer Schulzeit kennt.

Der geographisch faktische Gegenbeweis, eine Deutsch-
landkarte in großem Maßstab, auf der die Stadt Hameln
im niedersächsischen Weserbergland überdeutlich gekenn-
zeichnet ist, beeindruckt Ms Ayrton nicht im Geringsten:
»Geographie war doch überhaupt kein Thema, hat sie nicht
interessiert, Felicitas' Hameln liegt ganz woanders. Sie wissen schließlich so gut wie ich, dass das nichts als Märchen-
geschichten sind: Hameln, der Rattenfänger, dieses Hochzeitshaus mit den besonderen Glocken, lauter Kinder- und
Jungmädchenträume, genau wie die Hochzeit mit diesem
Wayne, von dem sie andauernd sprach und dem sie andauernd Briefe schrieb.

Eine ganz große Sache sollte das werden, diese Hochzeit. Natürlich in Hameln, wo sonst, nicht etwa mit Anzug

150

und weißem Kleid, sondern in voller Hockeymontur, zweimal die Nummer 99, sie trug ja nichts anderes als dieses
schmuddelige Trikot (gemeint ist Waynes Abschiedsgeschenk mit der Signatur »Wayne for Fly«/fh), alle Gäste
unter Helmen und Masken, mit Handschuh und Schläger,
Brautjungfern auf Schlittschuhen, auf dem Tisch eine Hochzeitstorte in Form eines riesigen Pucks. Irgendein Goaly
sollte den Trauzeugen machen, den zweiten ich. Von mir
aus gern, sagte ich, ich komme bestimmt, schließlich bin ich
noch nie in Deutschland gewesen, in Hameln schon gar
nicht.

Aber der Weg ist weit, bist du sicher, dass dieser Wayne
wirklich kommt? Natürlich kommt Wayne, sagte sie entschieden, ohne Wayne fällt doch alles ins Wasser. Und Phyllis und Walter kommen auch, vielleicht auch BB und Tony
Tonell und Martha und die andere Lucy. Dann wirst du sie
alle kennenlernen, vor allem meine richtigen Eltern und
meine vier Geschwister. Und was ist mit Karl?, fragte ich.
Karl, sagte Felicitas, ist immer dabei, egal, was kommt, ob
ich will oder nicht, ohne ihn komme ich nirgends hin, er
trägt meinen Namen und unsere Pässe, für immer und ewig.
Jedenfalls solange ich nicht verheiratet bin.«

Mit Pässen hält es Ms Ayrton übrigens wie mit der Geographie: »Was sind schon Pässe, auf Pässe ist doch gar kein
Verlass. Sie sehen ja selbst, wer und was hier so absteigt, der
Hafen gleich um die Ecke. Da kommt einer an, zieht ein
Papier aus der Tasche, mit Stempel und Foto, lauter Bärte
und Brillen über Unterschriften, hinter denen nichts zu erkennen ist. Aber solange sie zahlen, nimmt man sie alle,
zahlen sie nicht, schickt man sie weiter. Die meisten bleiben
nicht lange, am nächsten Morgen sind sie verschwunden,
wer weiß wohin, manche für immer, niemand, der fragt. Ich

spioniere meinen Gästen nicht nach, schon gar nicht denen, die selber Spione sind.

Was weiß man schon über Australien, Australien ist groß. Was Sie wissen, ist doch bloß angelesen: Kängurus, Krokodile, Koalas, das Meer, die Hitze, Naturkatastrophen. (Vermutlich eine Anspielung auf *Cyclon Tracy*, der, während Ms Ayrton in der Weihnachtsnacht ihre Gäste bewirtete, Darwin und das Northern Territory verwüstete./fh) Und dass man sich besser einen Hut auf den Kopf setzt, weil alles andere ungesund wäre, heutzutage reden ja alle von Krebs, geschieht ihnen recht.

Rücken wir's doch mal ins rechte Licht, dieses Südland, das schöne Van-Diemens-Land: Nichts als Verbrecher und Versager, Diebstahl und Totschlag, alles verkauft und verraten, enteignete Seelen, die keine Anwälte haben. Wir sind schließlich nicht die Ersten am Ende der Welt, da waren schon ganz andere vor uns da, von denen überhaupt keiner redet, weil keiner ihre Sprache versteht, während die Zugereisten immer nur von sich selber sprechen. Kelly (gemeint ist vermutlich Edward Kelly/fh) und Pearce (Alexander Pearce/fh) und wie sie noch alle heißen. Was ist aus denen geworden? Schlechte Bücher, erbärmliche Filme, Lügen, Erfindung, schlechte Kunst, von Kultur keine Rede. Als könnte man Staat mit so was machen. Aber Gott sei Dank ist ja Platz für alle, da verliert und verläuft sich so manches, hier sind schon ganz andere untergetaucht als ein Karl, der angeblich gekommen ist, um irgendwelche Patente zu prüfen. Nicht, dass ich was von Patenten verstehe, weiß der Himmel, was der Mann hier geprüft hat. Nur, dass sie Vater und Tochter sind und für immer Vater und Tochter bleiben, dafür lege ich meine Hand ins Feuer, wie aus ein- und demselben Gesicht geschnitten.«

Der Rest des Abends vergeht mit dem Nachschenken von Portwein und der Abgleichung von Wirklichkeit und Erfindung. Ms Ayrton ist, wie sich schnell herausstellt, durchaus nicht Frau Voss in erster Ehe, sondern immer nur eine Ms Ayrton gewesen, er Engländer, sie Irin, eine heikle Mischung, wie Lucy nebenbei bemerkt, allerdings sei Mister Ayrton früh verstorben, sie habe ihren Frieden gemacht und nicht mal im Traum daran gedacht, sich womöglich ein zweites Mal zu verheiraten, »der Laden läuft ohne Mann doch viel besser«. Und ohne seine englische Königin, die, wie sie mit Nachdruck betont, ein ständiger Zankapfel zwischen ihr und Felicitas gewesen sei, die es »irgendwie mit Kronen hatte«, was Lucy nachsichtig auf Felicitas' Hang zur Romantik zurückführt. »Von Geschichte hatte sie keine Ahnung, alles löste sich in Geschichten auf, was mich nicht störte, es kam mir nur allzu bekannt vor, ziemlich irisch nämlich.«

Kurz vor Mitternacht kommt die Rede auf Madame und Monsieur Paganel, von denen Lucy mit Sicherheit weiß, dass sie nichts als »reine Literatur« sind. »Franzosen auf Hochzeitsreise«, so die Wirtin lachend, »hätte es damals kaum zu *Grant's Children* verschlagen.« Wohingegen sie sich sofort an Floater erinnert, »ein tüchtiger Esser und miserabler Geschäftsmann«, jahrelang einer der treuesten Gäste, der ihr trotzdem kein Glück gebracht habe. Eine Geschichte, an die Ms Ayrton sich offenbar ungern erinnert, weshalb sie sie lieber für sich behält. (Einer Polizeinotiz zufolge erhängte sich ein gewisser Richard L. Floater in der Neujahrsnacht 1999/2000 gegen zwei Uhr morgens in einem günstigen Zweibettzimmer mit Hafenblick bei *Grant's Children*./fh)

Der Abend endet am frühen Morgen unvermutet damit, dass Lucy sich plötzlich entschlossen erhebt und die Tür zu jenem Hinterzimmer öffnet, »in das man nur durch die Küche gelangte«, wie Hoppe in *Buch L* berichtet. Ein kleiner fensterloser Raum mit niedriger Decke, der entfernt an Gretzkys Garage erinnert, in dem die kinderlose Wirtin Erinnerungen wie Trophäen aufbewahrt, »die ich mit niemandem teile. Aber da Sie nun mal auf die Wahrheit aus sind, will ich Ihnen nichts vorenthalten.«

Der Gast betritt einen schwach beleuchteten Raum, an dessen hinterer Wand ein großes Klavier steht, beidseitig umrahmt von einer umfangreichen, mosaikartig angeordneten Sammlung von Grußpostkarten ehemaliger Gäste, während sich an den Wänden links und rechts zwei Regale hochziehen. Das eine voller Mappen und Bücher, die, alle verstaubt, offenbar niemand mehr zur Hand nimmt, das andere vollgestopft mit allem, was Ms Ayrtons hochzeitsreisende Gäste zurückgelassen haben: dicke Luft, vertrocknete Blumensträuße, leere Flaschen, zerknüllte Taschentücher, das Ende des Stricks von Dick Floater und, in eine Art Zelttuch gewickelt, Hoppes Eishockeyschläger. Daneben, in einem karierten Rucksack, Hoppes Handschuhe und ihre Maske. Auf dem Regalbrett darunter jene Kiste, die Lucy vorsichtig, als sei sie aus Glas, auf einem Tischchen platziert, das, von drei Sesseln umgeben, in der hinteren Ecke schräg vor dem Klavier steht. »Wenn Sie wollen«, sagt Lucy, »machen Sie's auf, wenn Sie Mut haben, schauen Sie rein. Ich habe kein Wort davon gelesen und auch nicht die Absicht, es jemals zu tun. Darauf mein irisches Ehrenwort.«

Die Kiste, eher eine Art große Keksbüchse, enthält, sorgfältig gebündelt und mit einer roten Schleife verschnürt, Felicitas' *Briefe an vier deutsche Geschwister* (insgesamt fünfzehn) und jene *Postkarten an meine Eltern* (insgesamt

154

zwölf), die, neben fünf zugeordneten Schriftstücken (drei Briefe und zwei Postkarten mit dem Vermerk einer Hamburger Schiffsagentur: »Wiederholt nicht zustellbar. Rückgestellt an Kramer und Small«), mittlerweile längst auf der Schillerhöhe im Marbacher Literaturarchiv liegen, dessen Existenz Lucy Ayrton bis heute ebenso in Zweifel zieht wie Hoppes Heimatstadt Hameln.

Aus Brief 3 (Sammlung Ayrton): »Sommerferien im Januar. Heute war ich zum ersten Mal in der Stadt, wo das wirkliche Leben beginnt, weil man endlich aufhört, das Meer zu sehen. Meine Ausrüstung kann ich vergessen, nichts, was ich hier gebrauchen könnte, alles, was mir am Herzen liegt, lasse ich bei *Grant's Children* zurück. Ms Ayrton verspricht, darauf aufzupassen, bis endlich der nächste Winter kommt, der sowieso nicht kommt, weil ich mich viel zu sehr danach sehne. Wie sehr ich Walters Eisring vermisse, das Kratzen der Schläger, die Hitze der Kälte am Sonntag, Phyllis und Wayne, der, genau wie Ihr, keine Briefe schreibt, Sieger schreiben nun mal keine Briefe. Bald werde ich trotzdem alles haben, wovon Ihr nur träumt: ein Haus im Zentrum, ohne Meerblick (Vergangenheiten ertrage ich schlecht) und mit Doppellabor (eins für Karl, eins für mich), ein neues Klavier und eine Lehrerin, die auch sonntags nicht bei uns einziehen darf.

Die Stadt hält mit Hameln nicht mit, kein Hochzeitshaus, keine Glocken, keine Eisbahn, dafür jede Menge Kirchen und Friedhöfe (was Grushenko nicht gefallen würde!), ein Zoo und ein Botanischer Garten, lauter Museen. Niemals werde ich Karl verzeihen, dass er mich nach hier unten verschleppt hat, ans Ende der Welt. Aber was kümmert mich Karl, ich habe längst einen neuen Begleiter gefunden, der mir viel besser erklären kann, was es mit Adelaide auf sich hat.«

Vier Jahre später taucht jener geheimnisvolle Begleiter unvermutet in Hoppes kurzer Erzählung *Meeting at Montefiore Hill (Der Blindgänger)* wieder auf, die, wie so viele Geschichten Hoppes, offenkundig mit einem Abschrieb aus dem *Großen Baedeker* beginnt: »Angesichts seiner überschaubaren Größe ist Adelaide gut zu Fuß zu erkunden. Das schönste Panorama bietet der Montefiore Hill mit der Statue das Stadtgründers William Light, zu dessen Füßen an einem ungewohnt heißen Januarvormittag ein etwa vierzehnjähriges Mädchen hockte, das, völlig unpassend für die Jahreszeit, einen karierten Overall, festes Schuhwerk und einen Rucksack trug und, die linke Hand wie einen Schirm über den Augen, stadteinwärts auf die King William Road blickte, während neben ihr ein anderer stand, der gleichfalls die Hand auf die Augen legte, allerdings nicht die linke, sondern die rechte, bevor er mit leiser Stimme fragte: Dann sind Sie also zum ersten Mal hier? Sie drehte sich um, was geht Sie das an? Nichts, sagte er, nur dass ich Erstbesucher von weitem rieche. Gefallen sie mir, spreche ich sie an, ich möchte nämlich Bekanntschaften schließen, wenn Sie wollen, zeige ich Ihnen alles, ich kenne mich aus.

Das Mädchen nimmt entschlossen die Hand von den Augen, gibt ihm die Hand (die rechte), Hand in Hand gehen sie den Hügel hinunter, hinein in die Stadt, die ihrem Erstbesucher 1. Die Statue des Stadtgründers William Light, 2. Das Old Parliament House, 3. Das Kriegerdenkmal, 4. Das Government House, 5. Die Holy Trinity Church, 6. Das Mitchell Building und 7. Das General Post Office zu bieten hat, an dem früher, so erklärt der Begleiter, tagsüber eine Flagge hing und nachts eine rote Laterne, die die Ankunft von Post aus England verriet, manchmal auch die von Post aus Hameln, was zwar selten der Fall war, aber immerhin möglich.

Während sie gehen, lässt der Begleiter ihre Hand nicht los, sondern hält sie nur fester und hört auch im Gehen nicht auf, leise und unaufhörlich zu sprechen, er kennt sich tatsächlich aus. Erst kurz vor dem Victoria Square (an einer Ampel) bemerkt Felicitas plötzlich ein leises Zögern, eine seltsame Unruhe zwischen den Schritten und stellt zu ihrer Überraschung fest, dass ihr Begleiter zwar weiß, wovon er spricht, aber längst nicht mehr weiß, wohin sie gehen. Denn der sie zu führen vorgab, war selbst der Geführte, und die Geführte war, ohne es zu wissen, längst seine Führerin geworden, die erst hier, an der roten Ampel, schlagartig erkannte, dass ihr Begleiter vom Montefiore Hill selbst an diesem strahlenden Sommertag weder die Stadt noch die Hand vor Augen sah, er sah überhaupt nichts, weil er vollkommen blind war und Rot und Grün auf seine eigene Weise trennte.

Trotzdem gingen sie weiter, noch einträchtiger als zuvor, rechts der blinde Besucher, links, mit offenen Augen, die Zugereiste, erst Hand in Hand, und, als sie der Stadtgrenze näher kommen, unvermutet schon Arm in Arm, eine kleine bewegliche Mauer, zwei Personen, von denen die eine nicht weiß, was die andere sieht, und die andere sieht, wovon sie nichts wusste, weil sie nur ahnten, wohin sie gingen, Richtung Eastwood, wo er gänzlich die Orientierung verlor und in einem fast staunenden Singsang sagte: Ich glaube, hier bin ich noch nie gewesen. Ich auch nicht, sagte das Mädchen zufrieden, worauf sie sich an den Straßenrand setzten und Arm in Arm auf die Straße starrten.

Vorüber kamen niemand und nichts, sie blieben allein,

157

aber als hätten sie trotzdem Angst, jemanden aufzuwecken, begannen sie, flüsternd über Gerüche und Geräusche zu sprechen, was hört, wer neu auf dem Kontinent ist, was riecht, wer hier aufgewachsen ist, und wie man wieder nach Hause kommt, wenn man sich in einer Stadt verirrt hat, die man nicht sieht. Nur dass sie gar nicht nach Hause wollten. Also blieben sie, Arm in Arm, am Straßenrand sitzen und sprachen weiter. Schließlich gab es genug zu erzählen, für zwei bis drei Tage mindestens, von den Nächten dazwischen zu schweigen. Die würden, so malten sie sich das aus, weil sie jung und ahnungslos waren, äußerst gefährlich sein, bis zum Rand gefüllt mit Sternen, die irgendwann über Eastwood aufgehen und auch dann nicht verschwinden, wenn Felicitas sich zu erinnern beginnt, dass es jenseits des Victoria Parks jemanden gibt, der langsam anfängt, sich Sorgen zu machen.

Aber Sorgen spielten jetzt keine Rolle, Ortskenntnis war längst kein Thema mehr, genauso wenig wie William Light oder die hässliche Königin oder der Frühstücksraum von Ms Ayrton, die, wie es aussieht, auf ihren Briefmarken sitzenbleibt. Denn hier seht ihr zwei, die, anstatt sich zu schreiben, beschlossen haben, einfach weiterzugehen, blind geradeaus auf der Greenhill Road, auf der schmalen Grenze zur wirklichen Welt, hinter der die große Verwirrung beginnt. Denn zwei Schritte hinter der wirklichen Welt, das sieht selbst ein Blinder (und der Erstbesucher riecht es von weitem), tut sich ein unermesslicher Raum auf (schrecklich und schön), von dem man nichts weiß, weil von ihm nichts erzählt werden kann, weil man hier alles zum ersten Mal sieht und hört und riecht und fühlt und dabei, unschlagbar unerfahren und klug (wie nur einmal im Leben), kurzfristig beide Augen schließt.«

Hoppe ist vierzehn und verliebt. Und wird noch Wochen später das Gefühl nicht los, einen großen Verrat begangen zu haben, »weil er, als wir uns kurz vor Eastwood küssten (eher zufällig als mit Absicht, weil wir beim Abbiegen in eine Seitenstraße, er wollte nach links, ich nach rechts, unvermutet mit den Stirnen aneinanderstießen, von wo aus der Rest nur ein Katzensprung ist, bei Licht besehen kein großes Glück, nur ein kleines Unglück), weder sehen noch wissen konnte, was ich unter dem Overall trage: das Abschiedstrikot Nummer 99«.

»In diesem Moment«, schreibt Hoppe (die längst von der dritten in die erste Erzählperson gewechselt hat), »hörte ich endlich auf, Briefe zu schreiben, weil der, der sie hätte lesen können, sie längst nicht mehr las (Sieger lesen nun mal keine Briefe!), und der, der sie hätte lesen sollen, denn ER ist gemeint und längst nicht mehr Wayne, sie natürlich nicht lesen kann, weil er vollkommen blind und viel zu nah dran ist. Also bin ich erlöst, ich höre für immer auf zu schreiben und darf endlich sagen, was man einfach so sagt, am besten gar nichts.

Nur dass das, wie sich sofort herausstellt, viel schwieriger ist, als Briefe zu schreiben. Denn verglichen mit dem Schreiben von Briefen und dem Warten auf Antwort, in dem man sich sehr bequem einrichten kann, ist die Gegenwart eine uneinnehmbare Festung: Nie ist man dort, wo man hingehört, immer die Hand an der falschen Klinke. Wie einfach und leicht dagegen das Schreiben, dieses süße Gefasel aus Übersee, dieses ›Denkst du an mich?‹ und ›Willst du nicht auch?‹ und ›Sehn wir uns wieder?‹, als wüsste man jemals, was das bedeutet, an jemanden denken und, weit schwieriger, jemanden wiederzusehen, den man womöglich nicht wiedererkennt, und keine Angst an der grünen Ampel zu haben, sondern so entschlossen wie sanft den Arm in den Arm des anderen zu schieben, um ihn sicher über die Straße zu führen, vorbei an William Light, am Kriegerdenkmal und an Adelheid und ihrem Stottermatrosen, bis wir auf der anderen Seite sind.

Anstatt weiterzugehen, blieben wir sitzen, Hand in Hand, während zum ersten Mal im Leben eine Hand mir sagt, dass ich mich nicht mehr fürchten muss, weil an mir wirklich was dran ist und eine flüsternde Stimme behauptet, ich sei wirklich schön. Dem Himmel über Eastwood sei Dank für mein absolutes Gehör, das mir erlaubt zu hören, was sonst keiner hört, während ich endlich die Augen schließe und mir vorstelle, auch ich wäre blind und längst fertig mit Lesen und müsste mich nur noch auf das konzentrieren, was mich von fern an alles erinnert, was der Matrose der hässlichen Königin sagte:

Ihr meint also wirklich, er (gemeint ist vermutlich Wayne/fh) hat Euch niemals geliebt? Das kann und will ich nicht glauben, und wenn es so wäre, ist er doppelt im Irrtum, denn Ihr seid schön, und bald wird die ganze Welt das erkennen, was, ganz nebenbei, ein Kummer für mich ist, weil ich hergeben muss, was nicht mir gehört, weil Schönheit nun mal geteilt werden muss, weshalb sich schon jetzt die Welt darum reißt, Euch auf die Bühne zu holen, ausverkauft bis zum hinteren Rang, um Euch zu sehen und Eure Stimme zu hören. Man wird Euch beklatschen, sich die Münder zerreißen, Verse gegen Euch schmieden, Euch mit Sonetten traktieren, Euch Lieder singen und Opern zueignen, Flüsse und Inseln, Berge und Täler, ganze Länder und halbe Kontinente, endlose Haupt- und Nebenstraßen wird man nach Euch benennen, Parks und Friedhöfe, Bibliotheken, Theater, Konservatorien, zoologisch-botanische Kindergärten, eine Kirche wird Euren Namen tragen, in der Tag und Nacht tausend Kerzen brennen, bis eines Tages endlich drei Könige kommen, die Euch alles zu Füßen legen, was reisende Könige so bei sich haben, Stimmgabeln, Schläger und Lippenstifte, drei Reiche, drei Kronen, drei Klumpen aus Gold. Und drei Betten, von denen behauptet wird, jedes sei weicher als das andere.

Darüber geraten die Könige in Streit, und Ihr, weil Ihr gütig seid und gerecht, werdet Euch nicht entscheiden können, sondern ratlos am Straßenrand sitzen bleiben und nicht wissen, was in der Lage zu tun ist. Eine schwierige Lage, weil Ihr gar nicht in Not seid, sondern bloß ein gutes Gedächtnis habt, das Euch immer wieder von vorn dran erinnert, dass Ihr Euch längst entschieden habt: erstens für Wayne (gemeint ist vermutlich der kanadische Eishockeyspieler Wayne Gretzky/fh), zweitens für Glenn (gemeint ist vermutlich der kanadische Pianist Glenn Gould/fh), drittens für mich. Was nichts daran ändert, dass die Könige (gemeint sind vermutlich die ›Heiligen Drei Könige‹/fh) kommen, also stehen wir auf, um sie zu begrüßen, denn wir wissen, was sich gehört, wir sind gut erzogen.«

Meeting at Montefiore Hill ist ein klassischer Schlüsseltext, in dem nicht nur deutlich wird, was die Phantasie der jugendlichen Erzählerin beschäftigt, sondern der nebenbei auch bereits zahlreiche aus dem späteren Werk vertraute Motivreihen aufruft, allem voran das Königsmotiv, das Hoppe hier so mühelos wie unreflektiert von einem kindlichen Märchenglauben in ein pubertäres Sehnsuchtpanorama überführt. Umso verständlicher, dass sie die Geschichte unter Verschluss hielt, wie alle ihre Geschichten aus den Wüstenjahren, von denen, neben *Buch L* und dem hier zitierten *Blindgänger*, nur noch *Dreaming of Klemzig (Wiedersehen in Klemzig)* und *Wicketoos Traumbuch* erhalten sind, auf die wir weiter unten zurückkommen werden.

Ob es andere Texte aus Hoppes australischen Jahren gab, die sie womöglich zu den Fischen und Flaschen warf, lässt sich nicht mehr ausmachen, allerdings ist davon auszugehen, dass sie während ihrer Zeit in Adelaide nicht nur den Briefverkehr nach Deutschland auffallend stark vernachlässigte, sondern überhaupt weit weniger schrieb als in ihren kanadischen Jahren. Selbst dann, wenn sie schreibt, wird zunehmend deutlich, was Felicitas schon in Brantford wusste: wie sehr das Schreiben sie von der Gemeinschaft entfernte. Wieder und wieder ist von dem Wunsch die Rede, »endlich den Stift aus der Hand zu legen« und sich »äußeren Angelegenheiten« zuzuwenden, »schließlich will ich dabei sein, wenn die Könige kommen«.

Wenn bereits oben von Hoppes Hang zu Tröstungsliturgien und Selbstrettungsprosa die Rede war, die sie wie Beschwörungsformeln gegen Abschiede und Heimweh einzusetzen pflegte, so zeigt sich im *Blindgänger*, dass ihr Schreiben über Tröstung und Beschwörung weit hinaus- und in eine Art unausgegorene Selbsthuldigungsprosa übergeht. Schon früh neigt Hoppe zu einer so naiven wie doppelbödigen Form des Selbstlobs, das sie immer wieder durch leise Ironie zu konterkarieren versucht, was kaum darüber hinwegtäuscht, wie sehr sich Felicitas nach Anerkennung sehnte und wie sehr sie sich davor fürchtete, an ihren eigenen Ansprüchen zu scheitern.

Der Text ist, wie fast alle Texte Hoppes (mit Ausnahme ihres Kindheitswerks, das zwar bereits das tragische Drama, aber an keiner Stelle auch nur den geringsten Hauch eines Selbstzweifels kennt), von einer merkwürdigen Gegenbewegung getragen. (»Man wird Euch beklatschen, sich die Münder zerreißen …«) Die Selbstdarstellung der jungen Autorin wird unversehens zu einer ambitionierten Selbstverteidigung gegen Angriffe, die realiter gar nicht stattgefunden haben, als kämpfe sie gegen das Phantom eines Gegners, der überhaupt nicht auf dem Spielfeld erscheint. In diesem Zusammenhang sei noch einmal an Bamie Boots Bemerkung erinnert, Felicitas habe die lästige Neigung, immer über das Spielfeld hinauszudenken, und hindere sich damit selbst am Erfolg. Wohingegen Tracy Norman meint: »Sie sieht andauernd Spielfelder, wo überhaupt keine sind, und verwechselt noch das harmloseste Vergnügen mit einem Kampfplatz. Da geht eine in voller Rüstung zum Maitanz. Wen wundert's, dass sie dort keinen Tänzer findet!« *(Missing the Summer)*

Hier allerdings irrt Tracy Norman (nicht zum ersten Mal). Hoppe hatte ihren Tänzer längst gefunden, nicht erst im Mai, sondern bereits am vierzehnten Januar. Der blinde junge Mann (dem sie später in ihrem Debüt *Picknick der Friseure* mit der Geschichte *Das Refektorium* ihre literarische Reverenz erwiesen hat) ist zwar so wenig König oder Matrose wie Felicitas eine Queen, aber, wie die meisten Protagonisten Hoppes, alles andere als erfunden.

Joey (Jonathan) Blyton, geboren am 26.1.1960 als einziger Sohn des in den frühen fünfziger Jahren aus Schottland eingewanderten Arztes Quentin Blyton und seiner Frau Virginia, Mitbegründerin der berühmten Prembroke School, war vierzehn, als er Felicitas am Montefiore Hill unter der Stadtgründerstatue zum ersten Mal ansprach, und wird gerade fünfzehn, als er sie zum ersten Mal küsst, allerdings nicht, wie im *Blindgänger* geschildert, auf der Greenhill Road, sondern unter dem Bild einer gewissen Sister Mary McKillop, in der Wohnung seiner Eltern in der Grote Street, wo sein Geburtstag wie jedes Jahr mit großem Aufwand gefeiert wurde, weil er, wie man in der Familie stolz vermerkte, mit dem australischen Nationalfeiertag zusammenfiel (Ankunft der *First Fleet* in Sydney Cove am 26. Januar 1788). Was Felicitas ihrerseits mit Unbehagen erfüllte, weil sie sich offenbar von der Tatsache beschwert fühlte, von nun an an einem einzigen Tag drei Feste auf einmal feiern zu müssen: den Geburtstag Waynes, den Geburtstag Joeys und den Geburtstag eines Landes, »in das man mich wider Willen entführt hat«.

Die Begegnung mit Joey und seiner Familie ist für Felicitas nicht nur deshalb von Bedeutung, weil Joey der Erste war, »der mich RICHTIG KÜSSTE (die Versalien folgen der Handschrift/fh), nicht bloß zwischen zwei Spielen und nebenbei, sondern weil er mir alles beigebracht hat, was man wissen muss, um glücklich zu sein, auch wenn mir das später nicht viel genützt hat«. Joeys Eltern waren nicht nur überzeugte Katholiken und kunstbegeisterte Philanthropen, sondern vor allem besorgte Eltern. Ihr einziger Sohn, im Alter von zwölf Jahren unheilbar erblindet, war Lebensschicksal und Lebensmittelpunkt zugleich, um den sich buchstäblich alles drehte, auch wenn Quentin versuchte, sich das weit weniger anmerken zu lassen als seine Frau Virginia, eine späte und von Schuldgefühlen gepeinigte Mutter, die an nichts anderes als an ihren Sohn denken konnte, was Felicitas, an Phyllis praktischen Umgang mit Kinder gewöhnt, befremdete.

Allein die Tatsache, dass Joey sich »immer wieder aus dem Staub macht und sich, anstatt nach der Schule nach Hause zu kommen, in der Stadt herumtreibt und Fremde anspricht«, wie Virginia Blyton am Morgen von Joeys fünfzehntem Geburtstag in ihrem Tagebuch vermerkt, »und buchstäblich unbesehen jeden einlädt, den er unterwegs trifft«, bringt sie in große innere Unruhe. Aber »lasset die Kinder zu mir kommen!«, setzt sie wild entschlossen hinzu und öffnet die Türen für alle, die Joey auf der Straße aufliest.

Noch Jahre später erinnert sich Felicitas an die »schönste und merkwürdigste Geburtstagsfeier meines Lebens«, nicht zuletzt deshalb, weil ihr eigener Vater ihren (und seinen) Geburtstag ständig vergaß (und das, obwohl Karls Geburtstag auf den 31.12., also auf das Silvesterfest fiel!). »Kein Gedanke daran, dass es am zweiundzwanzigsten Zwölften auch nur das Geringste zu feiern gegeben hätte.« Hier dagegen gab es Gäste und Torten, eine Mutter, die geradezu panisch um das Wohl ihrer Gäste besorgt war, und einen Vater, der sich, so berichtet Felicitas, »nicht zu fein dafür war, sich Luftschlangen ins Haar wickeln zu lassen, wozu Walter nur vor laufender Kamera, mein Entführervater dagegen niemals imstande gewesen wäre«.

Der weit über fünfzigjährige Quentin war sogar dazu imstande, kurz nach dem Abendessen plötzlich die Vorhänge zuzuziehen (draußen schien noch immer die Sonne) und ein Kaspertheater aus der Ecke zu holen, wofür sich Joey, wie Felicitas sich erinnert, »entsetzlich schämte, weil es längst nichts mehr mit dem zu tun hatte, wonach er sich sehnte, schon gar nicht nach jener alljährlich wiederkehrenden Stimme seines Vaters, die in die volle Wohnung und noch in Joeys fünfzehntes Lebensjahr hinein tatsächlich zu fragen wagte: SEID IHR ALLE DA?

Eine Frage, auf die er mit Ausnahme von Wicket (gemeint ist Joeys Hund und ständiger Begleiter, dessen Existenz Felicitas im *Blindgänger* bezeichnenderweise unterschlägt, da sie sich die Rolle der Führerin und damit des Blindenhundes offenbar selbst zugedacht hatte, was ihr später den Spitznamen Wicketoo – ›Wicket Two‹, der zweite Wicket – einbrachte / fh) von niemandem der Anwesenden eine Antwort erhielt. Danach setzte sich Quentin ans Klavier und sang Happy Birthday, während ich, überglücklich (ich hatte seit Monaten kein Klavier mehr gesehen) Joey am Arm packte und aufgeregt fragte: Spielst du auch? Worauf er lachte und sagte: Klar. Aber Cricket!«

Eine knappe Woche später beginnt der Ernst des Lebens: »Schluss mit den Freuden der reinen Erfindung!«, schreibt Felicitas. Karl geht seiner Arbeit bei *Australia Post* nach, und Felicitas trägt eine Schuluniform, »wider Erwarten übrigens gern«, wie Karl, nicht ohne Erleichterung, in einem Brief an Maria schreibt. Offenbar begriff er nicht, wie froh Felicitas war, nicht mehr die Kleider aus der Werkstatt ihres Vaters tragen zu müssen, auch wenn sie später gelegentlich betont haben soll, sie finde die Uniform albern, nicht etwa, weil sie unpraktisch sei (für Praktisches hatte sie durchaus Sinn), sondern »weil die Uniform gegen alles spricht, was man uns hier unten verheißen hat, Freiheit und Abenteuer und dass man hier alles machen kann, was man sich sonst wo nur träumen lässt«.

Tatsache ist, dass Hoppe, obwohl sie ständig »Freiheit, Unabhängigkeit und Abenteuer« im Mund führte, in ihrer Jugend einen auffallenden Hang zu Uniformen hatte, die, genau wie die bereits oben erwähnten Kostüme und Masken, weit mehr als nur Requisiten eines Rollenspiels waren, sondern ihr offenbar die Möglichkeit boten, sich kurzfristig als genau die zu zeigen, die sie darstellen wollte, in anderen Worten, die Rolle als Teil ihres Wesens sichtbar zu machen. Die allgemeinverbindliche Uniform befreite sie, wie schon im Eisring die Hockeyrüstung ihrer Kinderjahre, vom Zwang zur persönlichen Uniform.

Auch nach ihrer Schulzeit blieb das Bemühen um Form prägend wie der ständige Hinweis darauf, sie reise unter der Flagge der Königin, was nicht nur Ausdruck ihres Wunsches nach Zugehörigkeit, sondern einer bemerkenswerten Loyalität war. Dass Felicitas sich an einmal vereinbarte Regeln hielt, ist bekannt wie ihr Bedürfnis nach Ordnung und Einheit, dem sie später oft durch eine gelegentlich penible persönliche Kleiderordnung Ausdruck gab, wie beispielsweise durch jene weißen und jederzeit peinlich akkurat gebügelten Hemden, die nicht nur zu ihrem Markenzeichen werden sollten, sondern gelegentlich als eine Art Tick vermerkt worden sind, der ihr nicht nur den Spott Tracy Normans einbrachte (»über das Bügelmotiv in Hoppes Werk ließe sich mit Gewinn ein eigener tiefenpsychologischer Essay schreiben«/*Missing the Summer*), sondern auch die Spitznamen »Tapferes Schneiderlein« und »Die Nonne«.

Die eigentümliche Mischung Hoppe'scher Attribute und Rollen, vom Superpuck über den Chefhirten in Lucy Bells Brantforder Weihnachtsspiel bis hin zur Nonne, hat immer wieder zu Irritationen und Missverständnissen geführt, vor allem deshalb, weil sie lediglich eine Haltung, keineswegs aber eine Lebensart und schon gar nicht Hoppes Gesinnung spiegeln, sondern sich vielmehr, wie ihr Werk in jeder einzelnen Zeile deutlich macht, neben ihrer überbordenden Lust am Spiel aus einem stark ausgeprägten ästhetischen Empfinden speisen, dem Wunsch nach Formgebung und Symmetrie.

»Das Rollenspiel ist natürlich nicht nur eine längst überholte, sondern vor allem eine lächerliche und höchst durchsichtige Attitüde«, schreibt Reimar Strat 2006 in einer Rezension zu Hoppes Roman *Johanna*. »Tatsächlich kommt uns Johannas Ritterrüstung eher wie eine Schuluniform vor, die jene neunmalkluge pubertierende Fanatikerin und selbsternannte Gottestochter (meint er Hoppe, meint er Johanna?/fh) beim besten Willen nicht ablegen kann. Man wünscht sich beim Lesen nichts sehnlicher, als dass endlich einer vorbeikommen möge, um ihr vom Pferd und aus der lachhaften Rüstung zu helfen, damit sie endlich ins Leben absteigen kann.«

Zunächst steigen die Hoppes allerdings, nach einem kurzen Zwischenaufenthalt in einer kleinen Mansarde am Victoria Square, in Klemzig ab, einem Vorort von Adelaide, wo Karl, zu Felicitas' Enttäuschung, nicht etwa das den Hamelner Geschwistern so stolz verheißene Haus ohne Meerblick und mit Doppellabor, sondern nur eine kleine Wohnung gemietet hat, »in der kein Platz für ein Klavier ist«, also, ihr einziger Trost, »auch kein Platz für eine Klavierlehrerin«. Und wo Felicitas zu ihrer Überraschung im Geschichtsunterricht erfährt, wovon sie vorher nichts wusste: dass Klemzig ein »doppeltes Klemzig« ist, das eine in Polen (Klępsk), das andere bei Port Adelaide, dazwischen die Geschichte einer abenteuerlichen Reise von Polen über Hamburg bis in den Süden Australiens, eine Geschichte, auf die sich die Schülerin »mit Eifer und Hingabe stürzt«, wie ihr Lehrer (Carl Dark, Fächer: Geschichte und Australische Königskunde/fh) überrascht vermerkt.

Plötzlich, so jedenfalls scheint es Felicitas, passt alles zusammen, als würden sich Teile eines Mosaiks, über Jahre gesammelt, endlich zu einem Gesamtbild formen, alles zeigt sich »in einem neuen Licht, in einem unvermuteten Zusammenhang: der Stottermatrose, der Rattenfänger, meine Breslauer Mutter, Joey und Phyllis' Geschichte von jenen Kindern, die endlose Wege zurücklegen müssen, um von Klemzig nach Klemzig zu kommen, weil sie (was für ein Irrtum meinerseits!) das Schiff gar nicht bestiegen haben, um die Welt mit eigenen Augen zu sehen, sondern um ein zweites Mal nach Hause zu kommen, ans andere Ende der Welt. Und plötzlich stehen wir alle in Klemzig. Damit hatte natürlich keiner gerechnet. Wie groß die Freude war, könnt ihr euch denken. Und das alles verdanken wir Kavel und Hahn, die gar nicht wussten, dass es Adelaide gibt, dafür aber Aussicht auf Rettung, und hätten sie uns nicht mitgenommen, säßen wir heute noch Gott weiß nicht wo.«

Hoppes Ausführungen über Klemzig sind, wie so oft, wenn sie sich aufs Historische verlegt (vgl. hierzu *Verbrecher und Versager,* 2004), verrätselt und sprunghaft, um nicht zu sagen, beliebig, als historische Auskunft jedenfalls, auch unter dem Vorbehalt literarischer Verwertung und Formung, kaum zu gebrauchen. Geschichte, wie bereits oben gezeigt, führt nicht erst bei der erwachsenen Hoppe ein seltsames Eigenleben, das nicht selten »an eine Art autistischen Eigensinns grenzt«. (Kai Rost)

(Den Hintergrund für ihre bereits 1976 verfasste Geschichte *Wiedersehen in Klemzig,* die sie später zu einem Libretto für ihre erste Oper (*Tuning Klemzig,* die Oper kam niemals zur Aufführung) umschrieb, bilden verschiedene für Klemzig (Klępsk) bedeutsame Auswanderergruppen: die erste eine Gruppe von Altlutheranern, die, um religiöser Verfolgung durch Friedrich Wilhelm III. von Preußen zu entgehen (nachdem Auswanderungspläne ans Schwarzmeer scheitern) unter der Führung von Pastor Ludwig August Christian Kavel ihre Heimat in Brandenburg, Posen und Schlesien verlassen, um 1836 ein Schiff von Hamburg nach Adelaide zu besteigen, nachdem Kavel einen gewissen

George Fife Angus (Chairman der *South Australian Company*) von der Qualität und deutschen Verlässlichkeit der Einwanderer überzeugen kann. Kavel folgt wenig später in selber Mission der von Hoppe erwähnte Kapitän Hahn (Dirk Meinhertz Hahn aus Westerland / Sylt), nach dem das heutige australische Hahndorf benannt ist, ein nicht zuletzt wegen des dort alljährlich begeistert gefeierten deutschen Schützenfestes Mitte Januar beliebter touristischer Ausflugsort in der Nähe des heutigen Adelaide. Ein gutes Jahrhundert später folgen kurz nach dem Zweiten Weltkrieg weitere deutsche Einwanderer auf der Flucht vor dem Vormarsch der Roten Armee und unter dem Druck zwangsumgesiedelter Polen, von denen nachweislich nur ein Teil in Australien landete, andere wanderten nach Amerika und Kanada (sic! / fh) aus.

Die historischen Details interessierten Hoppe wie immer weit weniger als das Drama an sich. »Recherche«, schreibt sie noch 2008 in einem Essay *(Beim Schreiben zu meiden)*, »ist doch bloß eine faule Ausrede für alles, was man sich selbst nicht vorstellen kann.« Das ist so vermessen wie wahr und hatte natürlich Folgen für die Rezeption ihrer Texte, eine Tatsache, die sie eher zu genießen als zu bedauern schien und die sie gelegentlich arrogant vor sich hertrug wie an jenem bereits erwähnten Abend in Chicago, den sie zusammen mit Jerome Keith Chester bestritt: »Verständigung – ein schönes Wort, ein süßes Versprechen, eine Rechnung, die sowieso niemals aufgeht. Wer kommunizieren will, geht ins Netz, liest Zeitung (Hoppe liest nachweislich bis heute keine Zeitungen! / fh), wer verstehen will (›understand‹), hält sich an Literatur, und wer begreifen will (›grasp‹), was niemand versteht und was sich nicht kommunizieren lässt, muss wohl oder übel ein Schiff besteigen, um die Welt mit eigenen Augen zu sehen.«

170

Diese für die späte Hoppe so typischen polemischen Selbstverteidigungsstrategien haben selbstverständlich so gut wie gar nichts mit jener unbedarften Vierzehnjährigen zu tun, die in den späten siebziger Jahren in einer australischen Schuluniform in Klemzig/Port Adelaide zur Schule geht und plötzlich mit einem irritierenden Enthusiasmus alles tut, um sich endlich heimisch zu fühlen. Ihre Begeisterung für Klemzig wird im Lauf der Erzählung zu einem kuriosen historischen Erinnerungstableau, das an Absonderlichkeit nur durch ihr späteres Libretto übertroffen wird, in dem sie sogar so weit geht, die Vorfahren ihrer geliebten Gretzkyfamilie auf dasselbe Schiff (die *Zebra*) wie Kavels Altlutheraner zu setzen, nicht ohne vorher die Vorfahren ihrer Mutter Maria in Gegenrichtung ans Schwarzmeer verschifft zu haben.

Nicht genug damit, tauchen auf der *Zebra* plötzlich unvermutet drei schlesische Weinbauern (»The Seppelt Family«) und zwei Jesuiten auf, ein gewisser Father Aloysius Kranewitter (der nachweislich erst zehn Jahre später in Australien landete und dort, dem römischen Vorbild folgend, die Kolonie *Seven Hills* gründete) und Father Maximilian Klinkostriom, die den Kapitän und seine Altlutheraner in höchst merkwürdige Debatten über Gott und die Welt verwickeln. Noch verwunderlicher allerdings, dass auch im fünften Akt, überschrieben mit *Fünf zur See*, Hoppes Hamelner Geschwister nicht auftauchen. Lucy Ayrton ist nachweislich die Letzte, der Felicitas in *Buch L* das Privileg zugesteht, tatsächlich einen von ihnen gesehen zu haben.

Bei allem Respekt vor dem Genre der Oper, das erfahrungsgemäß Ungereimtheiten jeder Art zulässt, muss gesagt werden, dass Hoppes *Klemzig* sowohl in der erzählten wie in der veroperten Fassung ein nicht nur in künstlerischer

Hinsicht zweifelhaftes Werk bleibt. Dafür wird umso deutlicher, nach welcher Karte die Autorin bis heute reist, nämlich ausschließlich nach der »Karte der Namen«. Mehr als einmal hat Hoppe betont, dass es »Namen, sonst gar nichts« seien (vgl. hierzu *Sieben Schätze*, 2009), die sie anzögen, und freimütig bekannt, dass, wer keinen schönen Namen habe, leider nicht damit rechnen dürfe, jemals von ihr bedichtet oder besungen zu werden. In ihren Aufzeichnungen zu *Klemzig* finden sich dementsprechend nicht etwa geographische Karten, sondern endlos lange Listen mit Namen von Schiffen, auf denen die Auswanderer reisten (darunter neben der bereits erwähnten *Zebra* die *Taglione*, die *George Washington*, die *Joseph Albino*, die *Prince George*, die *Brilliant* u. v. a.) und ebenso lange Listen mit den Namen, die die Einwanderer ihren Niederlassungen gaben (u. a. *Hoffnungsthal*, *Lightpass*, *Gnadenreich* und *Lobethal*, nicht zu vergessen der Name des Ankunftshafens der Einwanderer: *Port Misery*).

»Aber was sind schon Namen!«, schreibt Hoppe gut zwanzig Jahre später in *Pigafetta*, dessen Erzählerin ausdrücklich auf einem namenlosen Containerfrachtschiff reist. Und meint damit selbstverständlich nichts anderes, als dass Namen alles sind. »Intuitiv begriff sie früh«, schreibt Kai Rost, »dass es natürlich, was sonst, jene Formeln der Selbstbehauptung und Bannung sind, die am Ende Geschichte machen, und dass, wo Namen verschwinden, auch die Geschichte verschwindet.« So auch kurzfristig Klemzig, das während des Ersten Weltkriegs bis zu seiner Rückbenennung im Jahr 1935 (vgl. dazu *South Australia's Nomenclature Act*) den Namen Gaza trug. Wie Klemzig vor der Zeit mit den großen Schiffen hieß, also »lange bevor überhaupt jemand kam«, erfuhr Felicitas allerdings erst viel später.

Der Einzige, der sich an Felicitas' Klemzigbegeisterung offenbar ernsthaft interessiert zeigt, ist ihr Lehrer Carl Dark, der sie sogar dazu einlädt, in ihrer Klasse einen Vortrag zum Thema zu halten, wovon sich der echte Karl, Hoppes Vater, weit weniger angetan zeigt. Erinnern wir uns daran, dass Felicitas' Vater alles »Rückwärtsgewandte« entschieden nicht mochte (»Vergangenheiten ertrage ich schlecht«) und immer wieder betonte, es komme im Leben einzig und allein darauf an, nach vorne zu blicken. Als Felicitas eines Abends bei einem ihrer immer seltener werdenden gemeinsamen Abendessen die Rede auf ihren Vortrag bringt und dabei erwähnt, ihr Geschichtslehrer habe sie gebeten, zu Hause nach Unterlagen (Urkunden, Familien- und Stammbüchern) zu fragen, reagiert Karl ungehalten und erklärt rundheraus, er sei nicht aufgebrochen, »um auf Menschen zu treffen, die mich an etwas erinnern«, sondern um sich ein neues Leben zu schaffen, für das man »weder Papiere noch Urkunden braucht«, sondern einzig und allein »eine Haltung, eine Stelle, einen Vertrag bei *AP*«, alles andere interessiere ihn nicht, er habe nicht die Absicht, seine Zeit mit Recherchen zu vergeuden, »aus denen man hinterher sowieso nichts als schlechte Geschichten macht«. Um zu Felicitas' Überraschung hinzuzufügen, sie seien schließlich weder Altlutheraner noch Mennoniten, sondern nach wie vor schlicht und einfach katholisch, also überall auf der Welt zu Haus, was bemerkenswert ist, da Karl Hoppe religiösen Fragen leidenschaftslos gegenüberstand. In seinem Notizbuch kommentiert er das abendliche Gespräch in gewohnt knapper Manier: »Klemzig bleibt Klemzig. Hoppe bleibt Hoppe.«

Felicitas ist empört. Trotzdem folgt, ungeübt, wie Vater und Tochter in der Austragung von Konflikten sind, keine ernsthafte Auseinandersetzung, sondern, nach bewährtem Brantforder Muster, eine weitere Reihe von Küchenzetteln, allerdings schärfer formuliert als gewohnt: »Vortrag Montag um sieben.«, »Komme nicht – Patentkonferenz.«, Dann lass es bleiben.«, »Mach ich.«, »Umso besser.« Um eine Woche später so vorsichtig wie erfolglos ins Versöhnliche überzugehen: »Und wie war's?«, »Geht dich nichts an.«

Felicitas hält ihren Vortrag trotzdem und bekommt eine (gute) Note dafür, die sie ihrem Vater nebenbei auf einem weiteren Küchenzettel mitteilt, was er, nicht ohne Stolz, in seinen Notizen vermerkt. Allerdings geriet der Fall Klemzig schon kurz darauf in Vergessenheit, weil Felicitas' leicht entflammbare Begeisterung schnell erlosch, sobald sich andere Leidenschaften in den Vordergrund drängten. Seit ihrer Geburtstagsfeier bei Joey Blyton wünscht sie sich nämlich nichts sehnlicher, »als endlich wieder ein Klavier zu haben«. »Immer wieder die Klavierfrage«, notiert Karl. »Lästig. Für ein Klavier ist hier weder Platz noch Geld, will außerdem keinen Lehrer im Haus.«

Also wendet sich Felicitas an Quentin Blyton, von dem sie weiß, dass er nicht nur Happy Birthday, sondern sonntags auch Orgel spielt und nebenbei einen Kirchenchor (*The McKillop Choir*) leitet. Zu ihrer Überraschung willigt er ohne zu zögern ein, ihr persönlich Unterricht zu erteilen, allerdings nur mit Erlaubnis ihres Vaters und unter der Bedingung, die Blytons beim sonntäglichen Kirchgang zu begleiten. Küchenzettelnotiz: »Habe Lehrer gefunden.«, »Geht in Ordnung, sofern es nichts kostet.«, »Blyton verlangt nichts.«, »Dann von mir aus.«, »Nächsten Sonntag fange ich an.«, »Viel Spaß.«, »Und wo soll ich unter der Woche üben?«, »Dein Problem.«

Karls Zurückweisung jeder Unterstützung wirkt befremdlich, hatte er doch in Brantford alles in seinen bescheidenen Möglichkeiten Stehende getan, um das Talent seiner Tochter zu fördern. Offensichtlich befand er sich nicht nur in ernsthaften finanziellen Schwierigkeiten, sondern hatte darüber hinaus, wie anhand seiner Notizen deutlich wird, große Mühe, in Adelaide Fuß zu fassen. Über die Gründe schweigt er sich aus. Seine Aufzeichnungen werden zunehmend stichwortartig, um nicht zu sagen rätselhaft, weil Karl sich seltsamer Codes bedient, die sich vom Leser nur mit Mühe und lediglich ins Spekulative hin entschlüsseln lassen.

So ist immer wieder von Aufträgen und Terminen die Rede, die nicht näher bezeichnet sind. Zunehmend häufig werden Eintragungen bis zur Unleserlichkeit gestrichen oder überschrieben, um dann wieder durch nachträgliche Fußnoten kommentiert zu werden. Die Datierungen geraten aus dem Ruder, verwechselte Wochentage, gegeneinander verschobene Monate und Uhrzeiten, eine insgesamt wirre Buchführung, die, setzt man sie ins Verhältnis zu den akribisch geführten Aufzeichnungen des Listenkönigs Karl aus den kanadischen Jahren, darauf schließen lässt, dass sich Karl unter weit mehr als nur finanziellem Druck befand. Auch die Abschriften der Briefe an Maria, im Gegensatz zu Karls persönlichen Notizen immer noch alle auf Polnisch verfasst, nehmen seltsame Formen an. Zweifelhaft, ob sie überhaupt noch abgeschickt wurden oder ob nicht die Abschriften selbst die Originale sind. Sie bestehen, mehrheitlich, aus Inhaltsangaben (1. Umzug, 2. Schule, 3. Patentamt, 4. Klemzig, 5. Klavier u. Ä.), zu denen jedweder Inhalt fehlt.

Jenseits der Fülle wirrer Listen, Notizen und Briefe findet sich in den Unterlagen allerdings eine Vielzahl erstaunlicher Zeichnungen, die auf den ersten Blick wie erfinderische

Entwürfe anmuten und erst auf den zweiten Blick als das erkennbar werden, was sie sind. Es handelt sich offenbar um Lagepläne, um ein weitverzweigtes, unterirdisch angelegtes Netz der Stadt Adelaide, ein höchst eigenwillig konzipiertes Tunnelsystem mit deutlich markierten Haltepunkten, von denen der unterirdische Bewohner mit Hilfe ausgeklügelter Fahrkörbe wieder an die Oberfläche gelangt. Zentraler Punkt ist der bereits oben erwähnte Montefiore Hill, der, mit einem Ausrufezeichen markiert, die Beschriftung »Erster und letzter Treffpunkt« trägt. Auch die Pension *Grant's Children* ist deutlich verzeichnet, versehen mit dem denkwürdigen Vermerk: »Verkauf von Briefmarken mit Schiffsmotiv.«

Offenbar wusste Karl von Felicitas' regelmäßigen Besuchen bei Lucy Ayrton, die sie allerdings längst nicht mehr unternahm, um dort nach Post zu fragen (sie rechnete schon lange nicht mehr mit Antwort), sondern um dort einen Ansprechpartner für ihre persönlichen Anliegen zu finden. Allerdings sollte es Wochen dauern, bis sie damit herausrückte, worum es ihr wirklich ging. »Aber das«, kommentierte Lady Ayrton, »hättest du mir auch gleich sagen können. Ein Klavier ist doch das geringste Problem. Worauf sie einen der Schlüssel vom Haken nahm und mich durch die Küche ins Hinterzimmer führte.«

Wie viele Stunden Felicitas in den nächsten Jahren (bis Quentin Blyton sich schließlich weigern sollte, ihr weiter Unterricht zu erteilen: Du bist einfach zu gut für mich!) Klavier spielend in Lucy Ayrtons Hinterzimmer verbrachte, lässt sich nicht sagen, sicher ist aber, dass es nicht Karl, sondern Lucy war, die nicht nur entschlossen einen Klavierstimmer ins Haus holte (einen gewissen Tony Tonell), sondern auch regelmäßig Buch über Felicitas' Besuche und

Übungsstunden führte, von denen Felicitas später gern behauptete, sie wären »mehr mit Kaffeetrinken als mit Klavierspielen« vergangen.

Wie auch immer sie ihre Zeit verbrachte, Hoppes Leben spielt sich in den mittleren und späten siebziger Jahren in dem ab, was sie später »mein goldenes Dreieck des Südlands« nennen sollte, pendelnd zwischen Klemzig, *Grant's Children* und der Grote Street, wo sie in der Regel den ganzen Sonntag verbrachte, der damit begann, dass sie zusammen mit Quentin, Virginia und Joey in die Sonntagsmesse ging, nach dem Mittagessen Klavierunterricht erhielt und nachmittags, zusammen mit der Familie, naturkundliche Expeditionen unternahm, an denen Virginia allerdings selten teilnahm, »weil sie meistens Kopfschmerzen hatte«.

Virginias Kopfschmerzen waren das große Sonntagsthema, wie Felicitas später bemerkt, und hatten ihren Grund vermutlich darin, dass Virginia Blyton beständig an ihren eigenen Ansprüchen scheiterte, weil sie zwar »nichts als gut« sein wollte, sich dabei aber ständig »vom Bösen« umzingelt sah, allem voran von den sie zunehmend bedrängenden Gefühlen einer schleichenden Eifersucht auf Felicitas, die sie sich allerdings niemals eingestand, weil sie sowohl ihren Mann als auch ihren Sohn betraf, »den ich«, wie sie in ihrem Tagebuch vermerkt, »so viel mehr liebe, als Felicitas ihn jemals wird lieben können. Denn Felicitas«, so befand sie schon früh, »dieses Mädchen, das so überaus lebhaft begabt ist (schön dafür weniger, was Jonathan natürlich nicht sieht!), kann Joey nicht lieben.

Sie kann meines Erachtens überhaupt nicht lieben, sie ist viel zu sehr mit sich selbst beschäftigt, nimmt alles, gibt nichts, nicht, weil sie bösen Willens ist, sondern einfach vergesslich. Sie vergisst das Gute, das ihr widerfährt, Gefühle von Dankbarkeit sind ihr fremd. Alles löst sich im reinen Tun auf, in der Vergnügung, in ihrem Hang zum Theater, keine Spur von ehrlicher Frömmigkeit, keine Selbstreflexion. Wie sie neben mir in der Kirchenbank sitzt und, in nichts als die eigene Stimme verliebt, lauter als alle anderen singt und trotzdem glaubt, das alles geschähe zur höheren Ehre Gottes. Dabei hat sie gar keinen Begriff von Gott, weil sie niemals über die Musik hinauskommt, auf das, worum es hier eigentlich geht. Selbst wenn sie sich den Leib Christi holt, geht sie hocherhobenen Hauptes nach vorn zum Altar, weil ihr offenbar nie jemand beigebracht hat, was Demut ist und was es heißt, sie zu zeigen, sie geht immer nur zum Schein in die Knie.«

Natürlich war Virginia nicht entgangen, dass Felicitas, obwohl sie, außer anlässlich der Weihnachtsspiele unter Lucy Bell, in ihren kanadischen Jahren kaum je eine Kirche betreten haben dürfte, immer noch mit dem katholischen Ritus vertraut war und, zumindest was die äußere Form betraf, genau wusste, was es heißt, in die Knie zu gehen. Nicht nur war sie getauft, sie erinnerte sich auch noch genau daran, wie sie an der Seite ihrer Mutter Maria in Breslau zur Frühkommunion gegangen war, wovon sie eines Sonntags freimütig am Tisch der Familie Blyton erzählte und dabei, wie wir wiederum Virginias Tagebuch entnehmen, höchst unbefangen davon berichtete, wie viel Freude es ihr bereitet habe, vor dem Tisch des Herrn zur ersten Beichte zu gehen, weil sie hier, »zum ersten und einzigen Mal in meinem Leben«, tatsächlich auf einen Mann getroffen sei (vgl. hierzu Hoppes späteren Text *Das aufgespannte Ohr Gottes*), der ihr wirklich zugehört habe.

Eine Erzählung, »aus der nur umso deutlicher hervorgeht«, schreibt Virginia, »was ich schon ahnte: Für dieses Kind ist noch das Höchste und Heiligste nichts als ein Spiel, sie verwandelt alles, was ernst ist, in Selbstunterhaltung, weil sie nicht die geringste Ahnung hat, was wirklich auf dem Spiel steht.« Auf Virginias Frage, in welcher Sprache sie damals gebeichtet habe, antwortet Felicitas: Auf Polnisch. Worauf Virginia ihrerseits später eine mehr als obskure Sündentheorie entwerfen sollte, der zufolge Felicitas sich einbilde, solange sie nicht Polnisch spreche, habe sie auch nichts zu beichten und sei folglich seit ihrer Auswanderung frei von Sünde.

Abgesehen von der Tatsache, dass Virginias Aufzeichnungen mehr über ihre eigene Not als über Felicitas aussagen, ist die Episode deshalb aufschlussreich, weil sie deutlich macht, dass Felicitas sich spätestens nach ihrem Auszug bei *Grant's Children* auch von ihrer Hamelner Familie verabschiedet hatte (wie sich später zeigen sollte, allerdings nur vorübergehend) und dies durchaus nicht mehr, wie noch auf der *Queen Adelheid* (wir erinnern an die Episode mit dem polnischen Stottermatrosen), als Verrat empfand. In der Familie Blyton jedenfalls war, wie bereits oben erwähnt, weder jemals von einem Entführervater noch von Hameln die Rede, sondern ausschließlich von dem, was »Sache« war, von ihrem ausgewanderten Erfindervater und ihrer Breslauer Mutter, auch wenn Felicitas, aller Redseligkeit am sonntäglichen Familientisch zum Trotz, auffallend wenig von ihren Eltern sprach.

Tatsächlich scheint es, als habe sie spätestens seit jenem Nachmittag, an dem Joey Blyton sie unter dem Bild der Ordensgründerin Mary McKillop zum ersten Mal geküsst hatte, einen weiteren ihrer berühmten Hebel umgelegt, wobei ihre »ganz aufs Äußere gerichtete Erzähllust, bei völliger

Abwesenheit dessen, was man ein Innenleben nennen darf«, Virginia in nur noch größere Unruhe versetzte, deren Sorgen dabei weniger Felicitas als ihren Sohn Jonathan betrafen, von dem sie längst wusste, dass er zu Sister Mary McKillop in keinem rechten Verhältnis mehr stand und dass er, je weniger er tatsächlich sehen konnte, sich umso entschiedener ihrem Einfluss entzog. Und dass es (»ein hell beleuchtetes Unglück«) nicht Joey, sondern Felicitas war, die den heimlichen Wünschen von Quentin entsprach, der sich, wie sich sehr bald herausstellen sollte, alles und »noch viel mehr« dafür tat, um dieses »dahergelaufene Glück für immer festzuhalten, als hätte er sich ein Kind ausgeliehen, dass er von mir nie bekommen hat«.

»Fassen wir kurz diese Familie zusammen«, schreibt Hoppe im Frühjahr 1979, »so verdanke ich ihnen alles, was ich vom Ende der Welt weiß.« Das Ende der Welt, jene Wochenenden, die Felicitas mit Joey, Virginia und Quentin verbrachte, meint nicht nur jene in der Kirche abgesessenen Stunden (die Felicitas übrigens keinesfalls absaß, sie war nämlich eine begeisterte Kirchgängerin), und auch nicht jene »bedrückend dunklen Stunden danach«, in denen Virginia »hinter zugezogenen Vorhängen saß, während Quentin mir zeigte, was es bedeutet, wirklich Klavier zu spielen (und dass Musik machen mehr heißt als Noten fressen), sondern »die besseren Teile des Sonntags«, in denen »Joey, Quentin, Wicket und ich allein unterwegs waren und mehr als einmal ein Schiff bestiegen, um endlich nach Kangaroo Island zu fahren«.

Es war Quentin, dieser »englische Mann der Natur«, der Felicitas lehrte, »dass wir im Süden des Südlands in Sicherheit sind, nicht etwa, weil es das Krokodil gar nicht gibt, wie mein Hamelner Vater immer wieder behauptet, sondern weil es, von hier unten betrachtet, einfach ziemlich weit weg ist, nämlich hoch oben im Norden, bei Darwin, wo es schlafend auf seinen Hunger wartet, während wir hier unten bloß Kängurus und Koalas haben und vorübergehend außer Gefahr sind«. Und es war ebenfalls Quentin, der Felicitas eines Sonntags darauf aufmerksam machte, »dass das Känguru schon lange vor uns da war, wie man unschwer an seinem Namen hört, denn wäre es englisch, hätte es einen anderen Namen, es hieße ›Carryinfront‹ (›die ihre Kinder nach vorne hin tragen‹) oder ›Growintheapron‹ (›Kinder, die in der Schürze aufwachsen‹), während es hier einfach nur das KANGAROO heißt«.

Jenes Tier, fuhr Quentin fort, »das selbst Kapitän Cook in Erstaunen versetzte, als er das herrliche Südland betrat, weshalb er (so die Legende) gefragt haben soll, wie dieses seltsame Tier denn heiße, worauf die Befragten (ihm ebenso unbekannt wie das Tier) vermutlich bloß mit den Schultern zuckten und (Fortsetzung der Legende) ›Kangoroo‹ sagten, was so viel heißen soll wie ›Verstehen wir nicht‹. Dabei sind natürlich wir es gewesen, die überhaupt nichts verstanden, weshalb wir bis heute nicht wissen, wie das Tier wirklich heißt. Wir wissen nämlich«, schloss Quentin, »so gut wie gar nichts. Nichts über die Tiere und noch weniger über die Menschen. Wir wissen nicht einmal, wie Klemzig vor Klemzig hieß, bevor die schlesischen Schiffe kamen. Und am wenigsten wissen wir von jenen Kindern, die man später heimlich entführt hat, weil sie nicht aussahen, wie sie aussehen sollten. (Hier spielt Quentin vermutlich auf die Geschichte der ›stolen generations‹ aus den 1930er Jahren an./fh) Aber das ist eine andere Geschichte, die erzähle ich euch am nächsten Sonntag.«

In seinen Memoiren (*Growing up in Adelaide/Älterwer-*

den in Adelaide, unveröffentlichtes Manuskript, Übersetzung ins Deutsche fh) bekennt Quentin allerdings zwanzig Jahre später, nie wieder ein Kind getroffen zu haben, das weniger Sinn für Naturschönheit im Allgemeinen und für Flora und Fauna im Besonderen besaß: »Während Joey nichts sah, dafür alles fühlte und roch und, wohin man auch kam, förmlich in Jubel ausbrach, blieb Felicitas, die doch alles sah und hörte und roch, auf bestürzende Weise unberührt, wie unter Glas, auch wenn sie sich alle Mühe gab, das zu verbergen, weil sie gut erzogen und höflich war. Nur dass sie, was ich erst später begriff, kein Kind war, sondern eine Eiskönigin, die man, schwer atmend, durch tausend Schönheiten schiebt, ohne jemals Begeisterung zu ernten.

Wo Joey seine Hand ausstreckt, weil er buchstäblich alles anfassen will, betritt Felicitas die Natur als Theater und starrt mit gerunzelter Stirn auf die Bühne (wir erinnern uns an Felicitas' unfreiwilliges Spielverderbertum/fh), auf der Suche nach dem Geheimnis einer Schönheit, die sie erkennen, aber nicht fühlen kann. Während Joey und ich in der Erde graben, auf der Suche nach Schätzen, um alles, was wir finden, ins Licht zu halten, sitzt Felicitas Bein auf Bein auf Stein und verfolgt unser Tun mit einer seltsamen Mischung aus Nachsicht, Gleichmut und Sehnsucht, als sei sie zum ewigen Zuschauen verurteilt und dazu, darüber Buch zu führen.«

So konnte selbstverständlich nur schreiben, wem vollkommen klar war, dass Felicitas gar nicht Buch führen wollte, sondern dass sie »schlicht und ergreifend allein war mit ihrem seltsam verstockten Ehrgeiz«, den Joey weder teilen konnte noch jemals begriff und den Quentin nicht deshalb erkannte, weil er Arzt oder Klavierlehrer war, sondern weil

182

er Felicitas liebte: »Sie ist«, schreibt er in *Growing up in Adelaide*, »der erstaunlichste Fund meines Lebens, eine Entdeckung mit Folgen, ein Planet, den ich nur aus der Ferne bestaune, weil ich ihn niemals betreten kann.« Das ist so diskret wie deutlich. Quentin Blyton, ein so beliebter wie erfolgreicher Arzt, liebender Vater und in jeder Hinsicht treuer Ehemann, war ein charismatischer Katholik, der sich gewissenhaft Rechenschaft über sein Tun und seine Gefühle ablegte und den sonntäglichen Klavierstunden mit Felicitas wahrscheinlich nicht nur deshalb ein Ende machte, »weil sie einfach zu gut für mich ist«, sondern weil er sie als Verrat an seiner Frau und an seinem Sohn empfand, »als einen Raum des Glücks, das mir nicht zusteht«.

Nur wenige Seiten später ergänzt er: »Was ihr (Felicitas/fh) fehlt, ist, was wir Engländer unser Hobby nennen, jene liebenswerte Beschäftigung, die uns seit Jahrhunderten das Überleben ermöglicht und der nur nachgehen kann, wer den kleinen feinen Unterschied kennt und weiß, wie man das Eigentliche (im Original: ›the ultimate cause‹) vom Wirklichen trennt, die Wahrheit vom Vergnügen, den Sinn des Lebens vom Zeitvertreib und die Erfüllung vom Wunsch. Aber das alles fällt bei ihr (Felicitas) auf so unerbittliche Weise in eins, dass es niemals Entspannung gibt, sie vergisst einfach nichts. Und das nicht etwa, weil sie nachtragend wäre (sie trägt nie etwas nach), sondern weil sie die Dinge viel zu genau nimmt, sie nimmt alles beim Wort, nicht nur die Menschen, auch die Natur. Immer geht es um Leben und Tod, um ganz oder gar nicht, immer um jetzt (nie um gleich), um hier oder nirgends.

Und da sitzt es nun, dieses herrliche, schreckliche Mädchen, das sich lieber hinrichten ließe, anstatt sich an einem Sonntag im Sommer neben Joey und mich ins Gras zu legen und auf Halmen zu blasen oder im Winter, wenn es endlich ein bisschen kühler wird, Briefmarken aus alten Briefen zu schneiden, sie in lauwarmem Wasser abzutauen, um sie danach in Alben zu legen und sich darüber auszutauschen, was denen widerfahren sein könnte, die diese Briefe geschrieben haben.

Noch heute träume ich manchmal davon, wir säßen zusammen auf einer Terrasse, in zwei übriggebliebenen Schaukelstühlen, und hielten Briefmarken gegen das Abendlicht, nichts als ein alberner Traum natürlich, mit dem Felicitas nichts zu tun haben kann, weil sie immer in Eile ist, immer irgendwohin unterwegs, nie zu fassen (›Flüchtiger als ein Säckchen Helium‹, wie später ein deutscher Kritiker in einem ganz anderen Zusammenhang schreiben sollte./fh), weil sie so sehr mit dem reinen Dasein beschäftigt ist, dass sie sich dabei selbst zum Verschwinden bringt, ständig auf der Flucht, aber nicht vor etwas davon, sondern auf etwas hin, ein Ziel, das mir unbekannt ist.

Was übrigens das betrifft, so ist sie für dieses Land wie geschaffen. Wäre sie hundert Jahre früher gekommen, hätte sie mit ihrem Rucksack zu Fuß und allein die Wüste durchquert, wie all diese schrecklichen Leichhardts und Stuarts (gemeint sind der oben bereits erwähnte Ludwig Leichhardt aus Hoppes *Buch L* und John McDouall Stuart, der als Erster den Kontinent von Süd nach Nord (von Adelaide nach Darwin) durchquerte/fh), und hätte unterwegs ihre Initialen (FH) in alle Bäume und Steine geritzt. Womöglich ist das ihr geheimer Wunsch: zu verschwinden, damit man sie suchen muss, Präsenz durch Abwesenheit.«

Quentins Bemerkungen erinnern uns an die Ausführungen Tracy Normans über Hoppes Sommerangst und ihre Unfähigkeit zum Freizeitvergnügen. Mit dem alles entscheidenden Unterschied, dass Quentin Felicitas liebte und höchst ernsthafte Anstrengungen unternahm, ihrem Wesen auf die Spur zu kommen und zu begreifen, »wie es eigentlich kommt, dass sie tatsächlich nicht in der Lage ist, irgendetwas zum Spaß zu tun, und dass es ihr selbst dann, wenn sie versucht, lustig zu sein (und sie kann sehr lustig sein!/fh), immer ernst ist«.

Was Quentin allerdings besonders beschäftigt, ist »die erstaunliche Tatsache, dass sie bei aller scheinbaren Besessenheit alles andere als perfektionistisch, womöglich pedantisch ist (hier bezieht er sich offenbar auch auf ihr Klavierspiel/fh), sondern großzügig bis zur Nachlässigkeit und Selbstaufgabe«. Eine Großzügigkeit, von der Quentin behauptet, sie trage manchmal Züge einer gewissen Gleichgültigkeit, weil es ihr offenbar »auf etwas ganz anderes ankam, das mit dem, womit sie scheinbar beschäftigt war, nur höchst oberflächlich in Verbindung stand. Dies und nichts anderes«, kommt Quentin zum Schluss, »ist auch der Grund, weshalb sie, bei allergrößter Begabung, später nie im Konzertsaal bestehen konnte, weil sie auf unerklärliche Weise ihre ganze Begabung verschenkte. Sie hatte einfach zu viel davon, so viel, dass sie niemals begriff, was es, im guten Sinn, heißt zu sparen, wie man sich einteilt. Weil sie aus einem seltsamen Überfluss schöpfte, der sich auch dem wachsamsten Publikum nicht vermitteln lässt. Sie war, auf faszinierende Weise, die großzügigste und zugleich unbescheidenste Person, die ich je in meinem Leben getroffen habe, der Inbegriff der Superbia.« (Superbia, lat. Hochmut, eine der sieben Hauptsünden/fh)

Bei aller Einseitigkeit ist Quentins »Analyse« an Schärfe, Genauigkeit und Zuneigung kaum zu übertreffen und macht vor allen Dingen deutlich, dass er, im Gegensatz zu

Virginia, tatsächlich über eine Menschenkenntnis verfügte, die von seinen persönlichen Interessen und religiösen Anschauungen nur unmaßgeblich bestimmt war. Er war, bei allen inneren und äußeren Gebundenheiten, ein freier Mann, der sich allem voran die Freiheit nahm, alles in seinen Kräften Stehende zu tun, um zu fördern, was er für förderungswürdig hielt.

Kein Zweifel also, dass es, nach Lucy Bell, der Organist und Chormeister Blyton war, der Felicitas' musikalisches Talent (»Sie hat ja weit mehr als nur das absolute Gehör!«) nicht nur erkannte und nach seinen eigenen Möglichkeiten unterstützte, sondern vor allem ihr bis dahin äußerst beschränktes musikalisches Repertoire erheblich erweiterte und sie damit, wie Felicitas später bemerkte, »aus den Fängen von Glenn Bach und Lucy Gould« befreite, »weil ich bei ihm alles spielen durfte, was mir gefiel. Von der Fuge über den Walzer bis hin zu schlechten Schlagern. Er sang sogar mit, manchmal, wenn die Stimmung danach war, sang sogar Joey mit (der gleichfalls höchst musikalisch war, er spielte seit seinem siebten Lebensjahr Horn, gab aber später die Musik zugunsten des Cricketspiels auf/fh), ein Trio, das Virginia und Wicket hassten!«

Übrigens beschränkte Quentin seine musikalische Erziehung nicht auf das Klavier, sondern ließ Felicitas, ganz nach Wunsch, mehr als drei Jahre lang, all jene Instrumente ausprobieren, die bereits Lucy Bell ihrem Temperament zugeschrieben hatte (Posaune, Klarinette, Oboe, Violoncello), auch wenn Quentin nicht verborgen blieb, worauf bereits Lucy Bell hingewiesen hatte, dass Felicitas nämlich, von ihrer Beharrlichkeit auf dem Klavier abgesehen (sie machte innerhalb kürzester Zeit bemerkenswerte Fortschritte, was nicht zuletzt dem Einsatz von Lucy Ayrton geschuldet sein dürfte), in ihren Neigungen höchst sprung- und wechselhaft war, was nichts daran änderte, dass sie nach zwei Jahren immerhin leidlich Klarinette und Trompete spielte, während sie auf dem Cello kaum über die zweite Lage hinauskam, obwohl sie dieses Instrument angeblich ganz besonders liebte, »wahrscheinlich deshalb, weil es genauso groß wie sie selbst ist«, wie Joey einmal spöttisch bemerkte. (Die Vierzehnjährige maß kaum einen Meter fünfzig, während Joey fast zwei Köpfe größer war./fh)

Was die Größe betrifft, dürfte Felicitas dem Cello allerdings jenes Instrument vorgezogen haben, das Lucy Bell ihr damals nicht zugedacht hatte, das aber ihrem Lebensgefühl und Temperament wie ihrer jugendlichen Sehnsucht nach Drama und Theatralik am nächsten kam, auch wenn sie nur höchst selten die Gelegenheit hatte, es zu spielen, die Orgel nämlich, »weil man hier alle Register ziehen kann, Pomp und Posaune, Kirmes und Kirche, Gott und den Teufel! Und weil man mit Händen und Füßen spielt«.

Die Orgel war übrigens Quentins »vorletzte Trumpfkarte«, die er immer dann zum Einsatz brachte, wenn Felicitas' Eifer nachzulassen drohte. Denn er scheute durchaus nicht davor zurück, sie zu ködern, und versprach ihr, wie Felicitas an anderer Stelle in ihrer bereits oben erwähnten Erzählung *Fische am Haken* schreibt, sie dürfe, sei das Ziel erst einmal erreicht, ihn zur Belohnung in die Kirche begleiten, wo Quentin in der Regel an Freitagnachmittagen, nachdem er seine Praxis geschlossen hatte, vor den abendlichen Chorproben übte.

»Ich glaube«, schreibt sie fast zwanzig Jahre später in einem der wenigen Briefe an Quentin, die zugänglich sind, »dass ich niemals glücklicher gewesen bin als an jenen Nachmittagen freitags gegen halb sechs, wenn ich auf die

187

Orgelbank steigen durfte, um endlich mit Händen und Füßen zu spielen.« Für die Orgelausflüge nahm sie sogar den Quintenzirkel in Kauf (den sie untereinander scherzhaft als »Quentinzirkel« bezeichneten), ebenso Quentins erbarmungslose Kritik an ihren ersten kompositorischen Versuchen: »So schlechte Choräle wie du schreibt im gesamten englischen Königreich garantiert keiner!«

Die letzte Trumpfkarte war Adelaides *State Opera Theatre*, eine Karte, die Quentin wesentlich seltener zog, weil die Besuche der Oper bis zum Schluss das Privileg seiner Frau Virginia blieben, die, ihrer geradezu bigott anmutenden Liebe zur reinen Kirchenmusik zum Trotz, nichts mehr liebte, als in die Oper zu gehen, und empfindlich darauf reagierte, dass Joey nicht das geringste Interesse dafür aufbrachte (»Wozu die Oper, wenn es doch Cricket gibt!«), weshalb sie die dritte Karte nur höchst ungern abgab.

Allerdings bleibt bemerkenswert, dass es nicht Quentin, sondern Virginia war, die Felicitas, als sie siebzehn wurde, für das Geburtstagskind vollkommen unerwartet, ein Ticket für einen Besuch in der zwei Jahre zuvor eröffneten Oper in Sydney schenkte, Reisekosten inbegriffen, beigelegt folgende Glückwunschkarte: »Für Wicketoo, die die Musik so sehr liebt. Wärst du ein paar Jahre früher gekommen, hättest du miterleben können, wie eine echte Königin das schönste Opernhaus der Welt eröffnet.« (Gemeint ist das *Sydney Opera House*, das nach zahlreichen Schwierigkeiten und sechzehn Jahren Bauzeit schließlich am 20. Oktober 1973 offiziell von Königin Elisabeth II., dem formellen Staatsoberhaupt Australiens, seiner Bestimmung übergeben wurde. Das Opernhaus, mehrheitlich aus Geldern einer eigens dafür eingerichteten Lotterie finanziert, für die sich Virginia, obwohl sie jedwede Form des Glücksspiels hasste, jahrelang eingesetzt hatte (sie hatte zu diesem Zweck bereits in den frühen sechziger Jahren einen eigenen kleinen Verein gegründet), sah Felicitas allerdings erst zwanzig Jahre später von innen, auf einer Schiffsreise von Hamburg nach Hamburg, die sie unternommen hatte, um die Welt mit eigenen Augen zu sehen. / fh)

Wie schwierig auch immer sich das Verhältnis der Blytons zu ihrer Ziehtochter entwickelte, die Beziehung zwischen Felicitas und Jonathan blieb davon auf erstaunliche Weise unberührt, weil sie sich weniger aus Musik oder Kirchgängen und Wochenendausflügen speiste, sondern, neben einer Vielzahl kleinerer (und einem etwas größeren) Geheimnis daraus, dass Felicitas, schon kurz nachdem sie sich kennengelernt hatten, anfing, Joey (zusammen mit Virginia, die sich niemals nehmen ließ, dabei zu sein) zu seinen Cricketspielen zu begleiten, ein Spiel, das Joey, ein hochbegabter Bowler, der seit seiner frühen Schulzeit davon träumte, eines Tages Australiens größter Wicket Keeper aller Zeiten zu werden, mit größter Leidenschaft betrieb. Wie groß der Schock seiner unerwarteten (und so rasch voranschreitenden wie irreversiblen) Erblindung im Alter von zwölf Jahren war, muss nicht betont werden.

Fest steht, dass Quentin und Virginia alles dafür taten, um Joey (und damit sich selbst) über diesen Verlust hinwegzutrösten, und dass sie umgehend begannen, sich in Adelaide nach einer Mannschaft für Blind Cricket umzusehen, in der sich Joey, wider Erwarten, innerhalb kürzester Zeit an die Spitze spielte, wobei er Felicitas gegenüber immer wieder gern betonte, wie unabkömmlich er dort sei, weil es, den Regeln von Blind Cricket folgend, unter elf Mannschaftsmitgliedern mindestens vier geben müsse, die vollblind seien.

Felicitas, von jener raschen Auffassungsgabe, die sie bereits in ihren kanadischen Kinderjahren zeigte, lernte die (für Uneingeweihte alles andere als leicht eingängigen) Regeln des Cricketspiels im Handumdrehen. Nicht etwa, weil sie eine geübte Eishockeyspielerin war, eine Tatsache, die sie den Blytons genauso nachdrücklich verschwieg wie die Tatsache, dass sie gelegentlich schrieb (für die Blytons musste der Eindruck entstanden sein, sie habe ihre kanadischen Jahre fast ausschließlich am Klavier verbracht), sondern weil sie einen stark ausgeprägten Sinn für Spiele, Zeremonien und Regelwerke aller Art hatte. Sie war, wie bereits oben gezeigt, von Rollenspielen und Mannschaftsaufstellungen fasziniert, und sie liebte die Bühne, die jederzeit durch ein Stadion ersetzt werden konnte.

Übrigens lernte sie alles, was sie über Spiele wusste, was den Sport wie die Musik gleichermaßen betraf, ausschließlich durchs Hin- und Zuschauen. Sogenannte Brett- und Gesellschaftsspiele erfasste sie in kürzester Zeit durch einfaches Mitspielen, auch wenn sie diese Art Spiele, wie sie ausdrücklich betonte, nie besonders mochte (»da ist mir das Spielfeld einfach zu klein«), obwohl sie nicht nur eine exzellente Schachspielerin war (das einzige Spiel, das Karl ihr bereits während ihrer ersten großen Reise beigebracht hatte), sondern auch zahlreiche Kartenspiele beherrschte, allem voran (und nicht schlecht) das Skatspiel und Poker, die sie beide von Kramer und Small auf der *Adelheid* gelernt hatte.

»Durch Schaun zum Tun«, lautete die zu ihren persönlichen Wahlspruch erhobene Devise, die sie später kühn durch »Im Tun zum Tun« ersetzte und während ihrer musikalischen Ausbildung gern als Alibi für ihre eigene Ungeduld aufrufen sollte, die ihr den nicht unberechtigten Vorwurf ihrer späteren Lehrer einbrachte, sie widme dem einsamen und konzentrierten Studium von Noten und Partitur bei weitem nicht genug Aufmerksamkeit (obwohl oder womöglich weil die Notenschrift, die erste Schrift ihres Lebens war, die ihr Maria lange vor ihrer Schulzeit beigebracht hatte), sondern ziehe es vor, ihre Vorlage erst im Spiel zu begreifen, was keine Methode, sondern nichts als reine Faulheit sei. (Eine Faulheit übrigens, die zwar selten überzeugende, gelegentlich aber überraschende Früchte tragen sollte, was ihre Zusammenarbeit mit Musikern betraf. Wir kommen weiter unten darauf zurück.)

Tatsache ist, dass Felicitas theoretische Spielanleitungen zuwider waren, die sie genauso wenig mochte wie Denksportaufgaben, »die«, schrieb sie in einem späteren poetologischen Aufsatz (*Just DO it!/Reines Tun*, 2005), nichts sind als »die trivialste Form von Gedankenspielen, Gottesbeweise ohne Gott sozusagen, die um nichts anderes als um sich selber kreisen und nicht das Geringste damit zu tun haben, was Gott oder Sport oder Kunst wirklich ausmacht. Oder hat man jemals von einem gehört, der wirklich weitergekommen wäre, weil er sich an die Regeln hielt? Was durchaus nicht gegen die Regeln spricht, die man natürlich kennen muss, um mit ihnen zu spielen. Aber was in der Regel steckenbleibt, wird niemals den Raum für Neues öffnen, der sich erst öffnet, wenn sich ein Spieler plötzlich entschließt, sagen wir mal den Unterarmwurf kurzfristig durch einen Oberarmwurf zu ersetzen, aus dem später ein Rundwurf wird. Wäre dem nicht so, so würden ja, bis zum heutigen Tag, nur Bauern und Schafhirten Cricket spielen!« (Hier bezieht Hoppe sich auf die früheste vermutete Form des Cricketspiels (Creag) aus dem 13. Jahrhundert./fh)

»So wie jeder, der schreibt«, setzt sie (wie immer höchst

apodiktisch) hinzu, »für immer und ewig scheitern wird, sofern er nicht in der Lage ist zu begreifen, dass der Verbrecher manchmal auch durch den Haupteingang kommt und nicht immer bloß durch die Hintertür oder über den Balkon oder durchs Kellerfenster, nur weil der Zuschauer sich das so vorstellt. Sklaven sind ebenso schlechte Künstler wie Ungläubige. Nur wer den Zusammenhang begreift, begreift die Ausnahmen von der Regel und dass ein Blinder womöglich besser spielt als der, der tatsächlich glaubt, alles zu sehen, und nicht begreift, dass nicht das Spiel den Spieler bestimmt, sondern der Spieler das Spiel.«

Die wie meistens bei Hoppe übertriebene und unscharfe Polemik speist sich einerseits aus der simplen Tatsache, dass Hoppe sich 2004 (vermutlich aus Gründen der Geldnot) zum Verfassen eines (äußerst schwachen) Drehbuches hatte hinreißen lassen *(Der Mann, der nicht durch den Keller kam)*, liest sich allerdings vor dem Hintergrund ihrer australischen Cricketsozialisation neu. Die Erfahrungen, die Felicitas mit Joey beim Blindencricket machte, blieben prägend und haben ihre spätere Arbeit nachhaltig beeinflusst. Vor allem schärften sie ihr soziales Empfinden und verwandelten es, auf eine für sie typische Weise, in eine neue ästhetische Wahrnehmung von jenem Spiel, das bestimmt, wer es spielt.

Denn obwohl Felicitas, erst Jahre nachdem sie nach Europa zurückgekehrt war, einen kleinen Text mit dem Titel *Cricketing Fate (Zwei Runden Cricket gegen das Schicksal)* verfasste, darf kaum behauptet werden, sie habe das Cricketspiel in ihrer literarischen Arbeit jemals ernsthaft verarbeitet. Nur intimen Kennern ihrer Biographie werden sich die wenigen und nicht immer leicht zu entschlüsselnden Details erschließen, die, genau wie jene über das Eishockey-

spiel, bis zum Verschwinden sparsam in ihr Werk einge-
streut sind.

Vorerst aber ist sie gerade siebzehn geworden, nach wie
vor verliebt und weit davon entfernt, sich anhand ambitio-
nierter Ausführungen Rechenschaft über ihr Tun und Treiben zu geben. Stattdessen schreibt sie in einem ihrer letzten
Briefe an ihre Hamelner Geschwister: »Ja, tatsächlich, ich
fühle mich wohl. Jedenfalls solange ich im Stadion bin und
Joey mich sieht, der mich niemals sieht, und Quentin mich
nicht sieht, der mich immer sieht, und Virginia mich sieht,
ohne mich jemals zu sehen. Nur Wicket sieht alles, weshalb
er im Haushalt der Einzige ist, vor dem ich mich manchmal
fürchte. (Erinnern wir uns daran, dass Felicitas kein rechtes
Verhältnis zu Haustieren hatte.)

Aber wir haben längst unseren Pakt geschlossen, weil
Wicket nicht spricht, sondern bellt oder heult, meistens aber
nur hechelt, weil es ihm genau wie mir hier unten einfach zu
heiß ist. Also lehne ich mich einfach zurück und schließe die
Augen, um mich, was Wicket wenig gefällt und Virginia
schon gar nicht, an William Light zu erinnern, an jenen
Nachmittag am Montefiore Hill, an jenes vierzehnjährige
Mädchen, das, unpassend für die Jahreszeit, einen karierten
Overall und einen Rucksack trägt und, die linke Hand wie
einen Schirm über den Augen, stadteinwärts auf die King
William Road blickt, während neben mir ein anderer steht,
der, zwei Köpfe größer, gleichfalls die Hand auf die Augen
legt, nicht die linke, sondern die rechte, bevor er mit leiser
Stimme fragt: Bist du wirklich von hier? Und ich drehe mich
um, was geht das dich an? Nichts, sagt er. Aber wer mir
gefällt, den spreche ich an, und dem beweise ich alles.«

Auch wenn Joey nicht alles beweisen konnte – sicher ist,
dass er alles gab. In ihrem Tagebuch spricht Virginia nicht

nur von einer deutlichen Leistungssteigerung, sondern auch davon, wie überrascht sie sich von Felicitas' sportlichen Neigungen zeigte, um allerdings gleich hinzuzufügen, dass sie im Stadion, nicht anders als in der Kirche, vollkommen auf Außenreize fixiert sei und sich kaum zurückhalten könne, wenn Joey sich »auf CALL ins Feld und mit großer Geste auf den klingenden Ball wirft«. (Im Blindencricket ist der Ball hörbar, also im Inneren mit Flaschendeckeln oder kleinen Glöckchen versehen./fh)

Tatsächlich war Felicitas ganz und gar auf Joeys Fallsucht fixiert, der im Eifer des Gefechts regelmäßig (»und offenbar mit Vergnügen«) stürzte, »was mich an alles erinnert, was ich damals in Brantford tat, um Walter und Wayne und Boots zu gefallen. Nur dass Joey viel besser fällt als ich. Er fällt viel geübter, so wie nur Blinde fallen können, genau wie er Fahrrad fährt, über Ampeln geht und mich küsst, denn, wie Joey zu sagen pflegt: Man hört und riecht doch genau, was auf einen zukommt, nur dass man keine Angst haben muss, weil man den Hass im Auge des Gegners nicht sieht.«

Was hier Wahrheit, was dagegen Unkenntnis und sentimentale Projektion auf den blinden Freund ist, bleibt der Spekulation überlassen. Sicher ist aber, dass zwischen 1975 und 1978, bis Quentin Felicitas so schweren Herzens wie entschlossen aus dem gemeinsamen Klavierunterricht entließ, sich auch zwischen Virginia und Felicitas eine Beziehung entwickelte, die paradoxerweise nicht durch die Musik, sondern einzig und allein durch die gemeinsamen Stunden im Stadion begründet war. »Denn sie (Felicitas) begriff das Spiel einfach viel besser als ich«, schreibt Virginia überraschend neidlos, »so dass mich, immer wenn sie im Stadion oder beim Training neben mir sitzt, eine seltsame

Ruhe überkommt, die ich neben ihr in der Kirche nie habe. Vielleicht deshalb, weil sie nicht selber spielt und, bei aller offenkundigen Beteiligung an den Vorgängen auf dem Spielfeld, weder singt noch schreit und, davon abgesehen, auf fast fanatische Weise gerecht ist.«

Felicitas' »fast fanatischer« Gerechtigkeitssinn, der nicht selten bis zur radikalen Verleugnung ihrer eigenen Bedürfnisse gehen konnte, ist weder Bamie Boots noch Virginia Blyton entgangen, die sich noch Jahre später, nachdem Joey tatsächlich in die internationale Liga des Blind Cricket aufgestiegen war (bevor er tragischerweise, anlässlich der Teilnahme eines internationalen Wettkampfes in Indien/Neu-Delhi, beim Überqueren einer Kreuzung von einem Bus angefahren wurde und fortan nie wieder spielen konnte), daran erinnerte, wie sehr Felicitas sich regelmäßig über vermeintliche Fehlentscheidungen von Schiedsrichtern ereifern konnte, die, wie sie polemisch zu bemerken pflegte, »nur deshalb im Recht sind, weil sie englische schwarze Hosen tragen«. Sie hätte, ergänzt Virginia, »eine exzellente Schiedsrichterin abgegeben, sie war auf fast unheimliche Weise unbestechlich«.

Während Felicitas ihrerseits längst begonnen hatte, sich in eine ganz andere Laufbahn hineinzuträumen: »Es war tatsächlich im Stadion«, schreibt sie später, »während Joey klingende Bälle warf, dass ich zum ersten Mal anfing mir vorzustellen, wie es wäre, vor einem Orchester zu stehen. Ich stellte mir sogar vor, blind zu sein und mich ganz auf den großen Klang zu verlassen. Auch die Musiker, dachte ich, müssten blind sein, dann endlich würden wir alles spielen, wovon ich zeit meines Lebens nur träume. Dabei trug ich schwarze englische Hosen und abwechselnd Ballhandschuhe und Stock, der größte Wicket Keeper aller Zeiten, der alle Register auf einmal zieht, Batsman und Bowler in einem, bis unvermutet die Musik plötzlich abbricht und die andere Mannschaft das Spiel übernimmt.«

Der dritte im Bund auf der Bank war Wicket, der vermutlich von etwas anderem träumte und, ganz nebenbei, der einzige Hund war, den Felicitas jemals mochte, auch wenn er »meiner Liebe (gemeint ist Joey/fh) natürlich im Weg stand«. Vermutlich nicht nur im Weg, sondern Jahrzehnte später auch Pate für jenen sprechenden Hund Munter, den Reimar Strat so wenig mochte und dem Hoppe in ihrem Roman *(Paradiese, Übersee)* eine besondere Rolle zuweisen sollte, weil er weit mehr als sein Herr weiß und, gegen jede hündische Gewohnheit, nicht auf Befehl, sondern auf eigene Faust handelt, vor allem dann, wenn es darum geht, wichtige Briefe zu überbringen.

Dass Hoppe auch Hunde zu Briefträgern macht, verwundert bei ihrer Leidenschaft für das Briefeschreiben nicht weiter. Was allerdings Wicket, jener »kleine gedrungene und auf angenehme Weise kurzhaarige (hier spricht die Asthmatikerin/fh) Blindenhund«, nicht nur dem sprechenden Munter, sondern auch Virginia und Quentin voraushat, ist die Tatsache, dass er Felicitas und Joey nicht nur ins Stadion, sondern auch auf jenen Spaziergängen durch Adelaide begleiten durfte, die sie gelegentlich an »gestohlenen Nachmittagen« unternahmen und die alle, der Choreographie ihrer gemeinsamen Geschichte folgend, auf dem Montefiore Hill begannen, wo sie unter der Statue von William Light eine, manchmal auch zwei Zigaretten rauchten, um dann, Arm in Arm (»eine kleine bewegliche Mauer«) zu Fuß weiterzugehen bis hinaus nach Port Adelaide, wo es bei Lucy Ayrton regelmäßig Kaffee und Kuchen gab.

Folglich ist Wicket (neben Joey und Lucy) der einzige

Zeuge, als sich Felicitas kurz vor ihrem siebzehnten Geburtstag an einem Freitagnachmittag (an einem jener Freitage, an denen Quentin ihr versprochen hatte, sie zum Orgeln in die Kirche der Grote Street zu führen), entschließt, ein günstiges Zweibettzimmer mit Hafenblick zu mieten, für das Lucy ihr einen Sonderpreis in Naturalien machte, zwei Wochen lang doppelte Übungsstunden: »Denn, Kinder, was soll ich euch sagen: Hätte ich sie nicht aufgenommen, dann stünden sie immer noch in der Grote Street, unter dem Bildnis von Sister McKillop, und wüssten nichts mit sich anzufangen.«

Aus *Wicketoos Traumbuch*: »In jener Nacht bei *Grant's Children* hatte ich einen Traum. Ich sitze mit Phyllis in Gretzkys Garage, sie raucht (ich höre deutlich ihren pfeifenden Atem), ich staube, gleichfalls rauchend, Pokale ab, die Tür springt auf, in der Tür steht Wayne, vollkommen aufgelöst. Ich will meine Zähne zurück, schreit Wayne. Phyllis bleibt ruhig, raucht in langen tiefen Zügen und sagt mit leiser trauriger Stimme: Aber du weißt doch, dass die Zähne längst verkauft sind, für einen guten Preis, bald kriegst du neue, die sind viel schöner als die alten. Ich lasse die Zigarette fallen, durchsuche fieberhaft die Regale, alles fällt zu Boden, Masken, Schläger, Handschuhe, Pokale, der erste Puck. Das Glas mit den Zähnen ist nirgends zu finden. Ich drehe mich um, hinter mir Wayne, der nicht aufhört zu schreien: CHASE THAT!, ich will meine Zähne wiederhaben. Erst jetzt sehe ich, dass er wirklich keine Zähne mehr hat, sein Mund ist vollkommen leer, ein gähnender Abgrund, ich will meine Zähne wiederhaben!
Phyllis zündet sich (am Ende der alten) eine neue Zigarette an, steht langsam auf, schiebt mich freundlich zur Seite

und beginnt, alles, was zu Boden gefallen ist, Stück für Stück zurück in die Regale zu stellen, sie arbeitet rauchend, bedächtig, mit langsamen schweren Bewegungen, als bereite das Bücken ihr große Mühe. Wayne sitzt auf einem Hocker, schluchzt wie ein Kind. Ich will ihn trösten, er stößt mich zurück, ich beginne zu weinen, taste mit der Zunge nach meinen eigenen Zähnen: Seid ihr alle noch da? Ja, sagt Phyllis, sie sind alle noch da, und die nicht mehr da sind, kommen bald wieder. Und jetzt, Kinder, beruhigt euch, und kommt in die Küche.

Die Garage verwandelt sich in die Küche, sie ist anders als damals, der Tisch nicht mehr rund, sondern eckig. Am Kopfende des Tisches sitzt Bamie (Boots/fh), neben ihm Lucy (Bell oder Ayrton?/fh). Willst du ihnen nicht gratulieren, fragt Phyllis, sie haben gestern geheiratet. Ich gehe zu Bamie und Lucy, küsse sie auf die Stirn, also bist du mir nicht mehr böse, fragt Lucy. Ich will was sagen, es kommt nichts raus, also gehe ich rüber zum Kühlschrank, die Sahne ist weg, sagt Phyllis, alles wegen der Hochzeitstorte.

Ich bemerke plötzlich, dass Wayne nicht mehr da ist, wo ist eigentlich Wayne, frage ich Phyllis. Aber Wayne wohnt doch schon längst nicht mehr hier, sagt Phyllis, lacht und fährt mir durchs Haar, den haben wir doch schon letztes Jahr nach Toronto verkauft, für eine gute Million an McMaster. In diesem Augenblick klingelt im anderen Zimmer ein Telefon. Ich will aufstehen und ans Telefon gehen, aber Bamie hält mich am Ärmel fest, das Gespräch ist für mich, flüstert Bamie, Lucy darf nichts davon wissen. Ich bin schneller, laufe ins Nebenzimmer, finde das Telefon nicht. Hinter mir höre ich Bamies Schritte. Als ich mich umdrehe, steht Tony (Tonell/fh) hinter mir. Warum störst du mich, wenn ich das Telefon stimme, sagt Tony, du weißt doch genau, wie kompliziert das ist, weil jedes Telefon auf A gestimmt ist, dafür braucht man Ruhe und Feingefühl.

Ich starre das Telefon an, das ununterbrochen weiterklingelt, ununterbrochen auf A, der Hörer liegt neben der Gabel. Tony zieht eine Stimmgabel aus der Tasche, schlägt sie an der Tischkante an, hält sie mir ans Ohr. Du hörst eindeutig schlechter als früher, sagt Tony und schiebt mich zur Tür, wie alt bist du jetzt eigentlich? Siebzehn, sage ich. Er lacht, ab siebzehn geht es bergab, da verliert sich das absolute Gehör. Wir fangen an zu boxen. Ich haue mit Fäusten auf ihn ein, Tony lacht weiter, als würde ich ihn kitzeln, während ununterbrochen das Telefon klingelt.

Plötzlich steht Walter in der Tür. Schluss, ruft Walter, wir wollen jetzt essen, sag diesem Grushenko, dass er nicht immer zur Essenszeit anrufen soll. Aber ich muss mit ihm sprechen, rufe ich, er hat meinen Puck und meinen Adventskranz. Dein Puck interessiert mich nicht, sagt Walter, dreht sich um und geht. Von irgendwoher die Stimme von Phyllis: Deinen Leuchtpuck sieht doch ein Blinder.

Das Telefon verstummt. Ich laufe zurück in die Küche, keiner da, auf dem Tisch die Reste der Hochzeitstorte. Daneben ein Zettel: ›Kann nicht kommen. Patentkonferenz. Maria hat angerufen. Bitte Briefmarken schicken, damit sie dir zurückschreiben kann. Die mit dem Schiffsmotiv‹. Ich beginne, die Schubladen zu durchwühlen, stoße dabei auf einen Puck (den für die Blinden), halte ihn, schüttelnd, gegen mein Ohr, höre Glöckchen, Briefmarken finde ich allerdings nicht. Irgendwo bellt ein Hund. Ich suche fieberhaft weiter.

Plötzlich steht hinter mir die schöne Helena. Du bist ja schlimmer als dein Vater, dieser Spion, ruft Helena, wühlst sogar bei Tageslicht in fremden Sachen. Was soll aus dir werden? Sie schiebt mich zur Seite, zieht einen Schlüssel aus der Schürze, öffnet eine zweite Schublade, holt zwei Bögen mit Briefmarken heraus. Die sind eigentlich für Dick Floater, sagt Helena, aber der schreibt ja keine Briefe mehr, also kannst du sie haben. Aber ich will sie nicht, stampfe stattdessen fest mit dem Fuß auf und rufe so laut, dass sie warnend den Finger an die Lippen hält: Ich will keine Marken, ich will das Klavier. Im Gegentausch biete ich ihr eine Zigarette an. Helena lacht, hält plötzlich zwei Pässe in der Hand, öffnet den einen, blättert darin, hält die einzelnen Seiten gegen das Licht. Haben wir diese Kinder wirklich? Weißt du überhaupt, wer du bist?

Ich stelle zu meinem Entsetzen fest, dass ich nicht weiß, wer ich bin. In meiner Verzweiflung springe ich nach den beiden Pässen, die Helena, die größer als ich ist, über meinem Kopf hin- und herschwenkt, ich bin der Hund und der Pass die Wurst, wobei sie laut lachend CHASE THAT ruft. Ich beginne zu weinen. Du musst doch nicht weinen, sagt Helena, das sind doch gar nicht deine Pässe, das sind doch bloß die von Madame und Monsieur Paganel.

Auftritt Madame und Monsieur Paganel, er mit einem karierten Rucksack, sie in einem karierten Overall. Der Rucksack ist voller Briefe, mal sehen, sagt Monsieur Paganel fröhlich, ob für Felicitas heute was dabei ist. Er stülpt den Rucksack um, der ganze Boden bedeckt mit Briefen, Unmengen von Briefen, die alle an mich adressiert sind, alle aus Hameln. Ich beginne wahllos die Briefe aufzureißen. Keiner länger als eine Seite, auf jeder Seite derselbe Satz, keine Unterschrift, nur ein Buchstabe: L.

Ich fege die Briefe mit den Füßen zusammen, stopfe sie zurück in den Rucksack, richte mich auf. Hinter mir steht Martha (Knit/fh). Würdest du mir deinen Mantel verkaufen, fragt Martha, den mit dem Reißverschlussschild, es ist ziemlich kalt hier oben geworden, ich könnte ihn wirklich gut gebrauchen. Ich habe den Mantel zufällig dabei und schließe das Geschäft sofort ab, kassiere im Gegenzug Notenpapier und eine Stimmgabel. Martha ist überglücklich und erzählt mir, während sie den Mantel in einem kleinen Koffer verstaut, dass sie oft an mich denkt und dass Clark Dark jetzt eine Kolumne hat: *Haus der zwei Lichter*. Dann verschwindet sie plötzlich im Hinterzimmer, aus dem laute Klaviermusik dringt.

Bist du das da drinnen, Glenn?, rufe ich. Keine Antwort, nur leises Geklimper. Ein Hund bellt. Ich drehe mich auf die andere Seite, will zurück in die Kissen, aber die Glocken rufen mich wach, das müssen die Glocken vom Hochzeitshaus sein. Oder womöglich mein großer Bruder, aber es ist nicht mein Bruder, sondern nur Viktor (gemeint ist vermutlich Viktor Seppelt, Felicitas' späterer Kommilitone am *Elder Conservatorium of Music*/fh), der mir das Trikot unter die Nase hält (99) und ruft: Wach auf, höchste Zeit, hier wegzukommen, sonst legen Kramer und Small noch ohne uns ab!«

4. Kapellmeister

Kramer und Small legten natürlich ohne uns ab«, schreibt Felicitas' Kommilitone Viktor Seppelt Jahre später in seinem *Buch F,* »und blieben noch auf Jahre der Geheimcode unseres gemeinsamen Scheiterns, den außer Felicitas und mir höchstens ihr Vater hätte entschlüsseln können. Aber ihr Vater Karl hatte sich längst aus dem Staub gemacht, als Melville Drugs (siehe hierzu Kapitel 1) ihr an einem Montag beschied, es gäbe in Adelaide für sie nichts mehr zu holen. Viel Wüste, kaum Wasser, kommentierte Mel, der unter den Fenstern des großen Saals des *Elder Conservatorium of Music* der Prüfungskommission seiner Dirigierklasse vorsaß, ihre Kür, in der sie, nachdem sie ein tadellos klassisches Pflichtprogramm absolviert hatte, mit einem improvisierten Blasorchester unter dem Wappen der University of Adelaide (*SUB CRUCE LUMEN/Licht unter dem Kreuz des Südens/*fh) vollkommen unbeirrbar Julius Fučiks *Einzug der Gladiatoren* (*March of the Gladiators,* auch bekannt unter *Thunders and Blazes,* op 68) dirigierte. Eine plumpe Provokation. Kein Wunder also, dass Mels Daumen nach unten ging, nicht wegen des Rucksacks, wie Felicitas später gern behauptete, sondern weil er Blasmusik hasste. Frauen dagegen mochte er, er zog sie männlichen Bewerbern vor, vor allem, wenn sie talentlos waren. Sein Motto: ›Wo die

Queen regiert, soll hin und wieder auch eine Frau dirigieren.‹

Die Liebe zur Königin war vermutlich das Einzige, was Mel mit Felicitas verband. Sie blieb in der Kompositionsklasse sitzen. Den begehrten einzigen Platz in der Dirigentenklasse bekam nämlich ich, nicht mit Fučik natürlich, sondern, eine zugegeben rein strategische Wahl, mit Ausschnitten aus Melvilles eigener Oper *Alexander* (gemeint ist vermutlich der berüchtigte irische Strafgefangene Alexander Pearce, der in Tasmanien zu zweifelhaftem Ruhm gelangte/fh), unter den Studenten auch als *Menschenfresseroper* bekannt (Pearce wurde 1824 wegen Kannibalismus zum Tod verurteilt und hingerichtet/fh), die wir mit einer Mischung aus Abscheu und Faszination einstudiert hatten. Felicitas hielt das Stück für billig und effekthascherisch, hatte sich sogar dazu hinreißen lassen, anlässlich einer der zahlreichen Grillpartys, die die Studenten der Kompositionsklasse regelmäßig feierten, aus dem Stegreif eine Parodie auf Alexanders berühmte Todesarie (*Man's Flesh is delicious/ Wie köstlich mundet Menschenfleisch*/fh) zu Gehör zu bringen, was nur deshalb auf wenig Begeisterung stieß, weil der Meister persönlich anwesend war. Felicitas war eine großartige Performerin, sie hatte eine zwar miserabel ausgebildete, aber von Natur aus wunderbare Stimme (Mezzosopran/fh) und begleitete sich in der Regel selbst, wenn kein Klavier zur Hand war, meistens auf der Gitarre. Das Beste waren allerdings die Texte, die fielen ihr zu, lässig wie aus der Luft gegriffen, alle in Versen und gereimt, niemand wusste, woher sie kamen, ich glaube, sie wusste es selbst nicht. Ihre Quelle war unerschöpflich, von Wüste keine Spur.

Klar, dass Mel eifersüchtig war, nicht auf die Musik, im

Komponieren war sie reines Mittelmaß, sondern auf die Texte, die sie in der Regel über Nacht schrieb. Keine Ahnung, wie viele Libretti sie in unseren gemeinsamen Jahren am Konservatorium verfasst hat, es müssen an die hundert gewesen sein, die vermutlich niemals zur Aufführung kamen, aber das war ihr egal, sie führte sie einfach selber auf, bei jeder Gelegenheit, die sich bot. Manchmal verdiente sie sich sogar Geld damit, dass sie bei ›special occasions‹ (›zu besonderen Anlässen‹) auftrat, wo sie sich von den Gästen Themen zuwerfen ließ, zu denen sie dann frei improvisierte.

Was diese Auftritte betraf, war sie völlig furchtlos, um nicht zu sagen skrupellos, sie trieb einen regelrechten Handel damit (Libretti en gros), übrigens zu günstigen Preisen, sie war in jeder Hinsicht großzügig und verschwenderisch, dabei erstaunlich zuverlässig. Ihr Spezialgebiet waren musikalische Hochzeitszeitungen und spontan vertonte Hochzeitstorten, aber auch sonst gab es kaum ein Thema, vor dem sie zurückgeschreckt wäre, ihre Phantasie vertextete erbarmungslos alles. Für kleinere Auftragswerke brauchte sie in der Regel nicht länger als ein Wochenende. Allerdings arbeitete sie nur unter einer Bedingung – dem Stoff ihre eigene Wendung zu geben. Eine Handschrift, die lesbar und deutlich war, die Botschaft war immer dieselbe: kein Hoppewerk ohne Happy Ending!

Sie blieben von Natur aus geschiedene Geister, zwei natürliche Feinde: Hoppe und Drugs. Wobei Felicitas den Kürzeren zog, sie war die Schülerin, Drugs der Meister. Was die beiden trotzdem verband, war ihr Hang zu gewissen Stoffen. Beide hatten eine Vorliebe für Königsgeschichten und Räuberpistolen, für Drama und Pathos, nur verfuhren sie damit auf höchst unterschiedliche Weise. Wäh-

rend Felicitas alles ins Märchenhafte zog (›You are so god-
damn fairytalish!‹/›Du bist und bleibst eine Märchentan-
te!‹), in magische Räume möglicher Rettung, war Mels Programm durch und durch rettungslos, er war ein so
verspäteter wie begeisterter Darwinist (vgl. hierzu Hoppes
1983 verfasste Ballade *Darwin's Christmas Goose/Die
Darwinsgans*), drastisch und naturalistisch, je grausamer,
desto besser, man soll auch auf der Bühne sehen, sagte er,
wie die menschlichen Dinge liegen angesichts der Gefräßig-
keit der Natur. Jedenfalls gab es bei Mel nichts zu lachen,
während Felicitas andauernd lachte, nicht, weil sie was zu
lachen hatte, sondern weil sie auf Erleichterung aus war,
besser gesagt auf Erlösung.

Ein Bedürfnis, das Drugs vollkommen fremd war, er
stand auf gefesselte Existenzen, auf Schicksale, die sich nur
durch den kühnen Sprung ins Nichts zum Nichts hin befrei-
en. Seine berühmte Oper *Crocodiles (Krokodile)* ist ein pro-
minentes Beispiel dafür, eine mörderische Szene jagt die
nächste. Schüler, die er nicht mochte, ließ er mit Vorliebe
einzelne und besonders komplizierte Stimmen aus seinem
Opferchoral vorsingen, eine schlechte Parodie der Mat-
thäuspassion. Seine Abneigung gegen Kirchenmusik war
bekannt. Bach bezeichnete er als ›Kreuzigungskomponist‹,
als ›den größten Meister der Tröstung durch Täuschung‹. Er
selbst gab sich betont nihilistisch, verehrte dabei Wagner
auf fast okkulte Weise, weshalb Felicitas ihn gern darauf
hinwies, dass, bei aller Schwäche in ihrer Musik, immerhin
ihre Libretti um Längen besser als die Wagner'schen seien.
Was Mel seinerseits mit dem Hinweis parierte, dass Wagner
ausschließlich begreifen könne, in wessen Adern ein Trop-
fen deutschen Blutes fließe.

Was Melville dabei nicht in die Waagschale warf, weil er

kein Ohr dafür hatte, war Felicitas' Mehrsprachigkeit, die er, für einen Musiker ungewöhnlich, gar nicht bemerkte. Zwar berief er sich ständig auf eine verschollene deutsche Großmutter (mütterlicherseits), aber er selbst sprach kein Deutsch, er sprach es nur aus (ziemlich schlecht übrigens), und nur dann, wenn es um deutsche Opern ging. Felicitas dagegen schrieb ihre Libretti auf Englisch, ließ aber hier und da leichtfertig deutsche Brocken einfließen und entwickelte im Laufe der Jahre eine höchst eigenwillige deutsch-englische Reimtechnik (›Get up and out, here comes the Braut. And hört the bird!‹/aus: *Die Hochzeit der Tiere*/1987/fh), was er ebenfalls nicht zur Kenntnis nahm.

Immer wieder kam es in Mels Kompositionsklasse zu Zusammenstößen, weil Felicitas die eigenwillige Angewohnheit hatte, Kompositionsprinzipien auf überraschende Weise aus völlig fachfremden Bereichen abzuleiten. In einem Referat über *Die Pause (The Art of Pause)* sprach sie, zur Überraschung aller Anwesenden, eine geschlagene Stunde lang nicht über Musik, sondern über Eishockey und über die höchst seltene Fähigkeit zur ›Ausdehnung des Moments‹ (›Extending the moment‹), das Einzige, was den Puck ins Tor und die Kunst zum Erfolg bringe. Um mit der apodiktischen Äußerung zu enden: ›Leider etwas, worüber man zwar sprechen, was man aber nicht lernen kann, schon gar nicht, wenn man nicht das absolute Gehör hat.‹

Sie hatte es, er hatte es nicht. Was Opern und das Theater betraf, war Felicitas, allen persönlichen Albernheiten zum Trotz, überempfindlich. Ich erinnere mich noch genau an jenen Abend, als Drug's *Alexander* zur Uraufführung kam. Rob Wittacker, ein ziemlich mittelmäßiger Tenor, gibt den Alexander, betritt lächerlich taumelnd die Bühne, Hände und Füße in Ketten, einen Strick um den Hals, der vor seiner

nackten Brust hin- und herbaumelt, und beginnt die Todesarie zu singen. Bei *Man's Flesh is delicious* durchläuft Felicitas plötzlich ein leises Beben, sie beginnt erst zu zucken,
dann zu zittern, mit der Rechten umklammert sie meinen
linken Arm, mit der Linken zieht sie von irgendwoher ein
Taschentuch raus, stopft es sich in den Mund. Was die Sache
nicht besser macht, weil sie jetzt keine Luft mehr bekommt,
sie fängt an zu husten, kann nicht mehr aufhören, im Saal
wird es unruhig, bis sie endlich aufsteht und panikartig den
Saal verlässt.

Es war nicht das erste, auch nicht das letzte Mal, sie
neigte zu schrecklichen Lachanfällen, die ihr hinterher immer peinlich waren, sie hatte sich einfach nicht unter Kontrolle. Manchmal kam es auch vor, dass sie mitten in den
Proben für irgendein ungeliebtes Stück, egal ob sie spielte
oder dirigierte, in ein beinahe hysterisches Gelächter ausbrach, weil ihr blitzartig irgendwas einfiel, das mit dem
Stück nicht das Geringste zu tun hatte, für sie ein untrüg-
licher Beweis dafür, dass die Komposition nichts taugte.
Gegen mangelnde Qualität ist Selbstbeherrschung kein Mittel, sagte sie.

Solche Anfälle waren aber eher die Ausnahme. Meistens
war sie bei der Sache, ausdauernd bis zur Selbstverleugnung. Sie war durch und durch sportlich, gab ungern auf.
Nach all den Jahren unserer Zusammenarbeit kann ich
mich nicht daran erinnern, dass sie, im Gegensatz zu Mel
und einigen seiner Kollegen, jemals ausfällig geworden
wäre oder den Taktstock hingeschmissen hätte, wie Mel das
gern und mit großer Geste tat, davon abgesehen, dass sie
gar keinen Taktstock hatte. Sie dirigierte ausschließlich mit
bloßen Händen (sie hatte ungewöhnlich große Hände,
Handwerkerhände), Handschuhe und Stock lehnte sie ab,

210

was Mel genauso wenig gefiel wie die Tatsache, dass sie nie schlechte Laune hatte. Anhaltend gute Laune wertete er nicht nur als ein Zeichen von Charakterschwäche, sondern als musikalische Oberflächlichkeit. In der Musik kommt es auf Tiefe an, sagte er, da kommt man mit Dauerlächeln nicht durch. Bereits im ersten Jahr am Konservatorium bekam sie den Spitznamen ›Cheshire Cat‹ (gemeint ist vermutlich die »Grinsekatze« aus L. Carrolls *Alice im Wunderland*/fh). Zwei Jahre später entließ Melville sie nach ihrer gescheiterten Aufnahmeprüfung in die höhere Dirigentenklasse mit den Worten: ›Du wirst verschwinden, aber tröste dich, dein blödes Grinsen wird bleiben.‹

In Wahrheit hatte sie bloß eine Wette gewonnen, von der Mel natürlich nichts wusste. Zwei Tage vor der Aufnahmeprüfung waren wir zusammen durch Barossa Valley gefahren. Felicitas hatte sich in den Kopf gesetzt, eine Winzeroper zu schreiben (*The merry Vineyard*/fh). Ich sollte ihr die südaustralischen Weinberge zeigen und ihr die Geschichte meiner Familie erzählen (gemeint sind vermutlich die Seppelts und Seppeltsfield/fh), aber in erster Linie war ich ihr Fahrer, weil sie keinen Führerschein hatte. Unterwegs stellte sich heraus, dass sie über meine Familie weit mehr wusste als ich. Ich habe keinen Sinn für Familiengeschichten, am wenigsten für die eigene. Genealogien interessieren mich so wenig wie Weinanbau, ich liebe Musik, sonst nichts, ich hielt mich für einen großen Künstler, woher das Geld kam, war mir egal, ich wusste nur, dass genug davon da war. Ich sei zwar nach Urgroßonkel Viktor benannt, käme aber nach Urgroßonkel Benno, ein Onkel wie für die Bühne geschaffen, wie Felicitas begeistert erklärte, weil er (so die Familienlegende/fh) nie ohne Regenschirm und Geige aus dem Haus gegangen sei.

211

Später fing sie dann an, von Klemzig zu reden, von Altlutheranern und schlesischen Schiffen und von Joseph (Joseph Ernst Seppelt, 1813 – 1868/fh), wie er erfolglos Tabak anbaut und sich dann auf Trauben verlegt, um endlich auf beide Beine zu kommen und reich zu werden. Noch während wir fuhren, begann sie zu schreiben, sie hatte immer irgendein Heft dabei, sie schrieb auf den Knien, ununterbrochen, abwechselnd Texte und Noten. Wenn sie nicht schrieb, dann sang sie. Sie sang überhaupt sehr viel, oder sie las mir was vor, wahrscheinlich wollte sie wettmachen, dass sie keinen Führerschein hatte, oder sie wollte mich einfach unterhalten, was mich irgendwie rührte.

Um ehrlich zu sein, Literatur hat mich nie ernsthaft interessiert, ich liebe Musik, sonst nichts. Alles, was ich gelesen habe, hat mir Felicitas vorgelesen, ganze Schiffsbibliotheken. Sogar bei Dunkelheit las sie laut vor, in der Linken das Buch, in der Rechten die Taschenlampe. Wobei ich mich bis heute des Verdachts nicht erwehren kann, dass sie, was in den Büchern stand, so wenig interessierte wie das, was draußen vorging. Die schöne Landschaft der Literatur war ihr vermutlich genauso egal wie die Landschaft da draußen, von der sie andauernd sprach, ohne jemals aus dem Fenster zu sehen.

Was auch immer wir taten und sahen und lasen, alles war Teil einer großen Bewegung, von der ich bis heute nicht weiß, worauf sie zielte, falls es überhaupt jemals um ein Ziel ging. Hauptsache, du schläfst nicht ein, sagte sie und las weiter, nur schneller und lauter, wie um mich anzutreiben, Hauptsache, wir kommen voran. Sie selbst war wie geschaffen dafür, voranzukommen, schließlich hatte sie nicht nur das absolute Gehör, sie war auch völlig schwindelfrei, niemals seekrank, kein Gedanke an Übelkeit, egal, wie das

Gelände beschaffen war. Eine beneidenswerte Konstitution. Ihr Asthma hielt ich für reine Erfindung, kein Gedanke daran, dass hier jemand neben mir saß, dem jemals die Luft hätte ausgehen können.

In Eden Valley verbrachten wir unsere erste Nacht, in der Pension *Golden Grapes* (Hier irrt Viktor Seppelt. Er und Felicitas logierten an jenem Abend nachweislich nicht in der *Goldenen Traube*, sondern im *Frühen Vogel/Early Bird*./fh), wo mir Felicitas, anstatt einfach mit mir zu schlafen, erzählte, wie sehr sie in Onkel Benno verliebt sei, mehr in den Regenschirm als in die Geige, von seinen sechzehn Kindern zu schweigen. Sie hatte eiskalte Füße, schweißnasse Hände und redete unaufhörlich, wie immer, wenn sie in Verlegenheit war. Sie war übrigens oft in Verlegenheit, was mit Geld, wie meine Mutter später gern behauptete, nichts zu tun hatte. Geld war kein Thema, sie war nie auf Geld aus. Obwohl sie nie welches hatte, war sie nie in Not, dazu war sie viel zu erfinderisch, irgendwas fiel ihr immer ein, das hat sie nicht nur in Adelaide, sondern noch Jahre später bewiesen. Vor allem war sie in die Idee verliebt, große Kunst mit dem großen Geschäft zu verbinden, sie liebte sogenannte Geschäftsideen, wobei der Schwerpunkt auf den Ideen lag.

Unsere zweite Nacht (von Sonntag auf Montag) verbrachten wir rauchend und Wein trinkend in Mount Pleasant, im Haus meiner Eltern, die auf irgendeiner Geschäftsreise oder Weinprobe waren. Wir standen mit halbvollen Gläsern am Fenster, Blick ins Tal oder auf die Berge, als Felicitas unvermittelt sagte: Wetten, dass Mel DICH in die Klasse aufnimmt? Warum soll er mich nehmen, sagte ich, der steht doch auf Frauen. Der steht nicht auf Frauen, sagte Felicitas, der steht auf die Königin, wetten also, dass DU genommen wirst! Die Wette gilt, sagte ich und nahm ihre Hand: Nimmt er dich, bin ich frei, nimmt er mich, dann heiraten wir. Sie war zweiundzwanzig, ich ein Jahr älter, nicht verliebt, nur betrunken. Aber ich mochte sie, weil sie verstockt war, weil sie Locken und Sportsgeist hatte. Sportsgeist, was ist das? Geist, sagte ich, ist, wenn du jetzt einfach den Mund hältst, und Sport ist, wenn du die Schuhe ausziehst und endlich zu mir unter die Decke kommst. Alles andere interessierte mich nicht.«

Hier das Foto dazu. (Offensichtlich mit Selbstauslöser: Die verwettete Braut hält mit der ausgestreckten Rechten aufdringlich strahlend ein Glas in die Kamera, während links neben ihr Viktor Seppelt kniet: mager, ungeordnete Frisur, scharf geschnittene Nase, einen riesigen Blumenstrauß in den Händen, den er Felicitas pathetisch entgegenstreckt. / fh)

»Keine Ahnung, wo der Blumenstrauß herkam, ich glaube, mein Vater hatte ihn meiner Mutter geschenkt, an den Anlass kann ich mich nicht mehr erinnern. Zwei Tage später waren wir wieder nüchtern, ich bekam den Platz in der Dirigentenklasse, und Felicitas hatte die Wette gewonnen. Nur dass wir nicht wussten, wie Heiraten geht, wir sind doch bloß Amateure, sagte Felicitas. Feiern wollte sie trotzdem. Ich weiß noch genau, wie wir am Abend nach der Aufnahmeprüfung einfach abhauten und zu Fuß nach Port Adelaide gingen. Die schöne Helena kannte ich nur aus ihren Geschichten, ich hielt sie für ein typisches Hoppelibretto, aber erstaunlicherweise gab es sie wirklich. Es gab sogar eine Art Tischleindeckdich und (›das merken Sie aber erst morgen früh‹) einen automatischen Lakendreher. Hochzeiter sind uns immer willkommen, sagte Ms Ayrton, bei *Grant's Children* ist Platz für alle. Worauf am Nebentisch ein gewisser Dick Floater (Vorsicht, Stammgast!) schallend zu lachen begann, nach der Hüfte der Wirtin griff und sich, für alle Anwesenden überraschend, über der Brust bekreuzigte, bevor er wieder sein Glas erhob und rief: Auf das junge Glück, drei Runden für alle!

Und plötzlich geht tatsächlich ein Stern auf, nicht groß zwar, kein richtiges Leuchten, nur ein verlegenes Schimmern über halbleeren Tellern. Man erhebt die Gläser, alle vier auf einmal: Floater sein Bier, Felicitas weißen, ich roten Wein, während Helena, weil sie niemals trinkt, ein leeres erhebt und anfängt zu singen. Eine schlechte Stimme (Alt/fh) und eine abgedroschene Melodie, so bekannt wie ergreifend. Es fehlten nur meine Eltern und Karl, aber meine Eltern waren irgendwo anders, und Karl war längst auf der Flucht, den Steckbrief kann ich dir später zeigen, sagte sie, wenn wir oben im Zimmer und unter uns sind.

Der Rest der Nacht vergeht mit der Wahl der Zeugen und Gäste. Je länger wir sitzen und trinken, umso länger wird die Gästeliste und umso kürzer die Liste mit den möglichen Zeugen. Bei genauer Betrachtung kommen nur noch Ms Ayrton und Floater in Frage, ein Trauzeuge muss frei von Leidenschaft sein, ungebunden und unparteiisch, nur ein freier ist auch ein guter Zeuge. Sagt Floater und winkt nach dem sechsten Bier. Er selbst, der ewige Junggeselle, ist die ideale Besetzung. Wie viele Paare er schon begleitet hat, kann er nicht mehr genau sagen, aber mindestens fünfzehn, von denen acht geschieden, drei zerrüttet, zwei verschollen und die letzten beiden unglücklich sind. Sagt Floater und bestellt zum siebten Mal nach, während Helena sich endlich erhebt, um uns das Hinterzimmer zu zeigen. Wer heiraten will, sagt sie feierlich, darf alles, bloß kein Geheimnis haben.

Wir betreten einen schlecht beleuchteten Raum, an dessen hinterer Wand ein Klavier steht, während sich an den Wänden links und rechts Regale hochziehen, gestopft mit vertrockneten Blumensträußen, leeren Flaschen und zerknüllten Taschentüchern. Auf dem oberen Regalbrett (Ms Ayrton legt eine Leiter an und schickt mich nach oben) finde ich, wovon ich vorher nichts wusste, Felicitas' Eishockeyschläger. Daneben, in einem karierten Rucksack, ihre Handschuhe und die Maske. ›Wenn Sie Mut haben‹, sagt Ms Ayrton (sie erkennt die Gefahr), ›probieren Sie's aus. Kann sein, Sie kommen klar mit dem Schläger, was schwierig genug ist in einem Land ohne Eis. Aber wetten, dass Ihnen die Maske nicht passt?‹«

»Am Morgen (gegen 3 a.m./fh)«, so Viktor Seppelt weiter, »erzählte mir Felicitas in einem Zweibettzimmer mit Hafenblick die andere Hälfte der Wahrheit: dass Helena gar nicht Helena heißt, sondern Lucy Ayrton und dass sie nur auf den ersten Blick nicht trinkt. Dass Karl nicht ihr Vater, sondern bloß ihr Entführer ist und längst auf der Flucht. Dass sie weder aus Breslau noch Brantford stammt, sondern aus Hameln. Von einem Vater, der Kaspertheater baut und hartnäckig die Existenz von Krokodilen leugnet, von einer Mutter, die andauernd Sahne schlägt und von vier Geschwistern, die längst aufgehört haben, Briefe zu schreiben. Sie hatte kalte Füße und eiskalte Hände, die linke auf meinem Bauch, die rechte an meiner linken Schulter, sie roch gut, aber redete ununterbrochen, während ich im Dunkeln hinauf an die Decke starrte und versuchte, drauf zu kommen, wonach sie roch, bis ich langsam einschlief. Zwischen zwei Träumen wachte ich auf, um festzustellen, dass ihre linke Hand auf meinen linken Schenkel gerutscht war, sie war jetzt ganz warm, und dass Felicitas immer noch sprach.
Eine ganz große Sache sollte das werden, unsere Hoch-

zeit, natürlich in Hameln, wo sonst, nicht etwa mit Anzug und weißem Kleid, sondern in voller Hockeymontur, zweimal die Nummer 99. Denn zwei Schritte hinter der wirklichen Welt (wer zum ersten Mal heiratet, spürt das sofort) tut sich ein unermesslicher Raum auf, schrecklich und schön, von dem man nichts weiß, weil davon selten erzählt wird, weil man hier alles zum ersten Mal sieht und hört und riecht und fühlt und dabei (nur einmal im Leben), kurzfristig beide Augen schließt.

Im Licht der Nachttischlampe betrachtet, trug sie tatsächlich immer noch dieses Trikot (99 / Wayne for Fly / fh), aus dem sie längst rausgewachsen war, was ziemlich lächerlich aussah. Genau wie die Gäste, die sich plötzlich mit Kronen, Masken und Hockeyschlägern in unserem Zweibettzimmer mit Hafenblick drängten. SEID IHR ALLE DA? Ja, sie sind alle da, die Luft wird dick, aber sie lassen sich ihren Spaß nicht verderben, diese als Weinköniginnen verkleideten Brautjungfern, der blinde junge Mann mit dem Cricketschläger und der Matrose, der in der hinteren Ecke am Fenster steht und auch nach dem fünften Bier nicht aufhört zu stottern. Bis ein russischer Riese (ein gewisser Grushenko) das Zimmer betritt, auf dem Kopf einen Adventskranz mit vier brennenden Kerzen, die das Zimmer kurzfristig in ein romantisches Licht tauchen. Bis die Kerzen, weil der Matrose plötzlich das Fenster aufreißt, um endlich an Frischluft und zu Wort zu kommen, alle vier auf einmal erlöschen, worauf der Riese den Puck aus der Tasche zieht (der erste Puck meines Lebens!), und, indem er ihn über den Boden schiebt, zur Begeisterung aller Anwesenden mehrfach zum Klingen und Leuchten bringt. Feuerwerk und Hochzeitsmusik!, ruft er. Die Gäste klatschen begeistert.

Was die Hochzeitstorte betrifft: Es gab zwei davon, die Ms Ayrtons Sinn für Gerechtigkeit schon am Abend zuvor auf den Nachttischen links und rechts platziert hatte. Für mich ein Weinfass aus Marzipan mit einem Spund in Form einer Rose, für Felicitas ein Schokoladenklavier auf vier Rädern aus geschnitztem Krokant, der Einfachheit halber ohne Tasten, aber mit einem Deckel aus Nougat, in den der Konditor ein Doppelherz geschnitzt hatte, das sich wie ein Relief leicht über dem Deckel erhob. Den ersten Trauzeugen gab Onkel Benno (mit Geige und Regenschirm), den zweiten ich selbst. Aber wie soll ich ernsthaft den Trauzeugen machen, wenn ich doch selber der Bräutigam bin, rief ich verzweifelt. Felicitas lachte leise im Schlaf, denk drüber nach, und ich rufe zurück, ich weiß genau, dass du nicht schläfst und dass das kein Traum ist, du redest ja wie ein Wasserfall.

Nur dass sie längst eine andere Sprache sprach, weshalb ich ihr nicht mehr folgen konnte. Es war das erste Mal, dass ich sie Deutsch sprechen hörte, die künstliche Sprache der Oper, oft dirigiert, nie erreicht. Warum hörst du nicht einfach auf zu sprechen und lässt uns singen und schlafen oder wenigstens träumen oder endlich eine richtige Reise machen, zu einem echten Wasserfall (gemeint sind vermutlich die Niagarafälle/fh)? Ein Königreich für einen sprachlosen Traum, für die reine Natur. Keine Bühne, keine Bilder und Fotos, keine Postkarten und Briefe, weder aus Hameln noch aus Brantford, auch nicht aus Klępsk. Heute Nacht nehme ich fast alles in Kauf, bloß nicht Waynes Handschrift, die du immer noch auf deiner Brust trägst, weshalb Felicitas eine uneinnehmbare Festung ist, immer die Hand an der falschen Klinke. Wie einfach und leicht ist dagegen das Schreiben, dieses süße Gefasel, dieses ›Denkst du an mich?‹ und ›Willst du nicht auch?‹, als wüssten wir jemals, was das bedeutet, an jemanden denken oder jemanden wiederzusehen, den man womöglich nicht wiedererkennt, selbst dann nicht, wenn ein Steckbrief in Umlauf ist.

Wozu überhaupt Steckbriefe? Auch ohne Steckbrief befällt mich die quälende Eifersucht auf eine Frau, die ich nicht finde, nicht, weil sie nicht da ist, sondern weil sie nie meine sein wird, weshalb ich ihre Hand entschlossen von meinem Schenkel schiebe und mich auf die andere Seite drehe, weil ich das alles nicht ertrage, nicht die Handschrift von Wayne und erst recht nicht den Hund, der auf einem schäbigen Bettvorleger neben dem Bett liegt und mir genau zu verstehen gibt, dass ich nicht der Erste bin, mit dem sie in diesem Zimmer liegt, und dass ich auch nicht der Letzte sein werde. Immer war einer vor uns da, und immer wird einer nach uns kommen, dem man genau wie mir einreden will, dass wir immer die Ersten und Letzten sind.

Eine ziemlich komische Oper, über die wir am nächsten Morgen lachten, als es zwischen uns langsam wieder hell wurde. Wir saßen im Frühstücksraum und taten erwachsen, während Lucy uns alles servierte, was die Küche bei *Grant's Children* so hergibt: Toast, Marmelade (Brombeer und Himbeer), Schinken und Eier. Trauzeuge Floater war nirgends zu sehen (Stammgast, der kommt nicht vor Mittag, sagt Ms Ayrton), und Felicitas war bester Laune, jedenfalls tat sie so. Den Stift in der Hand und das Heft (Marke *Clairefontaine*) auf den Knien, machte sie sich sofort an die Arbeit. Gegen verlorene Nächte helfen nur Pläne. Sie war verliebt, nicht in mich, sondern in ihre Zettel und Listen, in die Illusion eines Alltags, den wir nie haben werden, lauter Listen gegen das wirkliche Leben. Immer trumpft sie mit Listen auf, um kurzfristig Ordnung zu schaffen. Denn sie ist, was sie niemals zugeben wird, nach ihrem Entführer geraten, eine Listenkönigin.

Während Felicitas schrieb, ging ich zurück aufs Zimmer, um unsere Sachen zu packen. Die Luft war immer noch dick, obwohl die Fenster weit offen standen. Auf der linken Fensterbank lag der Puck, auf der rechten lagen Maske und Hockeyschläger, in der Ferne die Schiffe und Kanada. Neben dem Bett der Adventskranz, auf den Nachttischen die Reste der Torten. Die Gäste hatten sich schadlos gehalten, vom Marzipanfass war nur noch die Spundrose da und vom Nougatklavier nur noch die vier Krokanträder und der Deckel mit dem Doppelherz. Über den Boden verstreut lagen Scherben, die ich im Hinausgehen mit dem linken Fuß unters Bett schob, um wenigstens scheinbar für Ordnung zu sorgen.

Als ich zurück in den Frühstücksraum kam, war Felicitas verschwunden. Auf dem Tisch, zwischen Krümeln und Eierschalen, lag, notiert in alphabetischer Reihenfolge, die Hochzeitsliste: Bernstein, Leonard: *At My Wedding (Meine Hochzeit).* Brower, Margaret: *Wedding Song (Hochzeitslied).* Goldmark, Karl: *Rustic Wedding Symphony (Hochzeit auf dem Lande).* Grieg, Edvard: *Wedding Day at Troldhaugen (Troldhaugens Glück).* Mendelssohn, Felix: *Midsummernight's Dream (Ein Mittsommernachtstraum).* Mozart, Wolfgang Amadeus: *The Marriage of Figaro (Die Hochzeit des Figaro).* Purcell, Henry: *The Married Beau (Der schöne Bräutigam).* Rimski-Korsakow, Nikolai: *The Tsar's Bride (Die Braut des Zaren).* Tippett, Michael: *The Midsummer Marriage (Mittsommerbräute).*

Zwei Stücke fehlten: Brad Waltons komische Barockoper *The Loves of Wayne Gretzky (Gretzkys heimliche Liebe)* und Felicitas' Ballade für Bariton: *Ich stehe ratlos vor dem*

Hamelner Hochzeitshaus. Neben der Liste lag ein Zettel: ›Treffpunkt Schützenfest (6 p. m.) F.‹«

»Noch am selben Vormittag«, so Viktor Seppelt, »begann ich *Buch F* zu schreiben.« *Buch F*, zwei schlichte, in einer nervösen Linkshänderhandschrift geführte Hefte der Marke *Mead Composition*, beginnt mit dem folgenden Steckbrief: »F ist klein, kräftig, sehr sportlich (starke Waden) und zeichnet sich durch einen Hang zu Wetten aller Art aus, die sie meistens verliert (Tendenz zur Hochstapelei). Neigung zu Schnitzeljagden. Liebt es, Spuren zu legen, um sie gleich darauf wieder zu verwischen. Hase und Igel in einer Person. Präsenz durch Abwesenheit.«

Die Botschaft auf dem Zettel lässt sich allerdings mit Hilfe von Lady Ayrton rasch nach x und zum Hahndorfer Schützenfest hin auflösen, wo Felicitas sich seit Jahren ein Zubrot als Kellnerin verdient, was ihr jede Menge Trinkgelder einbringt, weil sie mühelos mit den Gästen ins Gespräch kommt, vor allem deshalb, weil sie dabei hin und wieder, mit einem betont starken Akzent, deutsche Brocken einfließen lässt. »Sie sind alle in ihren Akzent verliebt«, schreibt Viktor weiter, »weil sie natürlich nicht wissen, was ich bis letzte Nacht auch nicht wusste, dass sie fließend Deutsch spricht und nur so tut, als sei sie des Deutschen nicht mächtig und verfüge bloß über die großartige Gabe rascher Auffassung und phonetischer Imitation. Darüber verfügt sie tatsächlich. Wenn sie die unbeholfenen englischen Bestellungen deutscher Gäste in ein ebenso unbeholfenes, aber höchst charmantes Deutsch bringt, sind die Gäste begeistert und wollen ihr alle sofort was beibringen, zum Beispiel, wie man ›Bitte bringen Sie mir‹ mit einem echten deutschen ›R‹ unterlegt.

Es war ein Schauspiel, ihr dabei zuzusehen, wie sie sich zur naiven Schülerin machte und wie kindisch sich die ausländischen Gäste freuten, weil Felicitas sie in dem Glauben ließ, sie brächten ihr tatsächlich was bei, sie die Dompteure, Felicitas Äffchen und Esel in einer Person. Lauter Freizeitdompteure mit spitzen Mündern, die sehr laut und mit heftigen Gesten (als wäre Felicitas taub oder nicht ganz klar im Kopf) immer wieder von vorn dieselben Sätze sagten: Sind Sie wirklich von hier?, Scheint hier immer die Sonne?, Ottos Brot schmeckt gut! (Felicitas kellnerte in *Otto's Bakery*/fh), und Deutsch ist eine schwere Sprache. Dabei riefen sie, was ich erst viel später verstand: Schützenfest ist Schürzenfest!« (Den Schürzenjägern hat Hoppe in *Paradiese, Übersee* in der Figur des Forschungsreisenden Doktor Stolizcka ein besonders eigenwilliges Denkmal gesetzt./fh)

Viktors erster Besuch in Hahndorf, der mit dem dort alljährlich gefeierten traditionellen Januarschützenfest zusammenfiel, hinterließ einen nachhaltigen Eindruck, eine Mischung aus Faszination und Schrecken: »Nach Feierabend zählte Felicitas in aller Ruhe ihr Geld und sagte mit großer Entschiedenheit: Das wird jetzt auf den Kopf gehauen! Dann nahm sie mich bei der Hand und führte mich durch Hahndorf. Es war offensichtlich, dass sie sich nicht nur bei *Otto's* großer Beliebtheit erfreute. Sie kannte alle beim Namen, blieb an jeder Bude stehen, redete mit jedem und bestand darauf, mit mir Würste und Sauerkraut zu essen. Der Abend war schön und schrecklich zugleich, weil ich plötzlich begriff, woher wir in Wirklichkeit kommen, mein Onkel Viktor, mein Onkel Benno und ich. An einem einzigen Abend begriff ich alles, was mir meine Eltern bisher verschwiegen hatten: dass wir in Übersee nicht die Ersten sind, nicht ansässig, sondern bloß Gäste, nicht Winzer, sondern bloß Biertrinker (›Hoppe‹ kommt nämlich von ›Hopfen‹/fh), keine Künstler, sondern bloß Blasmusikanten, die jedes Jahr wieder von neuem schlecht kostümiert durch ein Dorf in den südaustralischen Weinbergen marschieren, um die Gäste in Stimmung zu bringen.

Die Gäste waren tatsächlich in Stimmung, sie verschlangen unterschiedslos alles, und Felicitas, mittendrin, gab eine erstaunliche Figur ab. Zum ersten Mal sah ich sie in einem Kleid (gemeint ist das traditionelle Hahndorfer Dirndl/fh), und obwohl ich das Kleid ziemlich scheußlich fand und sie immer noch ihren Rucksack trug, den sie auch später beim Tanzen nicht ablegte, fand ich sie zum ersten Mal schön, weil sie sich darin bewegte, als hätte sie nie etwas anderes getragen. Das Kleid war ihr wie auf den Leib geschneidert, eine Schützenkönigin auf Lebenszeit. Kann aber auch sein, ich sah sie zum ersten Mal, viel klarer als sonst, während sie unterschiedslos mit allen tanzte, nur nicht mit mir. Ich kann nämlich nicht tanzen, aber ich habe trotzdem Musik im Blut und sehe schon auf den ersten Blick, ob einer tanzt oder bloß auf der Stelle tritt. Und Felicitas tanzte.

Dass sie tanzen konnte, wusste ich spätestens seit den Grillfesten, die wir mit unserer Kompositionsklasse veranstaltet hatten, in denen sie, aller Feindschaft zum Trotz, gelegentlich sogar mit Mel Drugs getanzt hatte, der übrigens angesichts des gähnenden Abgrunds, über dem er sich angeblich befand, ein bemerkenswert eleganter und selbstvergessener Tänzer war. (Auch hierzu gibt es ein Bild, das den hochgewachsenen und eleganten Mel Drugs beim Tanzen mit Felicitas zeigt. Bei genauer Betrachtung ist man geneigt, die beiden für ein Liebespaar zu halten./fh) Aber hier in Hahndorf tanzte sie anders, so nah am Tänzer und an der

Musik *(Man's Flesh is delicious!)*, dass kein Platz für meine Eifersucht blieb.

Allerdings war Felicitas nicht nur eine begeisterte Tänzerin, sondern, was mir weit mehr Eindruck machte, auch eine begeisterte Schützin. Ich sehe sie noch genau vor mir, wie sie, leicht nach vorne über den Tresen gebeugt, das Kirmesgewehr an die rechte Wange geschmiegt, auf eine Reihe kleiner vorübergleitender Pappreiter zielt. Auf zehn Schuss drei Treffer, sie entschied sich jedes Mal für den dritten und für die Rose (Hoppes unangefochtene Lieblingsblume / fh). Zwei davon steckte sie mir an die Jacke, während sie die dritte in ihrem Rucksack verschwinden ließ und rief: Nein, ich bin nicht in Hahndorf geboren, hier scheint immer die Sonne, Ottos Brot ist das Beste, und Deutsch ist die schwerste Sprache von allen. Erst später, schon weit nach Mitternacht, erzählte sie mir«, fährt Viktor in *Buch F* fort, »wie sehr ihr Vater Hahndorf hasste (›Hahndorf ist eine historische Lüge!‹/kh/Karl Hoppe/fh), dass sie hier seit Jahren nur heimlich verkehre und nur noch so lange bleiben werde, bis sie genug Geld beisammenhabe, um endlich ein Schiff zu besteigen. Nicht um die Welt zu sehen, sondern um ihren Vater wiederzufinden, der kurz vor Weihnachten einfach verschwunden war.

Und nichts hinterlassen hat, keinen Brief, keinen Zettel, was sonst nicht seine Art ist, so kann man nicht gehen. Weshalb sie Karls Steckbrief (seinen letzten Brief) wie ein Känguru in ihrer Hahndorfer Schürze trug (Growintheapron: Väter, die in der Schürze aufwachsen / fh), aber nicht die geringsten Anstalten machte, ihr Geheimnis mit mir zu teilen. In puncto Briefgeheimnis war die Diskretion zwischen Vater und Tochter sprichwörtlich. Meinen Hinweis, ein Steckbrief sei kein Geheimnis, sondern nichts als ein offener Brief, sichtbar und lesbar für alle, ließ sie nicht gelten.«

Das Hahndorfer Schützenfest verschafft uns, neben den in *Buch F* niedergelegten Eindrücken Viktor Seppelts vor allem Klärung darüber, warum Hoppe, neben Königen und Dirigenten (vgl. hierzu *Picknick der Friseure/Hochgewachsene Männer*) gerade Handwerkern, Wirten und Kellnern in ihrem schmalen Werk einen so großen wie emphatisch genutzten Raum einräumt. Entgegen der Meinung von Reimar Strat, der immer wieder behauptet hat, Hoppes »unglücklicher Hang zum Küchenpersonal«, ihre »penetrante Aufrufung des längst ausgestorbenen Handwerks und ihre Romantisierung aller uniformiert dienstleistenden Berufe« (»auf einen Computerspezialisten werden wir in dieser im schönsten Sinn zurückgebliebenen Prosa vermutlich vergeblich warten«) sei nichts als die Folge eines »sentimentalen Kleinbürgertums«, das sich »schlecht stilisierter und vollkommen unreflektierter literarischer Klischees« bediene, speisen sich ihre Texte in der Regel aus eigener Anschauung und praktischer Kenntnis der jeweiligen Berufsfelder, auch wenn sie, wie wir bereits weiter oben gezeigt haben, in ihren Texten gelegentlich beinahe zwanghaft versucht, der Wirklichkeit den Anschein eines Märchens zu verleihen.

Den Beruf des Kellners, den sie selbst mindestens vier Jahre lang in Hahndorf ausübte, kannte sie jedenfalls peinlich genau, vor allem wusste sie besser als andere, was es mit Stammgästen auf sich hat: »Stammkundschaft bringt am Ende nichts als Ärger, hoch die Erwartung, groß die Enttäuschung. (...) Schließlich ist man gezwungen, Hand anzulegen, ohne es eigentlich zu wollen.« *(Die Handlanger)* Neben den Handwerkern bleiben die Kellner die unangefochtenen Helden früher Hoppeprosa, weil sie, im Gegensatz zu intellektuellen Partnern, auf überraschend deutliche Weise kommunizieren. (»Der Kellner erwies sich als verständiger Zuhörer. Er stellte behutsam die eine oder andere Frage, ohne dabei seine Berufspflicht zu vernachlässigen.«) Und in ihrer Erzählung *Das Refektorium*, in der sie nicht nur ihrem bereits weiter oben erwähnten blinden Freund Joey ein Denkmal setzt, sind es, wer sonst, die Kellner, die nicht, wie Kapitän und Stewart, das Schiff voreilig verlassen, sondern »die umgestürzten Stühle im Speisesaal wieder an die richtige Stelle rückten und den Tisch frisch eindeckten für den blinden jungen Mann, der als Einziger das Schiff nicht verlassen hatte«.

In ihrem 2005 erschienenen Essay *Arche und Typus* pariert Hoppe zum wiederholten Mal Reimar Strats immer wiederkehrenden Vorwurf, sie sei nicht im Geringsten in der Lage zu psychologischer Figurenzeichnung und komme an keiner Stelle über den Holzschnitt hinaus, folgendermaßen: »Genaugenommen gibt es nur drei Typen von Schriftstellern: Erstens den Psychologen, der in Wahrheit gar kein Schriftsteller ist, weil er Menschen mit Fällen und Erzählungen mit Diagnosen verwechselt und folglich im Typus steckenbleibt, ohne jemals echte Typen zu schaffen. Zweitens den Charakterdarsteller, der zwar gelegentlich zu schönen Ergebnissen kommt, sich aber mit seinem Ehrgeiz zum Charakterbild den Blick auf das verstellt, was wirklich da ist, weshalb er meistens im Klischee steckenbleibt, das ist die mittlere Lage der Literatur. Und drittens den Künstler, der, weil er der Einzige ist, der weiß, wie das geht, Charaktere entschieden zu Typen bündelt, also sichtbar macht, worum es wirklich geht. Denn wozu ein Charakter«, fährt Hoppe fort, »wenn man stattdessen ein Typ sein kann?

Kein Mensch, wie differenziert auch immer, in dessen privatem Hinterzimmer nicht jenes eingemottete Fuchsfell hängt, das er sich zu gegebener Stunde heimlich überzieht, um wenigstens kurzfristig im Geheimen zu sein, was er offiziell niemals sein darf: ein Tier, das klüger ist als er selbst, weil es genau weiß, was es heißt, auf der Flucht zu sein. Ein Gejagter, der die Gegend weit besser kennt als seine Jäger und dem der Gedanke gefällt (ja, wider Erwarten denken auch Füchse!), seinen Verfolgern unterwegs in die Ewigkeit hin und wieder ein Schnippchen zu schlagen, weil sie taub und stumm und blind und lahm sind und die meisten Spuren nicht lesen können. Auch wenn der Fuchs genau weiß, dass die Traube der Ewigkeit immer etwas zu hoch hängt. Aber wen kümmert das? Gebt uns Tiere und Typen, Fell und Kontur, Futter und Pläne, gebt uns alles, was uns NICHT zum Verschwinden bringt. Wozu überhaupt diese Anstrengung, sich ständig zum Verschwinden zu bringen? Wir wissen doch ganz genau, dass wir immer noch ALLE DA sind, und was uns Tag für Tag sichtbar macht: die Wurst, der Fuchs, der Tanzboden unter den Füßen. Warum spricht niemand davon, wonach alle sich sehnen: dass wir nicht nur berührt werden wollen, sondern dass wir uns alle danach sehnen, dass endlich einer vorbeikommt, der uns wirklich anfasst.«

Eine Woche nach dem Hahndorfer Schützenfest (in *Buch F* unter »Hochzeitsreise« vermerkt), fliegen Hoppe und Seppelt von Adelaide über Sydney nach New York. Es ist Felicitas' erster Flug, »ein Flug, dem sie, die alle Weltmeere bereist hat, niemals seekrank wird, schwindelfrei ist und von der ich bis gestern noch annehmen durfte, man könne sie jederzeit in eine Art Tauchtonne stecken und wie Alexander den

227

Großen auf den Grund aller Meere schicken, ohne ihr auch nur ein Haar zu krümmen«, schreibt Viktor, »in keiner Weise gewachsen war. Ich sehe sie vor mir, wie sie beim Einstieg plötzlich leichenblass wird, aber, wild entschlossen, ihr Schicksal auf sich zu nehmen, indem sie es einfach aus der Hand gibt, die entsetzliche Kapsel besteigt, um in einem Raum zu verschwinden, der, sagte sie, nicht meiner ist, weil man hier oben nicht atmen kann, eine Tatsache, der man nur dadurch begegnet, dass man sich einredet, dass überall, wo zwei oder drei von uns versammelt sind, ganz wie von selbst menschliche Luft sei.

Erst als wir unsere Plätze eingenommen hatten (ich Fenster, sie Gang), erzählte mir Felicitas die ganze Wahrheit: dass sie niemals zuvor geflogen und also gewohnt sei, mit Zeit und auf Schiffen zu reisen, weil ihr Vater, nach einem Flugzeugabsturz in den fünfziger Jahren, für den Rest seines Lebens aufgehört hatte, per Flugzeug zu reisen. Aber sie nahm die Herausforderung an, indem sie (mit schweißnassen Händen) ein Reiseschachspiel aus ihrem Rucksack zog. Bevor wir ankommen, bist du matt, sagte sie. Sie behielt, wie immer, nur zur Hälfte recht. Das Spiel zog sich in die Länge und war auch kurz vor der Landung nicht entschieden, als Felicitas, die eindeutig im Vorteil war (ich hatte meine Dame längst verloren), die Steckfiguren vom Brett nahm und sorgsam verpackte, weil sie die Anweisungen des Kapitäns todernst nahm und den Klapptisch überpünktlich nach oben schob. (Tatsächlich erfolgte die Landung erst zwei Stunden später, in New York schneite es, was die Sicht behinderte und einen Stau im Luftraum zur Folge hatte, den Felicitas später zum Thema ihrer Kurzerzählung *Vorfreude auf Schnee* (*Snow anticipated*) machen sollte, ein innerer Monolog, in dem auf knapp sechs

Seiten von nichts anderem die Rede ist als von der entsetzlichen Angst, ›für immer im Himmel steckenzubleiben und nie wieder eine eigene Spur in frisch gefallenem Schnee zu hinterlassen.‹/fh)

Als wir schließlich tatsächlich landeten und sie, noch angeschnallt, sah, dass es draußen wirklich schneite«, schreibt Viktor weiter, »war sie glücklich wie ein Kind, das zum ersten Mal Schnee sieht, dabei war ich es, der ihn zum ersten Mal sah und ziemlich schnell feststellte, dass ich den Winter hasste.« Es dürfte weniger der unbekannte Winter als die merkwürdige Hochzeitsreise (laut Viktors Aufzeichnungen auf nicht mehr als zwei Wochen anberaumt) gewesen sein, die dem australischen Sommerkind Viktor Seppelt die Stimmung verdarb. Nicht nur das Glück im Schnee erweist sich als flüchtig und scheint sich nicht auf das ungleiche Paar übertragen zu haben. Die Reise gestaltet sich insgesamt kompliziert, vor allem deshalb, wie Viktor in seinem Notizheft weiter ausführt, »weil sie an New York nicht das geringste Interesse zeigt. Kaum ein Tag, an dem sie das Zimmer verlässt (Hoppe und Seppelt logieren in Brooklyn in einem billigen Zweibettzimmer mit Blick auf den Containerhafen/fh), ein klassischer Fall von Landgangsangst. Sie zieht es vor, den Schnee von drinnen zu betrachten und zu schreiben, diesmal weit mehr als ein Wochenendlibretto, wie sie behauptet. Wenn ich abends von meinen Ausflügen zurückkomme, sitzt sie, wie ich sie am Morgen zurückgelassen habe, über ihren Heften im Frühstücksraum, immer kurz vor der Vollendung, folglich unansprechbar, als wäre sie allein auf der Welt.«

Am siebten Tag hört es plötzlich auf zu schneien. Felicitas hat ihr Werk vollendet, ist verdächtig guter Dinge und drängt darauf, endlich auszugehen, um eine Stadt zu sehen, an die sie sich seit ihrem letzten Besuch (1974/fh) nur schemenhaft erinnert, aber »obwohl sie vollkommen orientierungslos ist und aus ihrem Mangel an Orientierungssinn übrigens auch keinen Hehl macht, sondern sich manchmal sogar auf ziemlich kokette Weise damit brüstet«, schreibt Viktor, »bewegt sie sich ganz allgemein mit einer verblüffenden Selbstverständlichkeit durch Städte, geht buchstäblich immer der Nase nach, vielleicht auch nach Gehör. Nicht nur, dass sie keinen Führerschein hat, sie hat auch eine ausgeprägte Abneigung gegen Landkarten und Stadtpläne, von Reiseführern ganz zu schweigen, dafür eine Vorliebe für Seiten- und Nebenstraßen, für Umwege und unvermutete Richtungswechsel, die ihren Begleitern, wenn sie welche hat (›Man kann sich des Eindrucks nicht erwehren, dass sie am liebsten allein unterwegs ist und dass es bloß ihre Höflichkeit ist, die Begleiter duldet‹, schreibt zwanzig Jahre später Jerome Keith Chester, nachdem er Hoppe durch Chicago zu führen versucht hat./fh), ein Höchstmaß an Zuneigung und Geduld abverlangt.«

Jedenfalls ist sie, Viktors Bericht zufolge, an jenem Abend nicht davon abzubringen, sich auf die Suche nach einem Restaurant zu machen, das sie irgendwie noch von früher kennt und in dem sie kurz vor ihrer Einschiffung nach Adelaide angeblich zusammen mit Karl eingekehrt war: »Als wir nach einem fast zweistündigen Spaziergang durch die eisige Kälte, der eher einer Wanderung glich (F ist sehr gut zu Fuß und neigt nicht zum Flanieren!), schließlich Ecke Main und Green Street landeten, machte sie plötzlich abrupt halt, zeigte mit der Hand über die Straße und rief: Da ist es ja! Wir überquerten die Straße und blieben vor einem kleinen Haus stehen, das, eingezwängt zwischen zwei flachen Lagerhäusern, schlecht beleuchtet war. Die Fenster waren verrammelt, von drinnen hörte man Stimmen und Musik. Als ich nach oben blickte, sah ich über der Tür an zwei rostigen Ketten ein schneebedecktes verwittertes Blechschild, das im Abendwind leicht hin- und herschaukelte und auf dem ein schielender roter Krebs, eingerahmt von zwei riesigen Bierhumpen, auf einem Barhocker saß. Darunter, nur mühsam entzifferbar, die Schrift war zur Hälfte abgeblättert, stand in großen gelben Buchstaben *RED CRAB INN* (*Gasthaus zum Roten Krebs*/fh).

Felicitas drückte entschlossen die Tür auf. Schwer zu sagen, was überwog, meine Überraschung oder mein Misstrauen, als ich feststellte, dass der Mann hinter dem Tresen sie auf den ersten Blick erkannte. Da bist du ja endlich, rief er, und indem er ein Glas Weißwein über den Tresen schob und sie, die sich strahlend nach vorn über den Tresen lehnte, bei den Ohren fasste, um ihr einen Kuss auf die Stirn zu drücken, brüllte er zwischen die Tische: Wette gewonnen, Fly ist zurück, drei Runden für alle, aufs Haus und auf die Treue der Kundschaft! Die Männer an den Tischen gerieten sofort in Bewegung, aber bevor sich ein gewisser Grushenko erheben konnte, um sie gleichfalls zu küssen, packte ich sie bei den Schultern, schob sie an einen freien Tisch in der hinteren linken Ecke neben dem Tresen und bestellte einen doppelten Whiskey, der wie von Zauberhand sofort neben einem nachgefüllten Glas Weißwein auf dem Tisch stand. Wirklich unruhig wurde ich erst, als der Mann hinter der Bar, ein gewisser Fox, wie ich später erfuhr, der beim Füllen der Gläser und beim Mischen der Drinks unablässig redete, als kommentiere er eine Darbietung von einigermaßen mittelmäßigen Zauberkunststücken, anfing, Felicitas nach Karl auszufragen. Ich kippte den Whiskey und drängte zum Aufbruch, während sie, als hätte sie meine Anwesenheit längst

vergessen, ein weiteres Glas Wein bestellte, worauf ich aufstand und das Lokal verließ.«

Der Rest des Abends im *Red Crab Inn* lässt sich nur mühsam rekonstruieren. Viktors Notizen zufolge will er später
noch einmal in den *Roten Krebs* zurückgekehrt sein und
Felicitas »immer noch Weißwein trinkend (Cocktails und
Hard Drinks verabscheute sie)« an einem anderen Tisch
vorgefunden haben, wo sie Schach mit einem der Gäste
gespielt haben soll, einem gewissen Clark Cater, der, wie
sich später herausgestellt habe, nicht nur Stammgast, sondern auch Teilhaber vom *Red Crab Inn* gewesen sei, in
Wirklichkeit allerdings, so Viktor, »nichts als ein windiger
Agent, darauf spezialisiert, Gäste wie Felicitas nicht nur mit
Alkohol, sondern mit blödsinnigen Geschichten und Anträ-
gen betrunken zu machen«.

Hoppe selbst erzählt uns dagegen später in einer Erzählung mit dem Titel *Between two Moves* (*Der letzte Zug*) von
der Geschichte einer jungen Australierin namens Fleur (genannt Fly), die sich auf einem Spaziergang durch New York
in einem Schneegestöber verirrt, in einem Lokal *Zum Roten
Krebs* einkehrt und dort auf einen Mann namens Cater
stößt, der sie dazu einlädt, gegen ihn Schach zu spielen, und
ihr verspricht, jede gewonnene Partie mit einem Drink zu
bezahlen: »Fleur gewann vom ersten Spiel an ununterbrochen, aber anstatt auch nur den geringsten Verdacht zu
schöpfen, spielte und trank sie weiter, bis sich Cater, es war
kurz vor Mitternacht, plötzlich erhob, mit einer leichten
Bewegung der linken Hand die Figuren sämtlich vom Brett
fegte und rief: Jetzt sehe ich klar, es ist ja immer dasselbe,
immer verliere ich von F 4 nach G 7. Um höchst beglückt
hinzuzufügen, mit ihr, Fleur, habe er das große Los gezogen,

ein Talent der besonderen Sorte, dessen Förderung keinen Aufschub dulde. Reich und berühmt werde er sie machen, obenauf auch noch glücklich. Wie das gehen soll? Mein Geheimnis! Worauf er, niemand wusste, woher, einen Vertrag auf den Tisch warf und Fleur aufdringlich lächelnd einen silbernen Kugelschreiber hinhielt.«

Cater, so Hoppe weiter in *Between two Moves*, »sah aus wie ein als Hochzeitsgeiger verkleideter Kater, glänzend schwarz pomadisierte Haare und ein im Zwielicht schimmernder Schnurrbart, während sein Compagnon hinter der Bar rothaarig und grünäugig war, Fuchs und Ire in einer Person«, der, so Cater an Fly gewandt, »mehr von Musik weiß, als zugereisten Ohren jemals zu Gehör kommt. Es war offenkundig, dass Cater nicht halb so betrunken wie Fly war, der es irgendwie trotzdem gelang, den Vertrag auf die Seite zu schieben und die Figuren vom Boden zu sammeln. Morgen, sagte sie, bringen wir die Partie zu Ende. Worauf Cater ihr die Hand auf die Schulter legte und so leise wie eindringlich sagte: Wer zögert, verliert! Ab morgen wird hier nicht mehr gespielt, ab morgen sprechen die Kugeln. Als er sich erhob und hinüber zur Bar ging, sah Fly, dass er auffallend hinkte.«

Ob Fleur den Vertrag, dessen Gegenstand und Inhalt nicht näher bezeichnet werden, tatsächlich unterschreibt, lässt die Erzählung (die damit endet, dass Fleur sich »irgendwo im Schnee« verliert und »dass kein Mensch zu sagen weiß, was aus ihr wurde«) ebenso offen wie die Frage, was es mit den sprechenden Kugeln auf sich hat. Insgesamt entbehrt die Geschichte in Bezug auf ihren biographischen Wahrheitsgehalt und im Abgleich mit den Notizen Seppelts jeder Glaubwürdigkeit. Kennern des Hoppewerks dürfte allerdings Caters plakatives Hinken ebenso wenig entgehen wie die Tatsache, dass Fox in Hoppes Erzählung eine schwarze Brille trägt, mit anderen Worten, dass der Barkeeper im *Red Crab Inn* den Blinden spielt. Felicitas' kurzfristiges Alter Ego Fleur (alias Fly) begegnet im *Roten Krebs* also zwei ausgewiesenen literarischen Lieblingsprotagonisten Hoppes und mit ihnen zwei der größten Verführer in der Weltliteratur, dem Fuchs und dem Kater aus Carlo Collodis *Pinocchio* (siehe Kap. 1).

Es ist nicht die erste Station in Hoppes Lebensgeschichte, in der Fiktion und Wirklichkeit eins werden. Wer sich aufmacht, Hoppes phantastischen Wegen zu folgen, wird immer wieder ähnliche Entdeckungen machen, nicht zuletzt deshalb, weil die Autorin sich kaum die Mühe macht, ihre Anspielungen künstlerisch anspruchsvoll zu verstecken, sondern in der Regel dazu neigt, sie dem Text auf unbedarfte Weise aufzupropfen. Hoppe ist eine so unbekümmerte wie produktive Ausbeuterin und Plagiatorin des literarischen Fundus und hat daraus auch niemals ein Hehl gemacht: »Nichts«, schreibt sie in ihrem kurzen Aufsatz *Abschreiben* (2008) »ist langweiliger als der ständige Versuch, originell zu sein, weil er auf einem grundsätzlichen Irrtum beruht, dem Glauben nämlich, in diesem ganzen Gewirr und Gewimmel von allem, was da ist, der Erste zu sein. Wer auf das Neue aus ist, hat schon verloren und kommt bestenfalls bei der Zeitung unter.« Es ist mehr als offenkundig, dass die spätere Schriftstellerin, auch da, wo ihre Fähigkeiten bereits weit über das Jugendwerk hinauswachsen, nicht aufschreibt, was sie erlebt, sondern lediglich erlebt, was längst geschrieben steht, wie ein Reisebericht mit dem Titel *Auf dass die Schrift sich erfülle* (1987) bestätigt, in dem Hoppe ausführt:

»Seit ich Fox und Cater getroffen habe, stoße ich überall

auf Bekannte. Nur der, den ich wirklich suche (gemeint ist offenbar ihr Vater, Karl Hoppe/fh), bleibt unauffindbar, weil ihn bis heute niemand verschriftlicht hat. Soll das etwa heißen, dass es ihn gar nicht gibt? Ich gebe die Suche trotzdem nicht auf, ab morgen gehe ich auf Tournee, von Land zu Land, von Stadt zu Stadt, von Haus zu Haus, an jede Tür will ich klopfen, den Steckbrief mit seinem Bild hochhalten und nach ihm fragen. Zuerst wird es heißen: Kennen wir nicht, wer soll das sein, nie gehört, nie gesehen. Dann aber wird es, je nach Hartnäckigkeit, heißen: Gesehen zwar nicht, aber schon mal gehört, jemand hat gestern von ihm gesprochen, kann bei den Nachbarn gewesen sein. Und dann wird es, wider Erwarten, heißen: Natürlich, erst neulich im *Red Crab Inn*. Und dort schließlich wird man freundlich sagen (Fox weiß genau, wie man mit Gästen umgehen muss): Ja, er ist wirklich hier gewesen, hat hier gegessen, gespielt und getrunken, zwei Wochen lang jeden Abend dasselbe. Und hat immer gegen Cater verloren, was ihn verstimmt hat, aber nichts für ungut, der kommt immer wieder zurück.«

Ein klarer Fall von Erfindung. Es ist kaum anzunehmen, dass Karl, egal ob mit oder ohne Felicitas, jemals im *Gasthaus zum Roten Krebs* eingekehrt ist, war Karl doch dafür bekannt, dass er öffentliche Räume nicht nur aus Gründen der Sparsamkeit mied und dass er so gut wie nie trank, ganz abgesehen von der Tatsache, dass er Schach nachweislich ausschließlich gegen seine Tochter spielte. Über den wahren Hergang der Episode *Roter Krebs* lässt sich bis heute keine verlässliche Aussage machen, nicht zuletzt deshalb, weil das *Red Crab Inn* (nicht zu verwechseln mit der gleichfalls in Brooklyn gelisteten *Red Crab Tavern*/fh) längst nicht mehr existiert und sich seine damaligen Besitzer nicht mehr ermitteln lassen.

Ermittelbar dagegen ist, unter zehn amtlich gelisteten
Einträgen zu Cater im New Yorker Telefonbuch, eine seit
1982 auf die Vermittlung junger Dirigenten spezialisierte
Agentur namens *Cater & Partners*, deren Besuch uns zwar
nicht mit Cater, dafür aber mit Partners in Gestalt einer so
dezent wie elegant gekleideten und resoluten Dame Ende
vierzig (glattes Gesicht, ernster Ausdruck, streng nach hinten gebundene Haare, die schwarz und ehrgeizig glänzen)
bekannt macht, einer gewissen Lucy Bell, die hochhackige
schwarze Schuhe trägt, weder hinkt noch eine schwarze
Brille trägt und einzig durch ein in regelmäßigen Abständen
wiederkehrendes nervöses Zucken der linken Augenbraue
auffällt. Und nicht müde wird, uns auf die besondere Serio-
sität ihres Unternehmens hinzuweisen, das ausschließlich
die Besten der Besten vermittele und größten Wert darauf
lege, die einmal gesetzten künstlerischen Standards keinesfalls zu unterlaufen. Qualität, so Ms Bell, sei bekanntlich
kein Hexenwerk, sondern nichts als die Frucht langjähriger
Mühe und Arbeit. Sie selbst, daran lässt sie nicht den geringsten Zweifel aufkommen, unterscheidet den Künstler
vom Hochstapler »auf hundert Meilen, mir macht man
nichts vor«.

Keine Frage, dass Lucy Bell sich nichts vormachen lässt.
Ihr persönliches Motto, das neben dem äußerst anziehenden
Jugendporträt eines Pianisten (vermutlich Glenn Gould,
aufgenommen während seiner ersten Einspielung der Gold-
berg-Variationen) eingerahmt über ihrem beeindruckend
großen Schreibtisch hängt, lautet GANZ ODER GAR
NICHT, um, wie Lucy nachsichtig lächelnd erklärt (die
linke Augenbraue beginnt wieder leicht zu zucken) »die
Welt vor dem größten und kindlichsten Missverständnis
von allen« zu bewahren, dass die Kunst auf der Straße liege

und für jeden zu haben sei. Das Einzige, worauf es im Agentengeschäft ankomme, sei Unterscheidungsvermögen, wer nicht unterscheiden könne, sei fürs Geschäft verloren: »Wir vermitteln hier schließlich nicht Tingeltangel (die Braue zuckt wieder), sondern ausschließlich an große Häuser, weltweit, da hat man einen Ruf zu verlieren. Dies Land hat ja keine Königin mehr und ist folglich durch und durch hemmungslos. Wenn Sie wüssten, was hier für Leute anklopfen. Da bläst einer zwei bis drei Töne, streicht zweimal rauf, viermal runter, trägt Taktstock und Stimmgabel mit sich im Rucksack herum, obenauf womöglich drei schlechte Libretti, irgendeine wiederentdeckte Partitur, faselt irgendwas von Kunst und Können und Avantgarde (ja, damit kommen sie immer noch, ob man's glaubt oder nicht!), und schon meint er, er könne Staat damit machen. Da muss man natürlich entschieden sein.«

Während ein so schüchterner wie arroganter und ambitioniert frisierter Praktikant Kaffee und Kekse serviert, referiert Lucy entschieden und leidenschaftlich die Geschichte der Agentur, deren Gründung, wie sie betont, durchaus nicht zufällig mit dem allzu frühen Tod des Pianisten Glenn Gould im Jahr 1982 zusammenfalle, der eine empfindliche Zäsur in ihrem Leben darstelle. Nicht zuletzt deshalb, weil sie selbst (ihre kanadischen Jahre) noch in die große Schule von Flora Gould gegangen sei und sich Glenn Goulds großes Abschiedskonzert (Los Angeles, 1964/fh) damals »förmlich vom Mund abgespart« habe, ein Erlebnis, das sie bis heute präge und das für sie eine Art »künstlerische Offenbarung« gewesen sei. »Sie werden also«, schließt Lucy, »sofort verstehen, dass wir, auch wenn wir Innovationen und Experimenten selbstverständlich nicht abgeneigt sind – prüfe alles und behalte das Gute, sage ja schon die Bibel –, nicht Hinz und Kunz vertreten können, wie die Deutschen sagen, sondern, wie gesagt, nur die Besten der Besten.«

Der Nachmittag findet sein Ende schließlich damit, dass Lucy Bell uns durch den Kaffee- und Kekspraktikanten bestätigen lässt, dass eine Person namens Hoppe in der Agentur *Cater & Partners* nie geführt worden sei, von Vertragsabschlüssen ganz zu schweigen. Hoppes New Yorker Spur verliert sich in einem Zweibettzimmer mit Hafenblick in Brooklyn, in dem sich, den Aufzeichnungen Seppelts zufolge, Viktor und Felicitas am Valentinstag (14.2.1984) trennten, »ohne jemals ein Paar gewesen zu sein«.

Am Morgen des 15.2. fliegt Viktor allein von New York nach Sydney und von dort aus weiter nach Adelaide, um in die Dirigentenklasse des *Elder Conservatorium* von Melville Drugs zurückzukehren und in den folgenden Jahren eine nicht unbedeutende Karriere als Orchesterleiter und Komponist anzutreten. Bereits zwei Jahre später avanciert er auf dem berühmten *Adelaide Music Festival* zum Assistent Director in der Uraufführung der berühmten Oper *Voss* (nach dem gleichnamigen Roman des Nobelpreisträgers Patrick White, Musik: Richard Meale, Libretto: David Malouf), in der es um nicht mehr und nicht weniger als um die Vertonung des Schicksals des Deutschen Ludwig Leichhardt geht (vgl. Kap. 3 und Hoppes *Buch L*).

In einem Interview mit der *Adelaide Post* auf die Frage nach seinem Verhältnis zum Werk befragt, drückt Seppelt sein Bedauern darüber aus, dass er der deutschen Sprache nach wie vor »nur im Halbschlaf« mächtig sei, denn, »die Tatsache, dass wir es hier mit einem historischen Stoff zu tun haben, der zwar in Australien angesiedelt und von einem australischen Autor umgesetzt worden ist, ändert nichts daran, dass wir in der Figur des Deutschen Voss (gemeint ist die fiktive Verkörperung des historischen Ludwig Leichhardt/fh), einem, wie ich behaupte, typisch deutschen Entdeckerschicksal des 19. Jahrhunderts begegnen. Was ist es, das Leichhardt (der in Deutschland bis heute trotz zahlreicher nach ihm benannter Straßen, Gebäude und Plätze so gut wie unbekannt geblieben ist/fh) zu einem Faszinosum macht? Allem voran wahrscheinlich die Tatsache, dass er für uns immer noch alle Klischees verkörpert, die wir, zu Recht oder Unrecht, von den Deutschen mit uns herumtragen: Er ist so kenntnisreich wie ignorant, so verstockt wie weitsichtig, ausdauernd und gnadenlos, kühn und kleinlich, so gewissenhaft wie selbstverloren, so mystisch wie selbstherrlich, in anderen Worten, ein Mann, der so gut wie alles kann, nur nicht den geringsten Sinn für Gesellschaft hat. Er kann nicht tanzen, nicht trinken, nicht lieben, von seiner abgrundtiefen Humorlosigkeit ganz zu schweigen. Keine Umgangsformen, keine Hobbys, kein Smalltalk, in jeder Hinsicht unelegant, nie unterhaltend, schon gar nicht vergnüglich. Sein Blick ist auf das Nichts wie das Höchste gerichtet, geht immer über die Menschen hinaus. Mit anderen Worten, hier haben wir einen, der Ruhm mit Selbstvernichtung verwechselt, weil er immer über das Spielfeld hinausdenkt und nicht begreift, was es heißt, sich an Regeln zu halten, sich zu bescheiden, der einfach losgeht und nicht mehr umkehren kann und deshalb auch niemals zurückkehren wird. Ein Leben, in dem persönliches Glück keine Kategorie ist.«

Auf die Frage, was den Stoff für die Oper heute noch attraktiv mache: »Die Liebesgeschichte natürlich, was sonst. Nichts (lacht), was ein Publikum mehr begeistert als eine aussichtslose Liebesgeschichte. Nehmen Sie diese Laura

Trevelyan (Sopran/fh), selbst für die Bühne eine quälende Rolle, im wirklichen Leben aber ganz unerträglich, mehr Nonne als Frau, die auf einer nächtlichen australischen Gartenparty ihr Schicksal an einen Verrückten bindet, von dem sie allen Grund hat anzunehmen, dass er niemals zurückkehren wird und sie folglich nicht glücklich machen kann. Denken Sie an die *Arie vom verlorenen Brief* (*Oh all these sweet Letters lost in the Desert*/fh), und Sie begreifen die Sache sofort. In der Arbeit an *Voss* habe ich tatsächlich begriffen, was es heißt, in ahistorischen Räumen zu denken und, weit schlimmer (lacht), was es heißt, darin zu leben. Man muss einfach wissen, wer weggeht und wer nicht zurückkommt, alles andere ist sinnlos.«

»Man muss wissen, wer weggeht und wer nicht zurückkommt, alles andere ist sinnlos.« So lautet auch der letzte Satz in Hoppes Geschichte *Die Sommerverbrecher (Picknick der Friseure)*, die folgendermaßen beginnt: »In der Nacht vor meiner Flucht in die Sommerfrische schlich ich ins Badezimmer, bezog Stellung vor dem Ganzkörperspiegel, verband mir die Augen und schnitt mir die Haare, bis ich mich nicht mehr erkannte.« Ob die Erzählung tatsächlich erst anlässlich eines deutschen Wettbewerbs für Nachwuchsprosa (*Foglio Preis für junge Literatur*, 1995) oder nicht schon früher entstand, sei dahingestellt. So oder so, ein klassisches Hoppeprogramm, das Viktor Seppelt besser als andere gekannt haben dürfte. Motivisch spiegelt sie, in so verknappter wie dramatisch überhöhter Form, Hoppes Lebensthema vom Suchen und Finden wider, wobei nicht ganz klar ist, wer hier eigentlich wen sucht und wer vor wem auf der Flucht in welche Sommerfrische ist. (Die »Sommerfrische« ist, nebenbei gesagt, ein schönes Beispiel für das von Hoppes Kritikern immer wieder erwähnte »Sprachmuseum«.) Das hier erzählende kindliche Ich (von dem wir, wie meistens bei Hoppe, nicht genau sagen können, ob es sich um einen Jungen oder ein Mädchen handelt) berichtet von seinem Vater, der eines Tages nach der Arbeit nicht mehr nach Hause kommt.

Während die Nachbarn behaupten, »mein Vater sei bei der Besichtigung des Museums für Arbeit und Unglück auf einen Aussichtsturm gestiegen und, allzu sehr in die Betrachtung des Umlands versunken, in die Tiefe gestürzt«, ist das Kind davon überzeugt, der Vater habe sich »in unser Sommerhaus zurückgezogen, wo er ohne Zweifel seine Tage damit verbrachte, die Bäume im Garten zu wässern und mich zu erwarten, während meine Mutter, deren Tüchtigkeit keine Jahreszeiten kannte, nicht müde wurde, mich bei fest verschlossenen Fenstern auf das Leben vorzubereiten«.

Im Verlauf der Geschichte, die kaum vier Seiten umfasst, entschließt sich die Mutter, das Sommerhaus an die Nachbarn zu verkaufen, woraufhin das Kind Mutter und Haus im Morgengrauen verlässt, fest entschlossen, den Vater, der »keinen Finger (rührt / fh), um meine Briefe zu beantworten« (sic! / fh), nicht für tot, sondern lediglich für verschollen zu halten. Der Text ist auf den ersten Blick mühelos als die Geschichte einer typisch jugendlichen Rebellion zu lesen, während Tracy Norman (in: *Missing the Summer*) darin nichts als ein weiteres Beispiel für Hoppes Sommerangst sieht. Versucht man dagegen, die Geschichte weitläufig biographisch zu deuten, erweist sie sich als vertrackt, haben wir es doch in Hoppes Fall mit zwei gleichermaßen verschollenen Elternteilen zu tun, mit der, dem Ruf eines »windigen Kapellmeisters« folgend, nach Osten verschwundenen Mutter Maria, von der bei Hoppe bemerkenswert selten die Rede ist, und ihrem nicht weniger windigen nach Westen

241

verschwundenen Vater, dem Patentagenten Karl Hoppe, der, soweit sich das rekonstruieren lässt, in den frühen achtziger Jahren aufhörte, Briefe zu schreiben.

Liest man die Geschichte im Kontext der anderen im Band versammelten Texte (Familiengeschichten allesamt), erscheint *Die Sommerverbrecher* als Mosaikstein in einem Großen und Ganzen, das sich, wie Hoppes Werk insgesamt, aus zahlreichen Variationen ein- und desselben Themas zusammensetzt. Dabei geht es, wie bereits Yasmine Brückner gezeigt hat (vgl. dazu Yasmine Brückner: *Wir sind, was wir spielen*), um einen permanenten Rollentausch nicht nur zwischen Müttern und Vätern (die abwechselnd mal die Guten und mal die Bösen sind), sondern ebenso zwischen Eltern und Kindern, die einander permanent abhandenkommen und doch immer wieder auf der Suche nacheinander sind. In *Am Saum* verlässt eine Mutter (Maria Siedlatzek?) Mann und Kinder, um sich mit einem Regierungsrat aus dem Staub zu machen, in *Die Pilger* macht sich ein Vater zusammen mit seiner Tochter (seinem Sohn?) auf die Suche nach der Mutter seines Kindes, die er zuvor (höchst brutal) aus seinem eigenen Haus verwiesen hat, und in der Geschichte *Die Hecke* sind es drei von ihren Eltern verlassene Kinder, die versuchen, das Haus ihrer Eltern zu verkaufen, von dem sie sich in Wahrheit aber nicht trennen können.

Hoppes angeblich so »altmodische Schnitzeljagden im Gewand dürftiger postpsychoanalytischer Spielereien« (Reimar Strat) sind in Wahrheit literarische Verarbeitungen globaler Wanderschaften, die sie im Erzählen der Einfachheit halber (wie auffallend begrenzt Hoppes erzählerische Mittel sind, hat schon Kai Rost bemerkt) auf höchst provinzielle Szenarien zusammenschrumpft, was nichts daran ändert, dass, egal in welchem geographischen Maßstab,

Thema und persönliche Sehnsucht immer wieder markant in eins fallen und in den Wunsch nach einem projektierten Heimatort münden, der in Hoppes »verzweifelt ortloser Prosa« (Kai Rost) zum religiös überhöhten »Echternachzimmer« wird, das die Wirtin (Frau Conzemius) für ihre bevorzugten Besucher »in alle Ewigkeit« reserviert hat. Hoppes »Wahlmütter« (Kai Rost), Phyllis Gretzky und Lady Ayrton, werden, genau wie ihre Wahlväter Kramer und Small (auf der *Queen Adelheid*) und Quentin Blyton in den Jahren in Adelaide, zu Platzhaltern von Positionen, die in Hoppes realem Leben nicht besetzt waren. Sie sind alles zugleich: Mütter, Väter, Geschwister und Großeltern, wobei den Großeltern, die Hoppe nie hatte (sie kannte weder ihre leiblichen Großeltern väterlicher- noch mütterlicherseits persönlich), in ihren Texten eine ganz besondere Rolle zukommt, der allwissenden Großmutter in der Titelgeschichte (*Picknick der Friseure*) ebenso wie dem Großvater (*Hochgewachsene Männer*), einem Schneider, »der mich in die Welt der Stoffe einführte. Er ließ meine Hand über die verschiedenfarbigen Ballen gleiten und mich das Material zwischen Daumen und Zeigefinger prüfen. Seither weiß ich, woran ich bin, wenn mir ein Mann in die Finger kommt.«

Schneider haben Hoppe nicht nur wegen ihrer »infantilen Märchenleidenschaft« (Strat) dauerhaft begleitet, sondern sind de facto Teil ihrer familiären Lebensgeschichte. Auch wenn ihr Entführervater Karl allem Anschein nach nur selten als Erzählervater aufgetreten sein dürfte, können wir davon ausgehen, dass er Felicitas seine Herkunft als Sohn schlesischer Schneidermeister nicht verschwieg, nicht zuletzt deshalb, weil er das Handwerk selbst beherrschte, wie (laut Martha Knit) die Kleider, Mäntel und Rucksäcke demonstrieren, die er für Felicitas anfertigte. Neben der bereits erwähnten Geschichte *Hochgewachsene Männer*, die neben dem Lob der Uniform (»früher liebte ich fest in ihre Uniformen eingenähte Männer«) einer Hommage an den unbekannten Großvater gleichkommt, gibt eine weitere Geschichte (*Die Tochter der Tochter des Schneiders*, 2007) überdeutlich Auskunft darüber, welche Bedeutung Hoppe nicht nur in ästhetischer, sondern in nachgerade weltanschaulicher Hinsicht dem Schneiderhandwerk beimisst: »Ich fühle noch genau, wie mein Großvater nach meinem Ärmel greift, den Stoff zwischen zwei Fingern reibt und lachend sagt: Taugt nichts! Um zu diesem Urteil zu kommen, hätte mein Großvater, der Schneider, den Stoff gar nicht anfassen müssen, er hatte längst gesehen, was es damit auf sich hatte. Er erfasste jeden Stoff von weitem, mit bloßem Auge, auf den ersten Blick. Und nicht nur den Stoff, sondern auch den ganzen Rest, alles, was darunter steckt – die gesamte Statur, die komplette Verfassung. Unter dem Blick meines Großvaters fielen Knöpfe von selbst ab, dürftige Nähte platzten auf, ohne dass er sie auch nur angefasst hätte. Mein Großvater, der Schneidermeister, war ganz Auge, seine Meisterschaft war nahezu vollkommen, faszinierend und schrecklich zugleich.«

Schrecken und Faszination des Handwerks werden allerdings in demselben Text nur wenig später überraschend konterkariert, »denn mein Großvater war nicht nur ein großer Entlarver, sondern vor allem ein großer Verhüller, er nähte aus Leidenschaft und Hingabe, ein herrlicher, ehrgeiziger Versteckspieler. Um die Dinge verstecken zu können, muss man wissen, wie sie beschaffen sind. Erst dann kommt die Frage: Wie kleidet man ein? Wie korrigiert man die kleinen Missgriffe Gottes? Wie verbirgt man Buckel und

244

runde Rücken, schiefe Schultern, dicke Bäuche und krumme Beine? Mein Großvater war Schneider, er wusste genau, wie das geht, weil er ein gnädiger Künstler war, der verbesserte, was sich verbessern ließ, und der, weil er alles sah, genau wusste, wie man das Auge betrügt. Diese Gabe war sein Gewinn und sein Fluch, denn er selbst saß den Illusionen nicht auf, sein eigenes Auge ließ sich nicht täuschen. (…)«

Am Ende inszeniert die Autorin sich selbst, indem sie vom Handwerk zum Schreibhandwerk übergeht: »Wenn man weiß, wie die Dinge beschaffen sind, hat man plötzlich Lust, sie neu einzukleiden, die Missgriffe Gottes zu korrigieren und schreibend ein bisschen den Schöpfer zu spielen. Für den Fall, dass mich Übermut dabei erfasst, fühle ich deutlich die Hand des Schneiders, der prüfend zwischen zwei Fingern den Stoff reibt.«

Hoppes Verbindung von Echthandwerk und Schreibhandwerk gibt vor allem Aufschluss darüber, wie wenig Unterschiede sie in ihrer Arbeit zwischen Sein, Schein und Bedeutung macht, zwischen Konkretem und Abstraktem, zwischen dem Tun und dem Sprechen darüber. Eine Haltung, die nicht folgenlos bleibt, was die Interpretation eines Werkes betrifft, das sich auf den ersten Blick scheinbar ganz der Metapher und dem Symbol verschrieben hat. Auf den zweiten Blick allerdings offenbart sich, dass wir es hier mit einem (zweifelhaften) Versuch der Rückgewinnung zu tun haben, mit dem Versuch nämlich, die literarische in die wirkliche und die wirkliche in die literarische Welt zu überführen, in anderen Worten, den Unterschied zwischen Leben und Literatur aufzulösen.

Ein Versuch, der genauso misslingt wie die immer wieder angestrebte Familienzusammenführung. Es scheint Hoppe schwerzufallen, sich damit abzufinden, dass die Welt aus verschiedenen Welten besteht und dass sich die »kleinen Missgriffe Gottes« nicht nach Belieben korrigieren lassen, wobei sie sich jederzeit, vermutlich ohne es selbst zu merken, durch ihr eigenes Werk korrigiert, in dem sich am Ende auch die rigorose Großmutter nicht durchsetzen kann, weil die Anziehungskraft des Lebens weit stärker ist als seine imaginierte Bedrohlichkeit: »Sie (die Großmutter/fh) schnitt uns die Haare nach eigener Art, mit stumpfer Schere kreuz und quer, wer wollte schon schön sein bei solchem Wetter. Sie verhängte die Fenster mit schweren Tüchern, wenn die Friseure vorbeizogen, und nagelte Bretter vor die Tür. Aber wir entwischten durch den Keller und hörten sie hinter uns keifen, als wir die Straße hinunterjagten.« Obwohl Hoppes literarische Großmutter weit besser als ihre Autorin und deren Großvater weiß, dass es das viel beschworene Happy Ending nur in Hoppes Libretti gibt, kann sie ihre Enkel beim besten Willen nicht davon abhalten, aufzubrechen und sich auf den Weg in ein anderes, unberechenbares Leben zu machen.

Und plötzlich tritt jene Stille ein, die Biographen bekanntlich seit jeher beunruhigt, weil sie so schlecht recherchierbar ist. Hier seht ihr mich (hier meint fh offenbar sich selbst/fh), aber wo steckt Felicitas? Vermutlich sitzt sie, nachdem Viktor endlich abgereist ist, immer noch im Frühstücksraum einer Pension mit Zweibettzimmer und Hafenblick und schmiedet leichtfertig Pläne, während es draußen ununterbrochen weiterschneit, womöglich für immer und wenn das nicht, dann wenigstens so lange, bis der Weg zum *Roten Krebs* unter einer dicken weißen Decke verschwindet, wie sowieso allmählich alles verschwindet, was draußen zu sehen gewesen wäre, weil alles, egal wie schwer oder leicht, längst im Begriff ist, in fallende Flocken verwandelt zu wer-

246

den, erst der Hafen, dann das *Red Crab Inn* mit Cater und Fox (eine hinkende Spur im Schnee, die schon zwei Zeilen später auch nicht mehr da ist), dann Brooklyn und die Stadt New York City und die ganze Welt mit Hameln und Brantford und Klępsk. Sogar Adelaide verschwindet und die Oper von Sydney, bis auch der letzte Taktstock erschöpft in den Schnee fällt und die ganze Musik für immer verstummt. Kein Pult mehr, keine Richter, kein Kommentar und kein Tadel. Nicht nur, dass nichts mehr zu sehen ist, es ist auch nichts mehr zu hören, nur irgendwo in der Ferne das leise Klingeln des letzten Pucks, den irgendein Blinder, nach einer kurzen und fast vollkommenen Pause, über das ferne kanadische Eis schiebt, bis auch der Puck verstummt, weil er für immer im Tor ist, das es nicht gibt, so wie es auch keinen Ton mehr gibt, es ist endlich für immer totenstill.

Still wie die Stille, von der nichts erzählt werden kann, weil es in ihr kein Draußen und Drinnen mehr gibt, sondern nur noch Felicitas. Und da sitzt sie also und schürt das Feuer und raucht die letzte Zigarette (die letzte aus dem Vorrat von Phyllis, danach wird die Schachtel für immer leer sein) und schmiedet Pläne, weil man, wie Phyllis immer zu sagen pflegte (und Lady Ayrton hat es bestätigt), weil man das Eisen schmieden muss, solange es heiß ist.

»Im Schmieden von Plänen«, erzählt Viktor Seppelt Jahre später, »war sie die Größte (lacht), sie konnte Stunden, manchmal ganze Tage damit zubringen, eine Idee an die nächste zu reihen. Sie schmiedete Pläne, wie sie Listen und Libretti schrieb, sie hatte einfach zu viele davon, konnte sich niemals entscheiden. Und weil sie sich nicht entscheiden konnte, tat sie am Ende irgendwas, das garantiert auf keiner der Listen stand. Sie war immer auf Überrumpelung aus, reine Gratwanderei, vollkommen unvorhersehbar, was sie als Nächstes tun würde. Anfangs dachte ich, sie führt mich an der Nase herum, will mich verwirren, foppen, was weiß ich. Bis ich drauf kam, dass sie mich gar nicht verwirren wollte, es geht ja gar nicht um mich, sie will ja bloß sich selbst überraschen, einfach blind in die Trommel greifen.

Sie zog Lebensprogramme, wie andere Karten legen oder Lose ziehen, ein Glücksspiel der besonderen Art, Lotto, sagte sie, ist für Kleingeister und Blöde, in Wahrheit geht es immer ums große Format. Keine Ahnung, was für ein Format sie meinte, Prahlhanserei wahrscheinlich. Kann auch sein, sie wollte einfach für Unordnung sorgen, damit die Schrift endlich aufhört, sich zu erfüllen, damit am Ende auf nichts mehr Verlass ist. Ständiger Richtungswechsel, überraschende Angriffe, manchmal schräg von der Seite, manchmal von hinten, dauernde Unberechenbarkeit. Das Einzige, worauf bei ihr wirklich Verlass war, waren ihre Ausreden, die waren immer dieselben, immer sagte sie: Was bleibt mir schon übrig, oder: Ich habe doch gar keine andere Wahl. Schöne Sätze aus dem Mund einer Frau, die selbstverständlich immer die Wahl hat, die große Qual der tausend Talente.«

Spricht hier ein Liebender oder womöglich doch nur ein verprellter Liebhaber? Hatte Hoppe, die ihre Protagonisten in der Regel auf weniger fröhliche als verzweifelte Wander- und Pilgerschaften und Expeditionen schickt, wirklich die Wahl? Ihre Geschichte *Die Handlanger (Picknick der Friseure)* spricht eine andere Sprache: »Kein Zweifel, mein Geliebter will nicht mehr Hand an mich legen, und es ist Zeit, dass ich mich nach neuen Handlangern umsehe.« Die Protagonistin taumelt von einer Zufallsbekanntschaft zur nächsten, um schließlich, nach diversen Zwischenstationen bei Gärtnern, Wirten und Kellnern, in den Armen des Diri-

248

genten eines Kurparkorchesters zu landen, »der abends gegen zehn den Taktstock aus der Hand legt, um die Leere meiner Rede durch entschlossenes Tun auszufüllen«. Der Versuch, leeres Gerede durch entschlossenes Tun zu ersetzen *(Durch Tun zum Tun)*, kennzeichnet Hoppes gesamte Prosa, macht ihre Protagonisten aber nicht glücklicher, deren Handlungen über weite Strecken in unkoordinierten Bemühungen steckenbleiben. Trotzdem geben sie nicht auf, sie laufen, rennen, reisen und stolpern weiter, getrieben von einem auf merkwürdige Weise unbestimmten Durchhaltewillen: »Hauptsache, wir kommen voran.«

Ob Hoppe selbst vorankam, lässt sich kaum sagen. Sicher ist einzig, dass sie die achtziger Jahre fast ausschließlich in den USA verbrachte, dabei ständig in Bewegung war (»flüchtiger als ein Säckchen Helium«) und, wie der Briefwechsel mit Viktor Seppelt belegt, sich ständig an anderen Orten aufhielt. Dabei war sie nachweislich nicht auf der Suche nach neuen »Handlangern«, sondern auf der unermüdlichen Suche nach ihrem verschwundenen Vater. Eine Suche, die sich »im Land der unbegrenzten Möglichkeiten« offenbar als schwierig und mühsam erweist: »Wie soll ich ihn jemals finden in diesem Sumpf unablässiger Möglichkeiten und Erfindungen? Was ist das überhaupt für ein Land, in dem es von Patentagenten nur so wimmelt, obwohl es gar keine Königin gibt, der sie dienen könnten, weshalb alle auf nichts anderes aus sind, als sich andauernd selbst zu krönen, so dass man förmlich umzingelt ist von lauter Selbsterfindern und Königen, von lauter Versuchen einer höchst privaten Regierung. Also muss ich mir, wenn ich vorankommen will, die Krone jeden Tag selbst aufsetzen. Aber wie krönt man richtig?«

Die Briefe an Viktor sind allerdings selten und abgesehen von Hoppes lebenslänglicher Nachlässigkeit, was Ortsangaben und Datierungen betrifft, so verspielt, anspielungsreich und verschlüsselt, dass sie kaum brauchbar sind, wenn es darum geht, ihre »große amerikanische Tournee« (Hoppe) faktisch zu rekonstruieren. Dafür sind sie, wo nicht glaubwürdig (und das sind sie so gut wie nie), immerhin abwechselnd gedankenschwer und amüsant. So schreibt Hoppe zum Beispiel (vermutlich) im Frühsommer 1984 einen Brief aus Chittenango (Upstate New York), in dem sie vorgibt, damit beschäftigt zu sein, als »Maskenverwalterin« und »Paradespezialistin« eine Choreographie für das dort alljährlich im Juni stattfindende große *Festival of OZ* vorzubereiten (Chittenango ist der Geburtsort Frank Baums, des Schöpfers von *The wonderful Wizzard of Oz/Der Zauberer von Oz*/fh): »Du hast es gut da hinten in Adelaide, wo Du im Warmen sitzt und diesen Ludwig Leichhardt in Gestalt eines gewissen Voss inszenierst, einen Mann, den es wirklich gegeben hat, während ich am anderen Ende der Welt im Gegensatz zu Dir damit beschäftigt bin, nichts als eine Fiktion zu verwalten, einen über die Maßen lächerlichen Zauberer, von dem man schon auf der ersten Seite weiß, dass er alles kann, bloß nicht zaubern, der also nichts ist als der Traum eines Traums, nichts als reine Erfindung, die sich aus den kümmerlichen Kornkammern von Parallelwelten speist, damit sich wieder und wieder erfüllt, was über den Zauberer von OZ geschrieben steht.

Aber tatsächlich (und ganz unter uns) kann es natürlich nichts Schlimmeres geben als ein Buch, das plötzlich Wirklichkeit wird, und umso schlimmer, wenn es das Einzige ist, was die ganze Gegend ernährt. In dieser kleinen traurigen Stadt, deren einziger Zauber in ihrem Namen liegt (ich habe

250

gerade damit begonnen, ein Libretto titels *Chittenango* zu schreiben!), in der es nicht mehr als eine verlorene Kirche und eine auf düstere Weise gradlinige Hauptstraße gibt, ist, seit man den *Zauberer* verfilmt hat (*The wonderful Wizzard of Oz* wurde 1939 mit Judy Garland in der Rolle der Dorothy verfilmt/fh), die Zeit schlicht und einfach stehengeblieben, denn mehr als einen Film gibt die Gegend nicht her, nichts und niemand mehr lebendig, alles halbtot, wie erstarrt unter Eis.«

Und sie fährt fort: »Nur einmal im Jahr, im Mai oder Juni, erhebt sich diese seltsame kleine Stadt wie ein schlechter Ableger von Atlantis, wie das letzte und hässlichste Dornröschen von allen erwacht sie plötzlich aus ihrem ewigen Tiefschlaf, ohne jemals wirklich geküsst worden zu sein, und wird auf verstörende Weise lebendig, indem sie all ihre Untoten einlädt: den Zauberer von OZ, die böse Hexe (*The wicked Witch*/fh) und all ihre Diener und Handlanger, die an einem kurzen traurigen Wochenende aus allen Himmelsrichtungen in die Stadt strömen, um wenigstens kurzfristig zu vergessen, dass man hier von nichts als von der Erinnerung lebt, von der Erinnerung an eine große Zeit, an einen Zauber, der schon damals nicht groß genug war, um ihre Bewohner aufzuwecken. Denn wären sie jemals lebendig gewesen, dann lebten sie heute noch, ganz wie im Märchen. Nur dass Chittenango kein Märchen ist, sondern bloß der Schatten des Märchens, kein Traum, sondern ein Albtraum, bevölkert von hungrigen Vampiren, für die dieses Land zu Recht so berühmt ist, weil sie sich schadlos an jenen halten, die von Natur aus die Kleinsten sind, an den Zwergen und Liliputanern, die auf immer dazu verdammt sind, mit der Nase unter der Gürtellinie derer zu leben, die ihnen Gastrecht gewähren.«

Mit den Zwergen und Liliputanern sind vermutlich nicht nur die Bewohner aus Frank Baums *Munchkin Land* und ihre entsprechenden Darsteller im Film gemeint, von denen die wenigen, die bis heute noch leben, alljährlich zur berühmten kostümierten Morgenparade nach Chittenango zurückkehren, sondern »insgesamt alle, die für dieses Leben, aus welchem Grund auch immer, einfach zu klein sind, weil sie niemals nach oben kommen. Sosehr sie sich recken und strecken, die Arme ausbreiten, die Zähne blecken, mit den Füßen treten, mit den Augen rollen und die Fäuste ballen, wie sie das Leben auch drehen und wenden, sie kommen einfach niemals nach oben, weil sie dafür nicht vorgesehen sind.

Falls irgendjemand hier (außer Phyllis, die immer im Bild ist) weiß, warum das so ist und woher all diese halbierten Glückskinder kommen, die der Rattenfänger nicht mitnehmen will (weshalb man sie nach Chittenango verbannt hat, wo sie bis heute auf ihre Erlösung warten) – falls also irgendjemand hier darüber Bescheid weiß, dann soll er jetzt, bitte sehr, sofort aufstehen und mir endlich erklären, nach welchem höheren Plan sich die Dinge ereignen, damit wir, die Regisseure und Gastdirigenten (untere Ränge auf Lebenszeit) endlich zur Ruhe kommen. Denn erst, wenn wir das begriffen haben, können wir endlich die Masken und Taktstöcke ablegen und die Kostüme für immer in den Schränken der Garderobe wegschließen, weil vielleicht dann endlich jene Stille eintritt, von der wir seit Jahren träumen.«

Hoppes Alltag in Chittenango dürfte von den hier nach typischer Hoppemanier mit großem Pathos aufgestapelten Sinnfragen allerdings weitgehend unberührt geblieben sein. Sowenig wir über ihren Aufenthalt in Upstate New York wissen, so sicher dürfen wir sein, dass Hoppes konkrete Arbeit vor Ort kaum jene langen melancholischen Schatten warf, die sie in ihrem Brief an Viktor Seppelt ausrollt, der, wie für Hoppes Schreiben insgesamt typisch, spätestens auf der dritten Seite vom hohen Pathos in die Beschreibung der fröhlichen Routine einer Maskenverwalterin übergeht, die an ihrer Arbeit offenbar großes Vergnügen hat und darüber hinaus jede Menge interessanter Bekanntschaften schließt. So berichtet Hoppe unter anderem von ihrer Begegnung mit zwei »bemerkenswerten Zwergen«, die sich, »glaub es mir oder nicht!, Mime und Alberich nennen und an denen Dr. Wagner (gemeint ist offenbar Mel Drugs/fh) sicher seine Freude hätte«.

Der Rest des Briefes besticht durch höchst unterhaltsame Ausführungen über den Alltag einer Paradespezialistin, die sich in diesem »großen Gewimmel von lauter selbsternannten Artisten, von denen die meisten, unter uns gesagt, über den Dreiviertelpurzelbaum selten hinauskommen«, vor Arbeit »kaum retten« kann und die neben Presseerklärungen und lästigen Telefondiensten nicht nur damit beschäftigt ist, die Paradetruppe entsprechend einzukleiden, zu schminken und zu frisieren, sondern auch alle Hände voll damit zu tun hat, eine Dokumentation über die Ereignisse zu erstellen.

Tatsächlich liegen dem Brief an Viktor, der insgesamt zwölf handschriftliche Seiten umfasst, eine Reihe von Fotografien bei, die Hoppes so nachlässige wie treffsichere Fähigkeit des Fotografierens demonstrieren. Als Fotografien zwar dilettantisch, spiegeln sie trotzdem höchst motivsicher Hoppes unbestechlichen Blick für den Moment wider. Sie war, ohne jeden ernsthaften Ehrgeiz, eine Meisterin des Schnappschusses. Besonders ein Foto, auf der Rückseite mit dem Vermerk »Mime bürstet Alberich« versehen, verdient besondere Aufmerksamkeit, weil es nicht zwei, sondern nur einen Zwerg zeigt (Mime?, Alberich?), der, mit einem Ausdruck groß gespielter Verzweiflung, vor einem Spiegel stehend, eine ungeordnete Mähne nach hinten zu kämmen versucht.

Es ist sicher kein Zufall, dass Hoppe ihren Brief, den sie übrigens, wie alle ihre Briefe an Viktor Seppelt, mit »Wicketoo« unterzeichnet, mit einem kleinen Exkurs über Frisuren und Spitznamen beendet, »denn hätte ich ihnen (Mime und Alberich, auch bekannt als die ›Schwestern Quast‹ (›The Quast Sisters‹), von denen nur die jüngere zwergwüchsig war, während die ältere ihr Leben mit dem sinnlosen Versuch verbrachte, diesen Streich der Natur wieder wettzumachen, wobei sie zweifellos den Kürzeren zog!/fh), an jenem Sonntag im Juni nicht entschieden jene neue Frisur und jene herrlichen neuen Namen gegeben, wüssten sie bis heute nicht, wer sie in Wahrheit sind. Schließlich sind es nicht unsere Geburtsnamen, diese so gut gemeinten und andauernd fehlleitenden Programme (das kann Felicitas, die das Glück im Namen trägt, nur an einen Freund schreiben, dessen Name Sieg bedeutet!/fh), sondern die Namen, die uns jene anderen geben, die lange nach unseren Eltern kommen und die auf ganz andere und neue Weise erkennen, wer wir wirklich sind, weil sie sich nicht mit ihrer Liebe den Blick verstellen oder weil sie uns auf eine Weise lieben, die längst andere, neue Namen erfordert, oder weil sie besser als andere wissen, wer wir wirklich sind und schon auf den ersten Blick erkennen, dass ich mehr Fly als Felicitas bin, mehr Sawchy als Fly, mehr Wicketoo als Sawchy und mehr Fleur als Wicketoo, und überhaupt mehr als alle Namen der Welt zusammen.«

»Sie war tatsächlich«, erzählt Viktor, »in Namen verliebt und taufte ungefragt alles, was keinen Namen hatte. Spitznamen waren ihre Spezialität, wobei sie ziemlich treffsicher war, hätte sie zeichnen können, sie wäre eine großartige Karikaturistin gewesen. Stieß sie auf Namen, die ihr nicht passten, taufte sie einfach um und neu, ganz nach Belieben, eine übermütige Schöpferlaune, der sie sich zügellos hingab. Einer muss es ja tun, sagte sie, einer muss sich ja schließlich die Mühe machen, die Menschen und ihre Namen zur Deckung zu bringen, weil die meisten Leute, sagte sie, bei Regen nun mal andere Namen tragen als bei Sonne, so wie du dienstags nicht ungestraft mit demselben Namen aus dem Haus gehen kannst wie sonntags, das versteht sich von selbst, genauso wenig, wie du im Mai als der herumlaufen kannst, der du noch im Januar glaubtest zu sein, das wäre, unter uns, doch komisch. Manchmal hielt sie unvermutet einen ganzen Strauß von Namen in die Luft: Zieh dir einen!, rief sie und war förmlich betrübt, dass ich nicht zog, weil ich ihrem Spielplan nicht folgen konnte, nicht weil ich nicht wollte, sondern weil sie einfach zu schnell war, zu beweglich, weil sie andauernd so mühelos zwischen den Welten hin- und hersprang, als gäbe es in Wirklichkeit nur eine einzige Welt, in der es auf nichts anderes ankäme, als Tage in Träume zu verwandeln und das Tagwerk in einen Tagtraum.

Und doch war das Ganze weit mehr als ein Spiel, weil es von einem eigentümlichen Ernst unterlegt war, jenem typischen Hoppeernst, der ihr ganzes Wesen auf unheimliche Weise grundierte und sie ihr Leben lang davon abhielt, sich, welches Spiel auch immer sie spielte, einfach unbeschwert zu vergnügen. Denn einmal, sagte sie, auch wenn keiner von uns weiß, wann, wird auch dieses Spiel ausgespielt sein, weil unvermutet jemand vorbeikommen wird, der dich bei deinem richtigen Namen nennt, den ich auch nicht kenne. Denn auf welchen Namen wir wirklich getauft sind, wer kann das schon wissen. Diesem und keinem anderen Ruf wirst du folgen, denn diesen Ruf vernimmt jeder, auch wer kein absolutes Gehör hat, weil dieser Ruf auf das reine A gestimmt ist, weshalb du sofort wissen wirst, dass du gemeint bist, nur du und sonst niemand, für immer und ewig. Aber das kann noch dauern, denn die meiste Zeit unseres Lebens, sagte sie, verbringen wir erstaunlicherweise damit, unter falschen Namen und Pässen zu reisen.

Aber da war nicht nur dieses Spiel mit den Namen. Da waren noch tausend andere Spiele, tausend Geheim- und Zeichensprachen, lauter heimliche Hinweise, lauter Zettel mit kleinen unentzifferbaren Botschaften, Felicitas' seltsame Art, überall, wo auch immer sie war und wo immer sie hinging, winzige Spuren zu hinterlassen. Überall legte sie diese Spuren aus, obwohl man nie genau wusste, ob es absichtlich oder unabsichtlich geschah, was vermutlich Teil des ganzen Systems war, auch wenn sie nicht müde wurde zu behaupten, es gäbe kein System, nichts sei ihr fremder als Systeme. So wie es auch keinen Schlüssel zur Welt gibt, sagte sie, weil die Türen zur Welt jederzeit offen stehen, nur dass das komischerweise keiner merkt. Alle sind andauernd auf der Suche nach einem Schlüssel, den sie selbst in der Hand haben, wie jemand, der eine Brille sucht, die er längst auf der Nase hat. Hätten wir das begriffen, wäre alles ganz leicht, weil wir dann auch begriffen hätten, dass wir es sind und sonst niemand, die bestimmen, ob Sonntag ist oder Donnerstag, ob die Sonne untergeht oder aufgeht und neben wem wir aufwachen wollen, wenn die Reise zu Ende ist.«

Aber sosehr Hoppe sich auch bemüht, sich in Leben wie Werk immer wieder als Spielerin außerhalb aller Ordnungen und als ständige Umwandlerin des Lebens in einen neuen Entwurf zu präsentieren, und damit den Versuch unternimmt, als eine vom wirklichen Leben abgetrennte und isolierte Erscheinung auf die Bühne zu treten, so deutlich tritt sie uns zugleich in dem von ihr selbst stilisierten Bild jener Mutter aus *Die Sommerverbrecher* entgegen, deren »Tüchtigkeit keine Jahreszeiten kannte«. Sie hatte nämlich das überaus seltene Talent, ihr klares Bewusstsein vom falschen Leben wenigstens kurzfristig immer wieder mit den Notwendigkeiten des praktischen Lebens in Einklang zu bringen, was sie nicht selten größte Anstrengung gekostet haben dürfte, war sie doch ihrer Umwelt gegenüber dabei auf zahlreiche Täuschungsmanöver angewiesen, die kaschieren sollten, wie wenig sie sich in diesem Alltag zu Hause fühlte.

An fast jeder Stelle ihres Werkes wird deutlich, wie wenig Hoppe das Konzept des Alltags insgesamt mochte, wie sehr ihr Routinen und Wiederholungen verhasst waren. Und trotzdem dürfte ihr gerade die Bewältigung jenes Alltags und jener Routinen, mit Hilfe welcher Täuschungsmanöver auch immer, eine gewisse Lust und Befriedigung verschafft haben. Sie war nämlich, nicht nur was ihre physische Erscheinung betraf, weit weniger luftig, als sie vorgab zu sein, auf verblüffende Weise praktisch und bodenständig, in anderen Worten höchst alltagstauglich und hatte, was nicht zuletzt ihrem Hang zu andauernden Provokationen geschuldet sein mag, jenseits aller Traumtänzerei, gelegentlich einen starken Hang zur Vereinfachung, was nicht selten mit einer starken Neigung zur Selbstverleugnung einherging.

Auf der unermüdlichen Suche nach der ultimativen Geschäftsidee dürfte Hoppe jedenfalls nicht nur in Chittenango mehr als einmal die Ärmel hochgekrempelt haben. Schon auf dem Hahndorfer Schützenfest war sie bekannt dafür, dass sie nicht nur »für drei schaffte« (so der Besitzer von *Otto's*), sondern auch ganze Nächte durcharbeiten konnte, mit weniger als fünf Stunden Schlaf auskam und am nächsten Morgen trotzdem »wie frisch gebügelt« (Otto) wieder zur Arbeit antrat. »Eine Art Napoleonsyndrom«, wie Viktor Seppelt es nennt, der sich außerdem daran erinnert, dass Felicitas »manchmal auf geradezu unangenehme Weise pünktlich und zuverlässig war. Unangenehm vor allem deshalb, weil sie damit alle anderen beschämte, die weniger pünktlich und zuverlässig waren. Bei aller Großzügigkeit ging von ihr, aus einem merkwürdig moralischen Überschuss heraus, eine sozusagen passive Strenge aus, deren sie sich selbst nicht bewusst war.

Ich kann mich jedenfalls nicht daran erinnern, dass sie sich auch nur ein einziges Mal darüber beschwert hätte, wenn jemand, bei den Proben beispielsweise, zu spät kam. Sie war unmenschlich geduldig, auf schreckliche Weise nachsichtig und entgegenkommend, Diplomatie ist gar kein Ausdruck dafür. Eine Eigenschaft, die paradoxerweise genau das Gegenteil von dem bewirkte, was sie bewirken sollte – man hatte bloß ein doppelt schlechtes Gewissen, erstens, weil ihre Überpünktlichkeit den Tatbestand der eigenen Verspätung unangenehm vergrößerte, und zweitens, weil sie sich niemals beschwerte. In anderen Worten: Sie ging immer mit gutem Beispiel voran, wobei die Betonung auf voran liegt, sie ging voran, wir anderen rannten hinterher, was nicht nur jede Form tröstlicher Kumpanei vollkommen unmöglich machte, sondern auch jede Form von Auseinandersetzung verhinderte. Es war so gut wie unmöglich, sich mit ihr zu streiten, sie hasste Streit und Konflikte und zog es jederzeit vor, auszuweichen. Alles machte sie mit sich selber aus.«

Viktors Ausführungen erinnern uns an das bereits von Bamie Boots beobachtete Phänomen vom unfreiwilligen Spielverderbertum, durch das Hoppe sich bereits auf dem Eis auszeichnete. Versuchen wir, die verschiedenen Aussagen wie Einzelteile zu einem Großen und Ganzen zusammenzusetzen, ergibt sich, bei aller scheinbaren Kompliziertheit, ein klares Bild, das eine Person zeigt, die nur auf den ersten Blick mit allem gesegnet ist, was eine erfolgreiche Laufbahn ermöglichen könnte. In Wahrheit nämlich trifft jedes einzelne Hoppetalent auf ein so quälendes wie kontraproduktives Gegentalent, eine seltsame körper- oder geistes-eigene Gegenbewegung, nie gegen andere, sondern immer gegen sich selbst gerichtet, was dazu führt, dass Hoppe sich in allem, was sie tut, gleichzeitig ausbremst und den Wind aus den eigenen Segeln nimmt, als erschrecke sie vor ihren eigenen Möglichkeiten. So kommt es, dass sie sich permanent, selbst auf einer noch so geraden Strecke, wie auf einem Hindernisrennen gebärdet, dessen Hindernisse ihr niemand als sie selbst in den Weg gestellt hat. So wie jeder einmal gedachte Gedanke durch einen zweiten flankiert werden muss, der den ersten erbarmungslos kommentiert und konterkariert: »Könnte nicht alles ganz anders sein?«

Es kommt nicht von ungefähr, dass die spätere Autorin nur scheinbar im Scherz und mit jener für sie so typischen Überheblichkeit immer wieder behauptet hat, sie selbst sei ihre »beste und schärfste Kritikerin«, niemand könne »so gute Verrisse« über Hoppe schreiben wie Hoppe. Es sind jene bereits weiter oben von Tracy Norman erwähnten Scheinangriffe, gegen die Hoppe sich jederzeit verteidigt, obwohl sie (noch) gar nicht stattgefunden haben, ein quälender Zustand andauernder Wachheit, der keine Ruhe kennt, weshalb es nicht überrascht, dass eines der Lieblingsthemen Hoppes jene »große Stille« ist, die niemals eintreten kann.

Ein Charakterzug mit weitreichenden Folgen. Die »Spätzünderin« Hoppe, als die die Autorin sich immer wieder selbst bezeichnet hat, ist selbstverständlich keine Spätzünderin, sondern, wie schon allein ihr überbordendes improvisatorisches Talent beweist, eine Schnellzünderin, die einzig deshalb für alles »so endlos lange« braucht, weil sie, was immer sie zwischen die Finger, vor die Augen oder in den Kopf bekommt, so lange dreht und wendet, dass die Vorwärtsbewegung sich erheblich verlangsamt, gelegentlich sogar wie Stillstand anmutet. Von Stillstand kann allerdings keine Rede sein, vielmehr handelt es sich um einen Zustand gesteigerter Geschwindigkeit, einem sich rasant drehenden Kreisel gleich, dessen Bewegung wir gar nicht mehr wahrnehmen können, weshalb er uns regungslos erscheint. Ein Bild, in das Hoppe sicher nicht zufällig verliebt war: »Wo faktische Bewegung und optischer Stillstand in eins fallen«, schreibt sie in ihrem Aufsatz *Der Kreisel* (2011), ist das Ziel erreicht, erst dann herrscht reinste und schönste Geistesgegenwart, und wir sind kurzfristig ewig.«

Ist dieses Prinzip erst einmal begriffen, lesen sich Hoppes Texte anders und neu. Die rhetorische Gegenbewegung, von der sie getragen werden, jener immer wiederkehrende Gestus des Abbiegens, Entwischens, Verschwindens und Abbremsens, ist weit mehr als ein Spiel und mehr als die Freude an »übertrieben schrägen Paradoxa« (Strat). Er erscheint, weit ernsthafter, als die einzige Möglichkeit der Wahrheitsfindung und der Erkenntnis der Realität und hat nichts mit dem immer wieder auftauchenden Vorwurf zu tun, die Autorin drehe sich »fröhlich im Kreis« (Rost) und habe »an nichts mehr Freude als daran, ihre Leser zu verwirren«.

Es ist also kein Wunder, dass aus Felicitas, all ihrer Tüchtigkeit, all ihren Begabungen und ihrer bemerkenswerten Konstitution zum Trotz »entschieden nichts werden kann«, schreibt viele Jahre später und nach wie vor mit einem Unterton großer Zuneigung und tiefen Bedauerns zugleich, Quentin Blyton in *Growing up in Adelaide*. »Für eine Geschäftsfrau ist sie schlicht und einfach zu wenig ins Geld und zu sehr in ihre Ideen verliebt, für eine Wissenschaftlerin ist sie zu maßlos und grenzenlos, für eine Ehefrau zu ehrlich und zu wenig fürsorglich, für eine Geliebte zu aufrichtig und zu wenig leichtfertig, für Freundschaften eindeutig zu wenig parteiisch. Bleibt nur die Künstlerin. Aber für eine Künstlerin ist sie, bei allem Talent und aller Ausdauer, allzu sehr, nämlich bis zur peinlichen Selbstzerstörung, in ihre eigenen Zweifel verliebt, woraus weder ein Werk noch jemals ein persönliches Glück wachsen kann.«

»Ich bin nicht glücklich und habe nicht die Absicht, es zu werden«, schreibt Hoppe in ihrer Geschichte *Leben und Werk* (*Picknick der Friseure*). Ein Text, in dem es gleichfalls um Tüchtigkeit, Ausdauer und Pflichterfüllung geht, die allesamt keinen Raum lassen für jene »schlecht rasierten Liebhaber«, die ihr im selben Text abends vor einem nicht näher bestimmten Museum auflauern und darauf warten, dass sie sich ihnen, spätestens nach Feierabend, in die Arme wirft. Hoppe hatte erwiesenermaßen, bei aller Hingabe an die Sache, um welche Sache auch immer es ging, insgesamt wenig Talent dafür, sich irgendjemandem in die Arme zu werfen. Dafür verfügte sie, im Gegenzug, über das große

Talent der Anverwandlung. In der Regel wusste sie, mit wem sie es zu tun hatte, und versuchte, ihrem Gerechtigkeitssinn folgend, ihrem Gegenüber jederzeit Genüge zu tun, was ihr vermutlich nicht immer leichtfiel, vor allem dann nicht, wenn sich die Wünsche des jeweiligen Gegenübers nicht mit den eigenen in Einklang bringen ließen, was meistens der Fall war.

Ein Defizit, das als künstlerische Unabhängigkeit und Eigenwilligkeit zu überhöhen oder ganz einfach pragmatisch umzumünzen ihr niemals gelang, was ein weiterer Grund dafür ist, dass aus ihr nie eine erfolgreiche Geschäftsperson wurde. Anstatt aus ihrer Kompromisslosigkeit Kapital zu schlagen, schämte sie sich, wenn sie Aufträge aus blanker Ehrlichkeit ausschlug, weil sie sich ihnen, in der Mehrheit der Fälle, nicht gewachsen fühlte. Dass ihr Draufgängertum bisweilen nichts als verzweifelte Pose war, haben wir bereits oben gezeigt, auch wenn sie in ihren wenigen Briefen an Viktor nicht müde wird zu behaupten, sie könne sich »vor Aufträgen kaum retten«. So habe man ihr zum Beispiel, nach ihrer erfolgreichen Tätigkeit in Chittenangos Maske, angetragen, eine Biographie über Frank Baum zu schreiben, »ein Angebot, das nicht nur gutdotiert, sondern auch höchst verführerisch ist und dem ich nur deshalb nicht nachgehen kann, weil ich seit meiner Ankunft in diesem Land vollauf damit beschäftigt bin, endlich zu tun, was ich schon immer tun wollte, nämlich in aller Ruhe eine Biographie über Karl zu schreiben« (*Buch K*/fh). Allerdings gibt es nicht den geringsten Anhaltspunkt dafür, dass jemals ein solches Angebot an Hoppe ergangen wäre.

Der nächste an Viktor adressierte Brief, abgestempelt im Oktober in Dixville Notch (New Hampshire), enthält den höchst zweifelhaften Bericht über eine Tätigkeit als »Wahlhelferin«, bei der, schreibt Hoppe, »mir meine Erfahrungen als Parade- und Maskenspezialistin in jeder Hinsicht zugutekommen«. Dass die durch und durch unpolitische Hoppe sich im US-amerikanischen Wahlkampf 1984 (mit dem Ergebnis der Wiederwahl des Präsidenten Ronald Reagan / fh) in politischen Angelegenheiten eines ihr überdies vollkommen fremden Landes engagiert haben sollte, und sei es auch nur als parteilose Kostümbildnerin, erscheint noch um Längen abwegiger als die Idee, eine Biographie über Frank Baum zu verfassen, und ist in erster Linie vermutlich eine genauso schlechte Erfindung wie ihr Bericht über die Gründung einer *Agentur für Alles* mit dem schönen Namen *Pied Piper & Partners* (*Rattenfänger & Partner*).

Zwar trägt der Brief an Viktor im Briefkopf tatsächlich einen flötespielenden Rattenfänger (gefolgt von drei tanzenden Ratten, die kleine Kronen tragen!), eine Adresse weist er allerdings nicht auf. Der Text hingegen ist aufschlussreich: »Alle«, schreibt Felicitas, »wollen mich haben, allen voran Politiker und Künstler natürlich, was sich vermutlich der Tatsache verdankt, dass man in diesem Land immer alles in einer Person ist: Politiker, Schauspieler, Erfinder, in anderen Worten, Ratte und König in einem. Hat man das erst einmal begriffen, wird man auf Jahre hin nicht mehr arbeitslos sein.«

Es ist der erste und letzte Brief, der den Rattenfänger und seine drei gekrönten Ratten im Briefkopf trägt, dem kurz darauf eine großformatige Postkarte folgt, die die Niagarafälle (amerikanische Seite) zeigt und in den für Hoppe so typisch ausladenden Schriftzügen weit über die Ränder hinaus den folgenden Text trägt: »Lieber Viktor, endlich weiß ich, wie ein Wasserfall redet. Das Schauspiel ist imposant. Gruß an Mel. Best, Wicketoo.« Mit selber Post gehen sieben weitere Karten ab: Eine an Wayne (»Dear 99, bin bei Euch um die Ecke und grüße herzlich, Fly«), eine an Phyllis (»Der Wasserfall macht das Rauchen unmöglich!«), eine an Joey (»Auch wenn Du das hier nicht lesen kannst: Grüße an Wicket von Wicketoo«), eine an Lady Ayrton (»Grant's Children grüßen, F.«), eine an Quentin (»Ein Wasserfall wie eine Orgel! Best, F.«), eine nach Hameln (»Alle Ratten ertrunken!«) und, überraschend genug, eine Karte an Maria Siedlatzek (»Wo auch immer Du steckst, ich werde Dich finden!«)

In ihrem nächsten und vorerst letzten Brief an Viktor dagegen, abgeschickt Ende November aus Hannibal (Missouri), wo der Schriftsteller Mark Twain seine Kindheit verbrachte, ist vom *Pied Piper* nicht mehr die Rede, stattdessen legt Hoppe ausführlich ihre Idee dar, sich einen langgehegten Traum zu erfüllen und endlich ein Musical über Tom Sawyer (*The Singing Fence/Der fröhliche Anstreicher*) zu schreiben, selbstverständlich nach einem von ihr selbst verfassten Libretto, »das schon seit Jahren vor meinem geistigen Auge steht. Jetzt, da ich Toms Zaun endlich mit eigenen Augen und zum Anfassen nah vor mir sehe, nimmt die Sache deutlich Gestalt an, und ich bin mir sicher, dass man selbst hier, in der musikalischen Wüste, eines Tages begreifen wird, dass Zäune mehr als nur Zäune sind und dass man sie sogar aufführen kann, sofern man weiß, wie musikalisches Anstreichen geht.« Auf Viktors ironische Nachfrage (die sich nur aus Hoppes Briefen erschließen lässt, da Felicitas seine Antwortbriefe nicht aufhob), ob sie wirklich wisse, »wie man Zaunfarbe in Musik setzt«, antwortet sie, sie verfüge zwar nicht über den berühmten Schein aus Mels Dirigentenklasse, immerhin aber über ein Vordiplom in Klavier und Komposition, das »mich seit

Monaten redlich ernährt und mit dem ich mich in diesem Land patenter Agenten jederzeit über Wasser halten kann«.

Und doch spricht aus jeder Zeile ihrer Briefe neben radikaler Selbstbehauptung vor allem leise Verzweiflung, das klare Wissen darum, dass sie aus reinem Trotz unterwegs ist und »dass aus mir niemals mehr werden kann als ein Gastdirigent. Für alles andere, das wusste schon Quentin, fehlen mir einfach Fleiß und Geduld, ein Orchestererzieher, wie du es bist, wird aus mir nie werden. Man wird mich immer und einzig dafür lieben, dass ich nur auf der Durchreise bin und dass ich, nachdem wir Spaß gehabt haben, meinen Rucksack nehme und wieder verschwinde, der einzige Grund, warum Gastdirigenten weltweit so beliebt sind.«

Hoppe weiß, schmerzlich genug, sehr genau, dass sie im ständigen Unterwegssein vollkommen allein ist, »so allein, dass ich mich«, wie sie übrigens nicht ohne Stolz bemerkt, »gezwungen sehe, demnächst wohl doch noch einen Führerschein zu machen, weil mich die Grauen Hunde (gemeint sind vermutlich die US-amerikanischen Greyhound Busse / fh) unendlich ermüden, immer trifft man auf Leute, die man lieber nicht treffen möchte, ständig schläft man an der falschen Schulter ein«.

Sie, die ihr Leben lang »eine so begeisterte wie höchst talentierte Beifahrerin war, die sich niemals beschwerte, weil sie selbst eine miserable Autofahrerin war« (Viktor Seppelt), hat allerdings nachweislich nie einen amerikanischen Führerschein besessen, sondern lediglich eine im Spätsommer 1984 erworbene »Driving Permit« (ausgestellt vom *Motor Vehicle Department* in Topeka / Kansas), die das Fahren nur in Begleitung eines Mitfahrers mit vollgültigem Führerschein vorsieht. In wessen Begleitung sie unterwegs war, wissen wir nicht, und dass sie Hannibal wirklich einen Besuch abgestattet hat, lässt sich einzig durch einen auf den 24. 11. 1984 datierten Eintrag im Gästebuch des *Mark Twain Home* nachweisen, das Hoppe mit dem interpretationsbedürftigen Vermerk versieht: »Thanks for learning a lesson.« (»Wieder mal was dazugelernt.«) Welche Lektion sie in Hannibal gelernt hat, lässt der Eintrag ebenso offen wie die Antwort auf die Frage, ob *The Singing Fence* jemals musikalische Wirklichkeit wurde, und, was weit schwerer wiegt, die Antwort auf die Frage, in wessen Begleitung Hoppe ihren Weg von Osten nach Westen tatsächlich zurückgelegt hat.

Am Vorabend des 22. 12. 1984 erreicht Felicitas, in welchem Kostüm und in wessen Begleitung auch immer, »die schönste und prächtigste Stadt der Welt, etwas Schöneres habe ich nie gesehen. Denn für den, der auf eigene Faust und ohne Wasser und Brot, ohne körperlichen und geistigen Beistand (also ohne jede menschliche Seele) das Tal der Toten (gemeint ist vermutlich *Death Valley* / fh) durchquert hat, kann es nichts Schöneres und Größeres geben als das, was sich hier plötzlich vor meinen Augen auftut: ein unendliches Meer aus Lichtern und Glanz unter einem überhitzten Himmel über schnurgeraden Straßen, wie geschaffen für die größten Paraden der Welt, gesäumt von Cäsarenpalästen mit Marmortreppen, die unmittelbar in den Himmel führen, flankiert von herrlichen Säulen, auf denen riesige Vögel sitzen, deren Lieder mehr sind als bloßer Gesang, eher ein machtvolles Schmettern, als hätte man alles, was auf der Welt singt oder pfeift oder Musik machen kann, auf einen großen ewigen Dienst verpflichtet.

Denn natürlich dürfen sie niemals ruhen, diese Vögel, auch nicht die Sterne, sie dürfen einfach nie untergehen, noch im Zustand der allergrößten Erschöpfung müssen sie leuchten. Genau wie die Seen, auf denen unsterbliche Schwäne schwimmen, während die staunenden Gäste nicht müde werden, sie mit Nüssen und Keksen zu bewerfen, obwohl sie eigentlich wissen sollten, dass man Schönheit nicht satt machen kann. Weil hier die Schönheit nicht ruht, sondern hungrig und gierig, genau wie wir selbst, ständig auf Bewunderung aus ist, weshalb die Besucher aus dem Staunen nicht herauskommen und immer wieder von vorne rufen: Was für eine Stadt!

Ja, was für eine Stadt, die weit mehr ist als eine Stadt, weil sie ein ganzes Land sein will, um nicht zu sagen, die ganze Welt, mit allem, was die Welt so zu bieten hat: eine Explosion in der Wüste, lauter Atome aus Schönheit und Glück, so dass man einfach nicht anders kann, als kurzfristig die Augen zu schließen und die Hände über die Ohren zu legen, weil so viel Schönheit unerträglich ist. Wie die Sehnsucht nach dem ewigen Feuerwerk, das rund um die Uhr in die Höhe steigt und nur nach unten fällt, um gleich wieder aufzusteigen. Etwas Großartigeres habe ich nie gesehen, auch nicht in Brantford und schon gar nicht in Hameln, wo der Marktplatz erfahrungsgemäß viel zu klein ist für das, was ein echtes Feuerwerk wäre. Dort ist ja kaum Platz für den Rattenfänger und für den endlosen Zug all dieser Kinder und Ratten, die ein für alle Mal mitgehen wollen, um endlich das Gelobte Land zu sehen.

Denn nur hier und sonst nirgends ist Platz für alle, Platz für jeden, egal, ob arm oder reich. Weshalb es mich nicht weiter wundern würde, wenn jetzt plötzlich die Könige kämen, nicht bloß drei, sondern mindestens hundert, fünfzig davon auf schneeweißen Kamelen, die anderen fünfzig auf Pferden aus Gold, die Kamele und Pferde von Ratten geführt, die silberne Rüstungen und zierliche Waffen tragen und ihren Dienst mit großer Würde versehen, auch wenn den Zuschauern kaum entgehen wird, dass sie über die Maßen erschöpft sind.

Erschöpft bin ich übrigens auch. Und das ist kein Wunder, weil ich erst über das kanadische Eis wandern musste, um endlich hier in der Wüste zu landen. Und hätte Phyllis nicht ununterbrochen und unerbittlich auf ihrer Flöte gespielt, hätte ich sicher längst aufgegeben. Aber ich habe natürlich nicht aufgegeben, sondern bin einfach weitergegangen, Fuß vor Fuß: von Breslau nach Hameln, von Hameln nach Brantford, von Brantford nach Adelaide, von Adelaide nach Hahndorf, von Hahndorf nach Klępsk und von Klępsk bis ins Tal von Barossa (Barossa Valley / fh), wo ich, vermutlich weil ich dort eindeutig etwas zu viel trank, kurzfristig erlahmte, bevor ich mich wieder aufgerafft habe. Um dann von Barossa Valley nach Sydney zu gehen und von Sydney nach New York und von New York über Chittenango und Hannibal bis nach Dixville Notch. Und von dort aus weiter zum Wasserfall, wo ich plötzlich einen Anfall von Heimweh hatte, weshalb ich plötzlich wieder anfing, Postkarten zu schreiben. Aber Phyllis blieb unbestechlich, denn sie hatte den großen Plan (den ich natürlich nicht kannte) und rief mich immer wieder zur Ordnung und führte mich (mit dem für sie typischen warnenden Seitenblick) vorbei an Toms Zaun und von dort aus immer weiter nach Westen. Das war, was auf den ersten Blick gar nicht so aussieht, vermutlich der längste Weg, den ich je zurückgelegt habe, weil man, trotz guter Beschilderung, in diesem Land nicht selten vom Weg abkommt.

Aber Phyllis wusste es besser. Sie wusste genau, wohin sie mich führte, in das erste wahre Imperium, in ein Land für alle, die davon träumen, nicht bloß König, sondern Kaiser zu werden. Weil in diesem Land jeder ein Kaiser sein kann, selbst Ratten könnten hier Kaiser werden, gesetzt den Fall, sie sind fleißig, gesund und klug genug, auf dem Weg durch die Wüste den langen Atem nicht zu verlieren. Und wenn ich sie jetzt so marschieren sehe, die lange Hauptstraße von Las Vegas herauf, muss ich gestehen, dass Phyllis, wie immer, recht gehabt hat, es hat sich wirklich gelohnt, weshalb mir jetzt gleich die Tränen kommen, denn, um ehrlich zu sein, ich hab's nicht geglaubt. Aber jetzt bin ich da.

SEID IHR ALLE DA? Ja, natürlich, wir sind alle da, nicht nur die Könige auf ihren Kamelen und Pferden, sondern auch die anderen und etwas kleineren Könige, die einfach den Bus genommen haben, direkt in die Spielhölle, ins Fegefeuer der großen Saloons. Was kein Märchen ist. Wir sind nämlich wirklich alle da und so laut und geschäftig, dass man uns nicht übersehen kann, selbst dann nicht, wenn man sich einbildet, der Palast, die Säulen, die Flamingos und Schwäne seien nichts als Erfindung, nichts als die letzte Fata Morgana, die man aus der Wüste mitgebracht hat, die große Hoffnung auf die ehrlichste Täuschung von allen, die keine Täuschung, sondern die Wahrheit ist. Denn hier in Las Vegas, nirgends sonst auf der Welt wird die Schrift sich erfüllen, weil diese prächtige Stadt mir endlich verrät, dass Cater und Fox nicht erfunden sind, dass ich sie mir nicht eingebildet habe, sondern dass es das schöne Land Dummenfang (vgl. hierzu *Pinocchio*/fh) wirklich gibt.

Denn hier spielt man von morgens bis abends, vom Aufgang der Sonne bis zum Untergang, von Januar bis Dezember, für immer und ewig. Und ich spiele mit, endlich habe ich meine Bestimmung gefunden, weil hier alles von mir abfallen wird, was mich, seit ich auf Reisen bin, auf lästige Weise bedrückt. Wie auch immer man es wendet und dreht, es gibt nichts Schöneres auf der Welt als eine Stadt, die jedem Zutritt gewährt, gleich wie er aussieht, Kaiser oder Bettler, jung oder alt, schön oder hässlich, nackt oder bekleidet, rasiert oder unrasiert, gewaschen oder zum Himmel stinkend, taub oder blind oder stumm oder lahm. Solange er Geld in der Tasche hat (und falls ohne Tasche, weil das letzte Hemd keine Taschen hat, in der hohlen Faust), wird man ihn überall fröhlich empfangen und ihm überall freundlich Zutritt gewähren zu den Palästen des großen Glücks, in denen einzig das Glück entscheidet, woher wir kommen und wer wir sind und wohin wir in Zukunft unterwegs sein werden.« (Aus: *Catchafool/Das süße Land Dummenfang*, erschienen im *New Yorker* im Februar 1985.)

Am Morgen ihres vierundzwanzigsten Geburtstages erwacht Felicitas, neben wem auch immer, in einem Doppelzimmer mit Wüstenblick im Motel *Zum einarmigen Banditen* und ergänzt obenstehenden Text durch folgenden (später von der Redaktion gestrichenen) Eintrag: »Meine erste Nacht in Las Vegas verbrachte ich im *Pink Flamingo* (was sich nicht verifizieren lässt/fh) neben einem zahnlosen alten Mann, der, barfüßig und in kurzen Hosen, mit dem Blick eines seit Jahren erfolglosen Jägers, eine bedrückende Mischung aus Erfolglosigkeit und Besessenheit, den Arm der Maschine immer wieder verzweifelt nach unten drückte, woraus sich jenes monotone Geräusch ergab, mit dem die Münzen in einen Behälter fallen, aus dem sich nichts zu-

270

rückholen lässt, kein Gewinn, keine Hoffnung. Aber obwohl längst alles verloren ist, spielt er weiter, indem er
unablässig Münzen aus seiner hohlen Hand holt, die er mit
Nachsicht und Gleichmut immer wieder durch denselben
Schlitz fallen lässt, während zur selben Zeit im hinteren Teil
des Raums an langen, mit festem grünen Filz eingedeckten
Tischen lauter Leute saßen, die etwas mehr in die Waagschale warfen als der zahnlose Alte und ich. Sie trugen elegantes
Schuhwerk, von Reise und Wüstensand keine Spur, und
wurden flankiert von Getränken und Croupiers, die mit
reglosen ernsten Gesichtern Karten mischten, Geldscheine
einharkten und nebenbei in einem silbernen Kessel, der über
einem kleinen Tischfeuer hing, unablässig frische Roulette-
kugeln gossen, während Kellner in langen Fräcken jederzeit
nachschenkten, mit so großzügigen und fahrlässigen Gesten, als hätte die Nacht kein Ende.

Die Nacht hatte tatsächlich kein Ende. Als ich mich
irgendwann erhob, um auf die Toilette zu gehen und mir das
Gesicht und meine schweißnassen Hände zu waschen, erkannte ich im Vorübergehen an einem der hinteren Tische,
hinter einer mit einem breiten pinkfarbenen Rand versehe-
nen Blindenbrille, Fox, der neben dem Gießen der Kugeln
vor allem damit beschäftigt war, das zierliche Glücksrad
unablässig in Schwung zu halten, während Cater, der einen
auffallend engen Anzug mit lächerlich großen versilberten
Knöpfen trug, kleine Schalen, gefüllt mit Oliven und Nüssen, zwischen die Spieler stellte, mit einer Wendigkeit, die
sogar ihn selbst, wenigstens für Momente, vergessen ließ,
dass er nach wie vor hinkte. Wir erkannten uns auf den
ersten Blick und gaben dem beide freundlich Ausdruck,
indem er die behandschuhte Rechte, flüchtiger Schatten
eines Saluts, knapp über der Augenbraue an die Stirn legte,

während ich die kleine weiße Dame aus meiner Tasche zog und für den Bruchteil einer Sekunde in die Höhe hielt, die ich seit unserem letzten Spiel im *Red Crab Inn* wie eine kleine Madonna bei mir trage und von der ich mich so lange nicht trennen werde, bis ich endlich meinen Vater gefunden habe, der mich die Regeln des Schachspiels gelehrt hat und dass man Verträge nicht leichtfertig unterzeichnen soll.

Weshalb es nicht weiter verwunderlich ist, dass der Mann, der mir im Vorübergehen den Rücken zuwandte (ich erkannte seinen Rücken sofort!), mein Vater (wer sonst?) war, der an diesem Abend wahrscheinlich zum ersten (und letzten) Mal in seinem Leben im *Pink Flamingo* zwischen Lucy Bell und meiner Mutter saß, Lucy links, meine Mutter rechts, die, schöner denn je und für alle gut sichtbar, eine kleine silberne Stimmgabel in die Höhe hielt und dabei übertrieben laut lachte. Als ich ein paar Minuten später von der Toilette zurückkam, war die Erscheinung verschwunden, auch Cater und Fox waren verschwunden. An ihre Stelle waren zwei Kellner getreten, die in erster Linie damit beschäftigt waren, betrunkene Gäste zur Tür zu begleiten. Nur der zahnlose Alte war noch da und flüsterte, weniger mir als sich selbst, die immer selbe Frage zu: Was möchtest du lieber? Im Eis erfrieren oder in der Wüste verdursten?

In jener Nacht tat ich kein Auge zu, weil ich genau wusste, dass der *New Yorker* mir die nächtliche Erscheinung streichen wird, wie mir immer und überall auf der Welt die Redakteure alles streichen, was wahr ist, mit anderen Worten, sie streichen mir alles, was mir am Herzen liegt, nicht nur meine Eltern, sondern auch Cater und Fox und Lucy Bell. Und natürlich auch Tony Tonell, der erst lange nach

272

meinen Eltern das *Pink Flamingo* betrat, nicht um zu spielen, sondern um, wie jede Nacht, kurz vor dem Morgen möglichst unauffällig die verstimmten Telefone des Hauses wieder zurück auf ein reines A zu bringen.

Er kam übrigens nicht allein, sondern zusammen mit Madame und Monsieur Paganel, die, sichtbar gealtert, für den Rest des Abends damit beschäftigt waren, von einem Tisch zum nächsten zu wandern und den Spielern dabei zuzusehen, wie sie gewannen oder verloren, wobei Monsieur Paganel nicht müde wurde, seiner Frau zu erklären, wie schön es sei, wenn man nur Zuschauer ist. Die Zuschauer seien nämlich die Einzigen, die wirklich auf ihre Kosten kommen, weil sie nichts zu verlieren haben. Sagt Monsieur Paganel, der sehr genau weiß, dass seine Frau, sobald er sie loslassen würde, ihm vermutlich sofort abhandenkäme.

Fehlt nur noch Floater, von dem sich nicht genau sagen lässt, ob er an jenem Abend im *Pink Flamingo* dabei war, ob er im Hinterzimmer saß und Stricke auf Vorrat drehte oder ob er seiner Bestimmung nachkam und in der *Little White Chapel* (*Kleine weiße Kapelle*) den Trauzeugen gab. Denn wo, wenn nicht hier, in der Stadt des Glücks, werden rund um die Uhr frische Zeugen gebraucht, weil hier rund um die Uhr geheiratet wird, im Minutentakt, sozusagen.

Wie einfach es plötzlich ist, ganz nebenbei auf der Durchfahrt ein Paar zu werden, kurzfristig sogar auf Lebenszeit, weil man hier nämlich nicht aussteigen muss, um einander das Jawort zu geben. Denn das, sagt Floater und gießt nach, ist der größte Fehler von allen, dass man aussteigt, bevor man JA gesagt hat. Auf den kürzesten Wegen gedeihen die größten Zweifel, so auch auf dem Weg vom Auto zur

Kirche und von der Kirchentür bis nach vorn zum Altar. Daran scheitern erfahrungsgemäß mindestens neunzig Prozent aller möglichen Ehen. Glücklich dagegen, wer sitzen bleibt und nicht mal im Traum daran denkt, vorher auszusteigen.

Dabei ist die Sache ganz einfach: Man braucht nicht mehr als zwei kurzfristig gültige Pässe und ein Auto, das schnell genug ist, um für nicht mehr als ein paar Minuten alle Zweifel hinter sich zu lassen. Man gibt einfach Gas und fährt durch den *Tunnel der fröhlichen Braut* direkt in die kleine weiße Kapelle, wo man die Bremse zieht, um einen Blick nach oben zur Decke zu werfen, wo, von leichter Hand hingemalt, Cherubim und Seraphim singen, was sich mühelos fotografisch festhalten lässt, genau wie die Unterschrift und der Kuss danach und der weiße Schleier der Braut, den die Windmaschine in jene flatterhafte Verzückung versetzt, an die man sich später, wenn alles vorbei ist, beim Betrachten der Bilder besonders gut erinnert, wenn man davon spricht, wie schön und bewegend dieser Tag wirklich war. Das ist das Einzige, worauf es wirklich ankommt, wenn man tatsächlich heiraten will: schönste und reinste Erfindung. Und niemand soll sagen, es hätte an Gelegenheit oder Geld gefehlt, ab hundertfünfzig Dollar ist jeder dabei. Sagt Floater und wischt sich den Schaum von den Lippen und winkt den nächsten Wagen heran.

Als ich am nächsten Morgen meine Rechnung beglich, um für immer aus Catchafool abzureisen, schob mir der Rezeptionist über den Tresen hin einen kleinen Zettel zu. Jede Wette, dass der Zettel schon seit Tagen dort liegt, im schlimmsten Fall wartet er schon seit Jahren auf mich, jene so klare wie vertraute Botschaft aus meinen kanadischen

Kinderjahren, verfasst in der überdeutlichen Handschrift meines Entführervaters, die nicht mich, sondern meine Mutter betrifft: »Brauche Briefmarken. Die mit dem Schiffsmotiv.«

5. Hochzeit

Aus *Buch K*: »Wo auch immer du steckst, ich werde dich finden, ob du willst oder nicht, auch wenn du dich aus dem Staub gemacht hast und nichts hinterlässt als ein Schiffsmotiv. Unter uns gesagt, so darf man nicht gehen. Denn ich erinnere mich noch genau an jenen Sonntag im Mai, als mein Vater auf meine Mutter traf, in einem Land weit weg von hier, irgendwo draußen im Osten, ein komisches Land, das man im Buch der Sagen und Märchen immer noch Schlesien nennt, vermutlich, weil es dort niemals ein Telefon gab, als hätte es Alexander Bell nie gegeben. Man war ganz auf die Stille Post angewiesen, auf jene unscheinbaren Zeichen, die bis heute nur Eingeweihte zu lesen verstehen.

Das wusste mein Vater genau, meine Mutter wusste es auch, und ich wusste es sowieso, obwohl ich noch gar nicht da war. Aber ich weiß noch genau, wie mein Vater eines Tages, kein Sonntag, sondern ein schlichter Dienstag, plötzlich mit Blumen vor der Tür stand (woher er die und das Geld dafür hatte, keine Ahnung), weil sein Ohr genau wie ihr Ohr (und später auch mein Ohr) auf A gestimmt war, genau wie das Telefon, der Grundton der zivilisierten Welt, damit wir uns besser hören können. Wir haben nämlich alle drei das absolute Gehör, nur dass Karl das nicht wusste, aber meine Mutter Maria erkannte das gleich. So wie sie überhaupt alles sofort erkannte, sie roch Talente von weitem und wusste, dass da einer vor ihr stand, der womöglich sogar in der Lage war, ein neues Leben für sie zu erfinden, so dass meine Mutter, jedenfalls der Überlieferung nach, sich immerhin kurzfristig in meinen Vater verliebte, vielleicht aus purer Bewunderung, kann aber auch sein, aus praktischer Sehnsucht und Hoffnung, was für den weiteren Verlauf der Geschichte nicht unwichtig ist.

Kurz danach kam ich. Weshalb es ein Irrtum ist, wenn meine Biographen behaupten, ich sei bei der Hochzeit nicht dabei gewesen. Ich war ja längst da, bei näherem Hinsehen fast schon so gut wie sichtbar auf jenem ersten Bild, auf dem die Braut mit der ausgestreckten Rechten aufdringlich strahlend ein Glas in die Kamera hält, während links neben ihr, mehr Statist als Bräutigam, mein Vater steht. Das Paar wird flankiert von zwei wie nachträglich ins Bild montierten Trauzeugen in zu engen schwarzen Anzügen und mit lächerlich nach hinten pomadisierten Haaren. Im Hintergrund, auf einem großen, mit einem weißen Tuch eingedeckten Tisch, steht zwischen billigen Sträußen eine als Konzertflügel stilisierte Hochzeitstorte (unter einem Deckel aus Schokolade abwechselnd Buttercreme- und Kakaotasten), hinter dem Tisch eine Dreimannkapelle, deren Geiger seinen Bogen wie einen Dirigentenstab in die Höhe hält.

Ein wie zufällig ins Bild gebrachtes Zögern, ein versuchter Tusch, der niemals Wirklichkeit wurde, weil meine Mutter, wie man sich später erzählte, schon mit der Torte nicht zufrieden war, von der Hochzeitsnacht zu schweigen, in der sie auf irgendwas anderes aus war, auf die Erfüllung eines Wunsches, den sie selbst nicht kannte, weshalb mein Vater ihn auch nicht erfüllen konnte, kann auch sein, dass er ein-

280

fach nicht wusste, wie man Lippen liest. Obwohl ich genau weiß, dass mein Vater, wenn er will, so gut wie alles liest und alles erfüllen kann, schließlich ist er Erfinder, ein nüchterner Mann, der sich nicht mit Wünschen und Kaspertheatern befasst, sondern mit den Dingen an sich, mit allem, was er zwischen die Finger bekommt. Er prüft alles, nimmt sich das Beste und macht etwas Neues draus, haucht den Dingen Leben ein, weckt tote Leitungen auf und lässt wider Erwarten überall Licht werden, wo vorher nichts als Dunkelheit war. In anderen Worten: Er kann alles.

In seinem Labor ereigneten sich zweifellos große Dinge, aber was er wirklich machte, wusste ich nicht. Manchmal war er tagelang nicht zu sehen, an anderen Tagen kamen Gäste, die meine Mutter nicht mochte und denen sie trotzdem Schnäpse servierte, bevor sie im Labor meines Vaters verschwanden, der niemals trank, ein Erfinder kann sich unruhige Hände nicht leisten. Aber mein Vater war nicht nur ein großer Erfinder, sondern auch ein großer Verhüller, ein ehrgeiziger Versteckspieler.

Um die Dinge verstecken zu können, muss man allerdings wissen, wie sie beschaffen sind. Erst dann kommt die alles entscheidende Frage: Wie korrigiert man die kleinen Missgriffe Gottes? Mein Vater wusste genau, wie das geht, weil er nicht nur Erfinder, sondern ein Künstler war, der verbesserte, was sich verbessern ließ, weil er alles sah und genau wusste, wie man das Auge betrügt. Diese Gabe war sein Gewinn und sein Fluch. Papiere wechselten plötzlich die Farbe, Rucksäcke und Taschen erhielten doppelte Böden (niemand nähte wie er), Pässe schrieben sich wie von selbst um, erhielten neue Besitzer mit neuen Gesichtern und neuen Namen. Alles löste sich in die Hoffnung auf ein neues Leben hin auf, mit neuen Sprachen und Schriften und neuen Ländern und anderen Städten und mit der leisen Verheißung auf baldige Abreise.

Meine Mutter hielt nichts von Gästen und von den Geschäften, die mein Vater betrieb. Manchmal hörte ich sie leise streiten, sie stritten immer hinter verschlossenen Türen, immer auf Polnisch, weil meine Mutter kein Deutsch sprach. Ich selbst habe sein Labor nie betreten, ich verbrachte meine Tage neben meiner Mutter am Klavier, dort, wo mein Tag jeden Tag begann und wo er auch endete, Tag für Tag war ich die erste und letzte Schülerin meiner Mutter. Dazwischen unterrichtete sie andere Kinder, von denen die meisten erbärmlich spielten, bis auf einen kleinen Jungen mit roten Haaren, der Josef hieß und der Beste war, weshalb meine Mutter ihn liebte und ich mich weigerte, ihm die Hand zu geben. Aber sobald er gegangen war, küsste mich meine Mutter fest auf den Mund (sie küsste mich gern auf den Mund, während Karl mich immer nur auf die Stirn oder auf die Wangen küsste, als hätten sie mein Gesicht unter sich aufgeteilt) und sagte: Er spielt wirklich gut, aber nur nach Gehör, er kann keine Noten, und wer keine Noten kann, hat nichts begriffen, der Notenschlüssel ist der Schlüssel zur Welt, du hast ihn, er hat ihn nicht.

Karl dagegen behauptete, es gäbe weder einen Schlüssel zur Welt noch einen Schlüssel zum Leben, einen Notenschlüssel schon gar nicht, nichts als ein luftleeres Zeichen im Raum, genau wie die Musik. Denn mein Vater spielte, von der Blockflöte abgesehen, kein einziges Instrument, auch die Flöte nur frei, das heißt ohne Noten, nur nach Gehör. Überhaupt, die Musik, diese ständige Übertreibung der Töne. Aber das sagte er nur, weil Maria inzwischen begonnen hatte, abends auszugehen, um irgendeinen Grushenko zu treffen. Und hätte der sie nicht mitgenommen, dann säßen

Maria und Josef und Karl und ich womöglich noch heute in dieser kleinen Wohnung in Breslau, in der es kein Telefon gab und wo die Nachbarn gegen die Wände schlugen, weil das Klavierspiel unerträglich war. Aber meine Mutter, und dafür liebte ich sie, kümmerte sich nicht um das Klopfen und Schlagen, sondern hielt den Blick in die Ferne gerichtet. Sie hatte sehr gute Augen und konnte vermutlich bis Warschau sehen, vielleicht noch weiter, sagen wir mal bis Moskau, während sie mit der rechten Hand unermüdlich die Seiten umblätterte und in der linken eine kleine silberne Stimmgabel hielt, die sie nicht brauchte, schließlich hatte sie das absolute Gehör.

Wo auch immer du steckst, ich werde dich finden, egal mit welchem Pass und mit welchem Grushenko du unterwegs bist. Du musst nichts sagen, auch nichts erklären, wenn wir uns nach all den Jahren wiedersehen, du musst mich nur küssen. Denn sobald du mich küsst, bin ich wach und erkenne dich wieder, und für den Fall, dass du mich nicht küssen willst, weil ich längst erwachsen geworden bin oder weil du zu alt geworden bist, um überhaupt noch zu küssen, werde ich dich trotzdem erkennen, selbst dann, wenn du sie längst nicht mehr in der Hand hältst – ich werde dich trotzdem an der Stimmgabel erkennen, die du heimlich in der Innentasche deiner Handtasche verstaut haben wirst, weil du dich beim besten Willen nicht von ihr trennen konntest, genauso wenig wie von mir.

Ich weiß längst, dass man mir das alles nicht abnehmen wird, denn im Lauf der Erzählung ist die Zeit so weit fortgeschritten, dass meine Erinnerungen kaum überprüfbar sind, weshalb mir nichts anderes übrigbleibt, als ihnen einfach Glauben zu schenken. Schließlich war ich damals nicht älter als vier, und an was erinnert man sich schon mit vier?

Immerhin vier. Kindheiten zwischen null und drei, das ist wissenschaftlich erwiesen, sind reine Erfindung, aber ab vier geht es aufwärts, plötzlich ist man dabei und weiß genau, dass der einzige Tag in der Woche, an dem meine Mutter keine Schüler empfing und an dem sie nicht am Klavier saß, der Sonntag war. Der Sonntag gehörte uns ganz allein, ihr und mir, denn sonntags gingen wir zusammen zur Kirche.

Ich liebte meine Mutter, und ich liebte die Kirche, weil sie mir jene wenigen Stunden bescherte, in denen ich mit ihr allein sein durfte, weil mein Vater sich weigerte mitzukommen, was mir eine geheime Freude verschaffte, weil ich in einen Raum entführt wurde, in dem nichts zu erfinden war, weil alles schon da war, ein Raum, der uns kurzfristig allein gehört und vom Alltag erlöst. Nach wie vor bin ich davon überzeugt, dass man jene kleine Kirche in Breslau einzig und allein für uns gebaut hat, dass sie uns bis heute gehört, dass wir die Einzigen sind, die sie bewohnen, selbst dann, wenn andere Leute kommen. Und immer kommen andere Leute, seltsame Leute, die sich gelegentlich unvermutet der Länge nach auf den Boden werfen, auf einen polnischen Boden, der ziemlich kalt ist (ich hatte andauernd kalte Füße, aber kalte Füße gehören dazu, sagte meine Mutter), vermutlich eine Art Hofstaat, weil meine Mutter eine Königin ist (ich folglich eine Prinzessin), weshalb ich wünschte, die Sonntage würden niemals vergehen, jeden Tag würde Kirche sein, für immer und ewig.

Selbst heute, wenn die dunklen Momente kommen, die schließlich in jedem Leben der Fall sind, wenn also diese Momente kommen, wünsche ich mir, meine Mutter würde sich zu mir herabbeugen, mit jenem Buch in der Hand, dessen Texte ich nie entziffern konnte, aber immer noch sämtlich auswendig kann, auch wenn ich bis heute ihren Sinn nicht begreife. Aber wen kümmert der Sinn, wenn die Tonlage stimmt, wen kümmert das Wort, wenn die Stimme die einzig richtige ist, die ein für alle Mal in einer Melodie aufgeht, die mir sagt, dass wir am richtigen Ort sind, wo sich, sobald man den Blick nach oben richtet, Engel unter der Decke zeigen, keine Kunst natürlich, aus heutiger Sicht ziemlich dilettantisch gezeichnet, mit nichts als der reinen Einbildungskraft, aber jeden Sonntag wurden es mehr, ich habe sie jeden Sonntag gezählt. Und als mir das Zählen zu langweilig wurde, begann ich, sie schlicht und einfach zu taufen, einen nach dem anderen, jeder bekam seinen eigenen Namen, eine ganze Litanei von Namen, die ich noch heute aufsagen kann und immer wieder von vorn aufsage, wenn die Stimmungen kommen. Und wenn das nicht reicht, weil man von Engeln zwar Trost, aber keine Wunder erwartet, wenn also die Engel nicht reichen, fange ich einfach zu singen an.

Ich fange einfach an zu singen. Jene Melodie, die Lucy auf Anhieb erkannte und die GG (gemeint ist vermutlich Glenn Gould / fh) im Schlaf sang, immer wieder von vorn, obwohl er schon damals keinen Schlaf mehr fand, weil er besser als alle anderen wusste, was es bedeutet, wenn die Stimmungen kommen. Weshalb er auch besser als andere weiß, was es mit dem Telefon auf sich hat, dieser schönsten und größten Erfindung von allen. Denn wenn statt des Schlafes die Stimmungen kommen, hilft kein Klavier, keine Orgel, auch nicht Ellenbogen in warmes Wasser gelegt, keine Frau, kein Arzt, kein Angelausflug, kein Fisch am Haken, ein Picknick schon gar nicht. Auch nicht diese endlosen Autofahrten, Mäntel und doppelt gestrickte Schals und der Gedanke an den ewigen Norden *(The Idea of the North)*, an jene Landschaft, die, egal wie lange und wie weit wir auch gehen, niemals aufhören wird, wo unter Schnee und Eis, wie wir leichtfertig glauben, endlich alles zur Ruhe kommt.

Denn in Wahrheit kommt unter Schnee und Eis überhaupt nichts zur Ruhe, weil der Schnee zwar das Auge, aber nicht das Herz beruhigt. Und schon gar nicht die Stimmungen, die unter der weißen Oberfläche beharrlich weiterwandern. Ein ständiges leises Klopfen und Schlagen, die Motive sind übrigens immer dieselben: ›So darf man nicht gehen.‹ und ›Denkst du an mich?‹ und ›Schreibst du mir auch?‹ und ›Wann sehn wir uns wieder?‹ Dagegen hilft einzig das Telefon, die tröstlichste Erfindung von allen, die, gestimmt auf ein reines A, keine Zeitverschiebung mehr kennt. Endlich ist alles aufgehoben, man nimmt einfach den Hörer ab und hört immer wieder den einzigen Ton, auf den wirklich Verlass ist.

Nur dass, sooft ich auch wähle (immer wieder dieselbe Nummer, die ich längst auswendig kann), am anderen Ende niemand abnimmt, nicht etwa weil Glenn unerreichbar ist (ich weiß ja genau, dass er da ist), sondern einfach besetzt. Die Nummer ist schon seit Stunden besetzt, vielleicht auch seit Tagen, womöglich seit Wochen und Monaten, aus denen im Handumdrehen Jahre werden, weil der große GG in seinem Arbeitszimmer in Toronto rücklings auf dem Teppich liegt, umzingelt vom Chaos der Stimmungen, von Papieren, Taschentüchern, Tablettenschachteln, Pulswärmern und Schals, eingeschnürt in ein Korsett aus Tonbändern, Partituren und Sommerangst. Obenauf Taktstöcke, Masken, Kostüme, Perücken. Und Rechnungen.

So finanziert man also die Einsamkeit, mit Telefonrechnungen von *Bell Telephone Canada*, bis zu dreizehntausend

Dollar pro Monat, das macht, im Schnitt von damals, drei gut bezahlte Konzerte, um für die große Stille danach aufzukommen, wenn man endlich wieder allein mit sich sein darf und niemand mehr zuhört, obwohl man sich jetzt, mit unerwarteter Heftigkeit, viel heftiger nämlich als im Konzertsaal, nach dem einzigen wahren Zuhörer sehnt, dem einzigen, der verstehen könnte, was hier wirklich gespielt wird und wovon tatsächlich die Rede ist, wenn GG, in der Linken den Hörer, in der Rechten die Partitur, plötzlich anfängt zu singen, auf der Suche nach seiner eigenen Stimme, von der er annehmen muss, dass er sie gar nicht hat, weil er immer nur spielt, was andere schreiben, immer dasselbe von vorn. Bis er sich irgendwann entschlossen erhebt, um endlich eine Fuge zu schreiben. (Vermutlich eine Anspielung auf Glenn Goulds 1963 uraufgeführte Komposition für vier Stimmen und Streichquartett *So you want to write a Fugue?* / fh)

Na schön, du willst also eine Fuge schreiben. Von mir aus. Aber weißt du überhaupt, wie das geht, was es heißt, eine Fuge zu schreiben? Du weißt doch nicht mal, wer du selber bist. Denn für den ziemlich unwahrscheinlichen Fall, dass die Leitung heute Nacht doch noch frei wird, kann ich mir keinesfalls sicher sein, dass ich erkenne, wer am anderen Ende spricht – ist es Glenn oder, was nachts besonders häufig der Fall ist, nur einer seiner Untermieter, Sir Nigel Twitt-Thornwaite zum Beispiel oder Karlheinz Klopweiser oder Theodore Slutz oder ein gewisser Herbert von Hochmeister (hier bezieht Hoppe sich offenbar auf die wechselnden Rollen und Kostüme, in denen Glenn Gould regelmäßig auftrat / fh), was im Übrigen völlig egal ist, weil sie alle ja nur erfunden sind, was allerdings nichts daran ändert, dass ihre klingenden Namen die so süße wie falsche Hoffnung

wecken, man könnte tatsächlich Deutsch mit ihnen sprechen.

Ach! Wie gern ich mal wieder Deutsch sprechen würde.
Denn seit mich mein Vater verlassen hat, komme ich nur
noch selten dazu, mit irgendjemandem Deutsch zu sprechen. Nur dass Hochmeister so wenig Deutsch kann wie
Glenn, sein Deutsch ist noch um Längen schlechter als
meins, nicht nur wegen des starken Akzents, sondern vor
allem, was die Grammatik betrifft. Typisches Entführer-
deutsch, das mich lebhaft an Hahndorf und Kłępsk erinnert,
an Schießbuden und Schützenfeste, an deutsche Würste im
Ausland und an das Hahndorfer Dirndl, in dem ich eine
denkbar schlechte Figur abgebe. Hier seht ihr mich und dort
meinen Vater. Jahrelang haben wir tatsächlich geglaubt, wir
sprächen Deutsch miteinander, und ich habe jahrelang geglaubt, ich schriebe reinstes und schönstes Deutsch, es sei
nichts als Deutsch, womit ich meine Kladden und Hefte
fülle, worin ich Bücher schreibe und Geschichten erfinde,
obwohl ich längst hätte wissen können, dass es Deutsch gar
nicht gibt, dass Deutsch nichts als eine Geheimsprache ist,
für Eingeweihte und Verlierer, der Code für meine Erinnerung an all die Zettel und Listen, die ich immer wieder von
vorne beschrifte, um nicht zu vergessen, woher ich komme
und wer ich einmal gewesen bin.

Denn in Wahrheit ist Deutsch bloß ein literarischer Trick,
ein Extra für Schwärmer, für Verliebte, Verlorene, Romanti-
ker, für die letzten Bewohner eines Zwischenraums, den es
bald nicht mehr geben wird, für alle, die keinen Plan haben.
Weshalb mein Erfindervater mich aus Deutschland entführt
hat, um ein neues Leben mit mir zu beginnen, ein einfaches,
praktisches, englisches Leben, von dem er glaubte, es ginge
gut aus, bis er sich nicht mehr ganz sicher war, ob er wirk-

lich dafür aufkommen konnte, weshalb er sich aus dem Staub gemacht hat.

Aber wo immer er steckt, ich werde ihn finden, und wenn ich bis ans Ende der Welt gehen muss (ich weiß genau, wo das liegt!), denn beim Hören der Fuge (unbedingt auf dem Rücken und auf dem Teppich liegend zu hören!) kommt plötzlich alles zurück, mein Vater in seinem Labor, sein Leuchtpuck, mein Lakendreher, Wayne auf dem Eis, die Kunst der Fugen und Pausen, das Glas mit den Zähnen, die Schreie von Walter (Chase that!), die Stimme von Phyllis (rauchend) in der Garage, Lucy, die wütend Bach transponiert, ich neben Quentin am Klavier, Virginias unerträgliche Kopfschmerzen unter dem Bild der heiligen Sister McKillop, die Oper von Sydney, Mime, Alberich und der deutsche Herr Voss, die Schwestern Quast, Bamie Boots, Joeys Cricketschläger und seine hitzigen Schreie, bevor er wieder zum Siegen ansetzt. Und sein Körper, der immer noch neben mir liegt, in einem Zimmer mit Blick auf Kanada (Schiffe, nach vorn raus) und auf das Hamelner Hochzeitshaus (nach hinten raus), im zweiten Obergeschoss bei Helena Ayrton, die besser als jeder andere weiß, wie man am Morgen danach ein Frühstück serviert, ohne den Gast in Verlegenheit zu bringen, während ich Briefe an meine vier Geschwister nach Hameln schreibe, in denen ich immer wieder frage, ob in der Zwischenzeit jemand geheiratet hat.

Gelobt sei Ms Helena Lady Ayrton, die bis heute auf sämtlichen Antworten sitzt. Und verflucht (der fröhliche Umkehrschluss) Melville Drugs und die ganze gottverdammte Kompositionsklasse am *Elder Conservatorium (Man's Flesh is delicious)*, meine lächerlichen Versuche, Libretti gegen das Böse zu schreiben und doch noch ein gutes Ende zu finden, indem ich andauernd Hochzeitstorten vertone, sonntags mit Mel zum Tanzen gehe und montags einen Chor dirigiere, aus dem niemals ein ›produktiver Klangkörper‹ (Mel Drugs / fh) wurde, um schließlich eine Wette zu gewinnen, die mir einen Mann (Viktor Seppelt / fh) eingebracht hat, der mich um ein Haar geheiratet hätte und den ich leichtfertig in New York verließ, weil er Cater und Fox nicht erkannte. Und der wurde, was ich niemals werden kann und was auch Glenn nicht geworden ist: Dirigent.

Aber das nehmen wir auf die leichte Schulter. Der eine kann's, der andere nicht. Noch heute habe ich Mels Spott im Ohr (reine Bosheit), über Glenns Einsamkeit auf der Bühne, über seine Armbäder und Pulswärmer, seine Hypochondrie, seine Sommerangst (Mäntel, Mützen und Schals), seine Angst vor dem anderen rettenden Körper, seine Ausweichliebe zu Hunden, seine Freundschaft mit Fischen, seinen lachhaften Stuhl mit den zu kurzen Beinen, all diese kindischen Scherze und unverständlichen Interviews, seine Vorträge in einem Deutsch, das er selbst nicht verstand (nur Mels Deutsch war noch schlechter!), in das er trotzdem und über die Maßen verliebt war, seine pubertäre Überempfindlichkeit, die nichts, sagte Mel (er lacht), die nichts als die Verachtung des Publikums ist, immer wieder derselbe Text: Ach, sie verstehen mich nicht, sie verstehen mich einfach nicht! Mein Gott, ja, Glenn, sie verstehen dich nicht! Was kann man da machen? Da macht man gar nichts, denn es kommt ja nicht darauf an, verstanden zu werden, sondern bloß darauf, sich verständlich zu machen. Jetzt mal im Ernst. Diese Flucht ins Studio ist doch nichts als Feigheit! Zeigen, rief Mel, man muss sich zeigen! Man muss sich einfach zeigen, um endlich gesehen zu werden! Was denn sonst?

Ja. Was sonst. Er selbst (Mel) wusste natürlich genau, wie das geht, das Zeigen, weil er selber stockdunkel war, so dunkel, dass er sich immer ins Licht stellen musste, um überhaupt gesehen zu werden, weshalb er nicht die geringste Ahnung hatte von der überbelichteten Klugheit des Nordens, die die Dinge in ein ganz anderes Licht taucht, in ein besonderes Licht, das es in Australien nicht gibt, in Schlesien schon gar nicht, und das uns schmerzhaft zu erkennen gibt, dass der Konzertsaal uns, wie jede andere Bühne, immer wieder von vorne foppt. Denn ganz egal, wie lange wir spielend in dieser Welt unterwegs sind, es gibt immer noch keinen Raum für uns, in dem wir uns ehrlich zeigen könnten. Und trotzdem sind wir davon überzeugt, dass wir besser spielen, je älter wir werden, dass wir klüger sprechen, je älter wir sind, weil wir andauernd Alter mit Weisheit verwechseln und glauben, wir hätten tatsächlich etwas zu sagen, nur weil wir schon so lange mit von der Partie sind und weil wir immer noch nicht begriffen haben, dass Dabeisein nicht mal die Hälfte ist.

Denn in Wahrheit ist die Lage ja anders: Nur hier, auf dem Teppich am Telefon, sind wir kurzfristig frei und in Sicherheit, reden und singen wie Wasserfälle, egal, wer wen anruft, wer mit wem spricht, denn in Wahrheit sprechen wir nur mit uns selbst. Wir flüstern uns alles ins eigene Ohr und singen, ganze Nächte hindurch, alles in Schlaf, was am anderen Ende verzweifelt versucht, wach zu bleiben und Antwort zu geben, aber hörst du mir überhaupt zu? Ja, ich höre dir zu, nur dass du meine Stimme mal wieder mit deiner verwechselst, du sprichst nicht zu mir und ich nicht zu dir, weil du gar nicht auf Antwort wartest, sondern nur sprichst, um zu werden, was du längst bist: mutterseelenallein.

Wann allerdings meine Mutter den Plan gefasst hatte, uns tatsächlich zu verlassen, kann ich nicht sagen. Ich weiß nur, dass sie es eilig hatte, mich vorher ›zum Tisch des Herrn‹ zu führen, denn wer am Tisch des Herrn essen kann, sagte sie, ist für immer in Sicherheit und geht niemals hungrig zu Bett. Wer dieser Herr war und wo sein Tisch wirklich stand, habe ich nie begriffen, so wenig wie ich begriffen habe, was ich jenem anderen Herrn sagen sollte, der mich, bevor ich zum Tisch des Herrn gehen durfte, plötzlich fragte, ob ich gesündigt hätte.

Denn ich war fünf und ging nie hungrig zu Bett, von Sünden wusste ich nichts. Und meine Mutter beunruhigten Sünden nicht im Geringsten, und mein Vater wusste schon damals, dass es weder Himmel noch Hölle gibt. Trotzdem musste ich gehen, weil man nur durch den Tunnel der Gedanken, Worte und Werke zum Tisch des Herrn vordringen kann. Stell dir einfach vor, es wäre dein Vater, sagte meine Mutter, als sie mich in die dunkle Kabine schob, in der es eng war und stickig und seltsam roch, stell dir einfach vor, es ist dein Vater, der dich kurz vor dem Einschlafen fragt, woran du so denkst, wenn du nachts im Bett liegst, und was du dir für den nächsten Tag wünschst.

Nur dass ich, wenn ich nachts im Bett liege, bis heute an nichts anderes denken kann als an meinen Vater und meine Mutter und daran, wie einsam die beiden sich fühlen, weil ich jetzt nicht mehr bei ihnen bin. Denn seit es mich gibt, lebe ich unerschütterlich fest in dem Glauben, dass ich nicht nur das größte, sondern auch das einzige Glück ihres Lebens bin, dass es kein anderes und größeres Glück geben kann, als mich zu haben. Niemand, dachte ich, kann meinen Eltern so fehlen wie ich, ganz egal, welche Sprache sie sprechen und unter welchem Namen sie unterwegs sind.

Davon bin ich bis heute zutiefst überzeugt und sage es jedem, der es hören oder auch nicht hören will, und habe es auch jenem Mann gesagt, den ich hinter dem Gitter in der engen Kabine zu Breslau gar nicht erkennen konnte. Kann auch sein, dass überhaupt niemand da war, kein Mann jedenfalls, vielleicht nur ein Ohr, das riesige aufgespannte Ohr Gottes, das ganz auf A gestimmt war und plötzlich zu sprechen begann und mir den folgenden klaren Auftrag erteilte: Drei Vaterunser und Grüßmirmaria.

Worüber mein Vater sich lustig machte, kein Sinn, kein Verstand, genau wie deine Mutter, sagte er, die dich andauernd in die Kirche schleppt. Aber hätte mich meine Mutter damals nicht in die Kirche geschleppt, wüsste ich bis heute nicht, dass es Pläne gibt, die für niemanden einsehbar sind, weshalb es mich nicht länger beunruhigt, dass mir niemals jemand erklären wird, wer eines Tages wen verließ, meine Mutter meinen Vater oder mein Vater meine Mutter oder ich alle beide auf einmal. Weshalb eine große und feierliche Last auf mir ruht, die bis heute dafür sorgt, dass ich fest auf der Erde stehe, mit beiden Beinen. Trüge ich nicht diese Last auf den Schultern, könnte es durchaus passieren, dass ich unvermutet, mitten im schönsten Spiel, von einer Musik weggetragen werde, die mich für immer vom wirklichen Leben trennt.

Es war übrigens ein großer Tag, an dem meine Mutter mich zum Tisch des Herrn führte, ausnahmsweise kam auch mein Vater mit, blieb aber hinten an der Kirchentür stehen, während wir Kinder nach vorne gingen, die Jungs in kleinen schwarzen Anzügen und die Mädchen in Brautkleidern, mit Kränzen auf dem Kopf. Nur ich trug weder Brautkleid noch Kranz, sondern eine Art Schuluniform, einen schwarzweiß karierten Kleiderrock, der Martha Knit vermutlich gefallen hätte, weil er zwei besondere Taschen hatte, eine innen und eine außen, einen Rock, den mir mein Vater eigens für diesen Anlass genäht hatte und den ich noch Jahre später trug, als wir schon längst auf Reisen waren, denn er hatte ihn, wie alles, was er mir nähte, auf Zuwachs geschneidert. Der Herr braucht keine Bräute, sagte er, er bewirtet jeden, egal, was er trägt. Er sieht nämlich schon auf den ersten Blick, wer nur heiraten will und wer stattdessen auf Reisen geht und sich, vorausschauend, praktischer kleidet.

Als wir die Kirche verließen, drückte er mir einen Kuss auf die Stirn und überreichte mir eine rote Rose. Keine Ahnung, woher er die hatte, sie war taufrisch und schön, wie erst gestern in Hahndorf geschossen, eine langstielige historische Lüge, die gut roch und zwei Wochen lang aufrecht in einer Vase stand, bevor sie langsam, kaum merklich, anfing, den Kopf hängen zu lassen, was nicht mir, sondern nur meiner Mutter auffiel.«

Buch K, begonnen in einem Heft der Marke *Mead Composition*, ist trotz (oder gerade wegen) seiner poetischen Anteile ein sentimentales Fragment geblieben, weit davon entfernt, auch nur in Ansätzen der angekündigten Biographie über Hoppes Vater nahezukommen. »Hoppe, wir wissen es längst«, schreibt Kai Rost 2010 in seinem aufschlussreichen Aufsatz *Ahistorische Bauchredner / Anmerkungen zur Postpostmoderne*, »kann weder Biographie noch Autobiographie. Alles wird mit einer so komisch wie kindlich anmutenden Radikalität ins Phantastische gezogen, jederzeit flieht sie in die Erzählung, jeder Ansatz zu ernsthafter Selbstbefragung, Grundvoraussetzung der Autobiographie, wird durch Mittel der Selbststilisierung und naiven Beschönigung ersetzt. Eine Neigung, die vor allem dann hervortritt, wenn Hoppe über Eltern und Kindheit schreibt – nichts als ein Märchendrama, in dem die Wirklichkeit nur ein Stilmittel ist. Nicht Selbstbeschreibung ist hier das Ziel, sondern Selbstbehauptung. Der letzte Satz ist und bleibt immer derselbe: Nur, wer nicht gestorben ist, lebt noch heute. Und nur, wer noch lebt (und nicht verschwunden ist), kann von sich sprechen und einen Anspruch auf Wahrheit erheben, wobei es nicht auf die Wahrheit ankommt, sondern darauf, sich beim Erzählen ins rechte Licht zu rücken, ins eigene nämlich. Denn nur wer sich ins eigene Licht rücken kann, darf sich am Ende die Krone aufsetzen. Eine Krone, die Hoppe sich mit Eifer immer wieder selbst aufgesetzt hat. Nicht ›Wie krönt man richtig‹ ist ihre Devise, sondern ›Kröne dich selbst, sonst krönt dich keiner!‹.«

Was auch immer ihr widerfährt, so Rost weiter im Text, »Hoppe ist und bleibt nicht nur eine Meisterin der Selbstkrönung, sondern auch eine Meisterin der Selbsttäuschung durch Selbsttröstung. Gerade sie, die Traditionen und Vorbilder jederzeit rigoros von sich weist, befindet sich damit in einer langen Tradition – eine unverbesserlichere Romantikerin werden wir in der Postmoderne kaum finden. Und doch, und das ist so verfänglich wie schön, so verführerisch wie wissenschaftlich unergiebig, ertappt man sich bei der Lektüre, sie gefalle uns oder gefalle uns nicht, gelegentlich dabei, dass man jene, die das alles erfunden hat und nicht müde wird zu behaupten, sie habe das alles gar nicht erfunden, nichts davon sei auf ihrem Mist gewachsen – immer wieder also wünscht man sich, mit jener merkwürdigen Person in einer jener merkwürdigen Wirtschaften zu sitzen, die es genauso wenig gibt wie das *Wirtshaus im Spessart*, *Grant's Children* oder das *Red Crab Inn*. Und dann ertappt man sich bei dem weit heftigeren Wunsch, das Buch endlich aus der Hand zu legen, um endlich mal wirklich mit ihr zu reden oder, was noch viel besser wäre, überhaupt nicht zu reden, sondern sie kurzfristig zum Verstummen zu bringen, damit endlich jene Stille eintritt, von der ich seit Jahren träume, so wie ich seit Jahren davon träume, endlich einmal zusammen mit ihr durchs Weserbergland zu wandern, weil ich einfach den Verdacht nicht loswerde, dass sie das Weserbergland überhaupt nicht kennt, jedenfalls weit weniger als ich. (Kai Rost wurde 1965 in Höxter geboren./fh)

Ach, wie gern ich endlich mal mit ihr Deutsch sprechen würde oder, noch lieber, Fahrrad fahren: über diese Hügel und Täler, immer an der Weser entlang, über Bad Karlshafen (Hermann und Dorothea), Höxter (Schloss Corvey), Polle (Heimat von Aschenputtel), Bodenwerder (Baron Münchhausen), Hameln (Mittagessen im *Rattenkrug*) und Porta Westfalica (Kaiser-Wilhelm-Denkmal). Der Raps steht leuchtend hoch, ein Schock in Gelb, und die Hügel sind eigensinnig und schön und viel zu sanft, um eine bedrohliche Landschaft zu bilden. Keine Berge, kein Meer. Kein Eis, keine Wüste. Weder Schakale noch Araber. Kein schroffes Gericht, kein Urteil. Ich liebe, ich verehre die mittlere Landschaft, den Kompromiss, die Versöhnung, ein Getränk, das nicht auf Eis liegen muss, um ganz wie von selbst über die Zunge zu gehen. Einmal ihr Kleiner Baedeker sein (gemeint ist vermutlich der *Kleine Baedeker* aus *Paradiese, Übersee*/fh) und einfach neben ihr reiten, um ihr, für den Fall, sie sollte ermüden (ein Fall, der leider kaum eintreten wird), für einen kurzen Moment lang die Zügel zu halten und zu sein, was von uns niemand werden kann: Hoppes erster und letzter Kavalier, den sie niemals freundlich empfangen kann, weil sie ihn vermutlich dafür verachten würde, dass sie sich nach ihm sehnt.«

Kavaliere stehen allerdings längst nicht mehr im Mittelpunkt von Hoppes Leben. In den mittleren und späten achtziger Jahren hat sie andere Sorgen. Sie ist offensichtlich, wie sie in einer kleinen Erzählung mit dem Titel *Altwerden* andeutet, voll und ganz damit beschäftigt, »endlich irgendwo unterzukommen« und einen, wie sie es nennt, »wenigstens vorübergehenden Posten« zu finden. Denn sie befindet sich, wie so oft, in akuter Geldnot. Im Sommer 1986 finden wir sie im Bundesstaat Oregon wieder, dem ersten Ort übrigens, an dem sie seit ihrer Reise mit Viktor Seppelt faktisch aktenkundig zu machen ist. Wider Erwarten gibt es sogar eine Postadresse und eine Telefonnummer in Eugene/OR, wo Hoppe sich offenbar an der State University of Oregon als Studentin für *German Languages and Literatures* immatrikulieren konnte und tatsächlich eine Stelle als »Graduate Teaching Fellow« mit einem Unterrichtsdeputat von fünf Stunden pro Woche (First Level/Anfängerkurs/fh) erhält, vergütet mit 550 $ pro Monat.

Darüber, wie sie, ohne jede nachweisbare Qualifikation, lediglich mit einem fadenscheinigen australischen Vordiplom für Klavier und Komposition in der Tasche, diese Stelle tatsächlich erhielt, lässt sich nur spekulieren. Vermutlich dürfte dabei aber ein gewisser Herman (Prof. Dr. phil. Hans Herman Haman) eine tragende Rolle gespielt haben, der schon seit über zwanzig Jahren an der University of Oregon unterrichtete, sich nebenbei feierabends zum reinen Vergnügen als vielsprachiger Schriftsteller und Übersetzer betätigte (Schwerpunkt Lyrik und Kurzprosa) und unter den Studenten eine gewisse Berühmtheit dafür erlangt hatte, dass er, sommers wie winters gleichermaßen, seine Unterrichtsstunden in Anzug und Krawatte abhielt, wobei weniger die Anzüge als die Tatsache, dass er angeblich nur zwei davon besaß, die er wechselweise zum Einsatz brachte, zu seinem legendären Ruf als »Doktor Suit« (»Doktor Anzug«), gelegentlich auch »The Tie« (»Die Krawatte«) geführt haben dürfte.

Eine kleine von Herman Haman verfasste Erzählung (*Woodcutter / Holzfäller / 1987*) berichtet uns Folgendes: »Sie (gemeint ist vermutlich Felicitas / fh) stach sofort ins Auge. Sie war nicht eigentlich schön zu nennen, aber irgendetwas an ihr fiel auf, wie sie da so in der halboffenen Tür des *Woodcutter* stand, ein Ort, an den sich Frauen nur selten verirren, ihren Blick (braune Augen) durch den Raum wandern ließ und offensichtlich nicht genau wusste, ob sie gehen oder bleiben sollte. Er musterte sie von oben bis unten, die braunen Locken (sie war offenbar lange nicht mehr beim Friseur gewesen), das braungebrannte Gesicht, die Müdigkeit auf der Stirn (sie war offenbar lange unterwegs gewesen), die viel zu breit geschnittenen Hosen (offenbar secondhand), die ihre kräftigen Hüften unvorteilhaft betonten, die kurzen Beine und die Füße, die in abgetragenen schmutzigen Turnschuhen steckten. Sie trug eine abgewetzte Lederjacke und auf dem Rücken einen karierten Rucksack, der offenbar schwer beladen war. Trotzdem stand sie kerzengerade und wirkte im Übrigen größer, als sie in Wirklichkeit war. (Angaben im Reisepass zufolge misst Hoppe bis heute nicht mehr als 1, 62 m. / fh)

Wie lange sie schon so dastand, hätte er nicht sagen können, wahrscheinlich handelte es sich bloß um Sekunden, jene wenigen und zugleich endlos langen Sekunden, die man im Wilden Westen in der Regel so braucht, um die allgemeine Lage zu erfassen und was die Stunde geschlagen hat, ob der, dem wir uns gegenübersehen, Freund oder Feind ist.

298

Ihm dagegen, der an der Bar lehnte, gerade einen zweiten Krug (Plastik) Bier bestellt hatte und im Begriff war, sich eine weitere (filterlose) Zigarette anzustecken, während er (seit mindestens einer halben Stunde) gelangweilt auf Männer wartete, mit denen er eine weitere Runde Shuffle Board hätte spielen können, kam es wie eine Ewigkeit vor, wie sie so dastand und sich nicht rührte.«

Bis die Szene plötzlich in Bewegung gerät, sei es, »weil sie sich tatsächlich in den Raum hineinbewegte, mit vorsichtigen und irgendwie musikalischen Schritten (während die Tür hinter ihr einfach nicht zufallen will, das muss wohl der Wind sein), sei es, weil er sich plötzlich, für ihn selbst überraschend, auf sie zubewegte, wobei er sich dabei ertappte, im Begriff zu sein, sich in etwas zu verwandeln, was er schon seit Jahren nicht mehr gewesen war – in einen gealterten Kavalier, eine Rolle, die ihm über die Jahre am anderen Ende der Welt so fremd geworden war, dass er in ihr nicht mehr zu Hause war, was ihm schlagartig bewusst wurde, als er plötzlich, wie ein unbeweglicher Holzklotz, vor der jungen Frau stand, die ihn übrigens freundlich, so nachsichtig wie zerstreut, ansah und fragte: Gibt es hier was zu trinken?«

Wie sich aus *Woodcutter* unschwer herauslesen lässt, war Hans Herman Haman alles andere als ein begabter Schriftsteller, dafür allerdings, was sich aus obenstehendem Text erst auf den zweiten Blick erschließt, ein Menschenkenner und, weit mehr, ein Mann, der, mit einem unbestechlichen Blick für Qualität gesegnet, zeit seines Lebens davon Abstand nahm, seine eigenen literarischen Versuche zu veröffentlichen, während er im Gegenzug alles dafür tat, Talent zu befördern, wo immer es aufschien. Und hier »schien es auf«, wie er weiter in *Woodcutter* schreibt, wenn er davon berichtet, wie der namenlose Protagonist die Zugereiste zu einer Partie Shuffle Board überredet und »schon eine halbe Stunde später« begreift, »dass es vollkommen unmöglich war, gegen sie zu gewinnen«.

Was den Verlierer überraschenderweise mit Freude erfüllt, denn »seit Jahren wartete er im *Woodcutter* darauf, dass jemand käme, um ihn zu besiegen, nur dass keiner kam. Denn seit Jahren kamen immer dieselben Männer, in immer denselben blauen Hosen und denselben karierten Hemden, immer dieselben arbeitslosen Holzfäller, die immer dasselbe Bier tranken (aus Plastikkrügen) und mit der immer selben Gleichgültigkeit die Spielsteine über die polierte Holzbahn schoben, um immer wieder mit derselben Gleichgültigkeit zu verlieren. Und dann kommt plötzlich sie, wirft ein flüchtiges Auge auf das Spiel, nimmt einen der Spielsteine in die rechte Hand, um ihn in der linken kurz prüfend und schwenkend lächelnd zu wiegen, und schiebt ihn dann zurück in die rechte und mit der rechten, sehr lässig nebenbei aus dem Handgelenk, über die polierte Bahn, dabei etwas murmelnd, was er nicht verstand, von dem er sich aber gern einbilden wollte, es handele sich um eine Art Gebet, mit dem sie nicht nur den Spielstein, sondern das Spiel insgesamt seiner wahren Bestimmung zuführte, woraus er schloss, dass sie keine Holzfällerin, sondern eine Königin war.«

Es gibt eine andere, nicht von Haman, sondern von Hoppe verfasste Erzählung, die aus demselben Jahr stammt, ebenfalls den Titel *Holzfäller (Woodcutter)* trägt und bis heute als das schönste und treffendste Porträt H. H. Hamans gelten darf: »Er liebte Holzfäller und förderte Frauen und machte es allen Beteiligten leicht, weil er, unabhängig von Wetter oder Saison, immer denselben Anzug trug, an dem man ihn schon von weitem erkannte. Er war ein

Glücksfall, den es im wirklichen Leben nicht gibt, weil er, auf magische Weise, alles in einer Person vereinte: Mann und Frau, Anzug und Wetter, Lehrstuhl und Stammtisch. Er sprach fünf Sprachen (wahrscheinlich waren es mehr/fh) und verfügte über die seltene Fähigkeit des ernsthaften Wartens auf jenen Moment, von dem man in jedem Leben ahnt, dass er nicht kommt, bis er wider Erwarten doch noch kommt. Auf genau diesen Fall, der nie eintreten wird, aber eintreten muss, war Haman weit besser als irgendwer sonst vorbereitet, denn er wusste genau, dass es nur eine Frage der Zeit ist, bis der Türhüter doch noch erschöpft und unter Verbeugung zur Seite tritt. Ein Schock natürlich, was sonst. Denn jetzt ist er wider Erwarten da. Der größte Augenblick unseres Lebens, so schön wie schrecklich, weil wir ihn zwar erwartet haben, aber weil wir ihm nicht gewachsen sind. Und wie gern ich mich plötzlich Deutsch sprechen höre, diese komische Sprache, von der ich längst glaubte, dass außer Karl und mir sie längst niemand mehr spricht.«

Haman beherrschte das Deutsche vollkommen, soweit das im Ausland möglich ist. In seinem Haus in Eugene/OR, 18 University Street, auch *Blue House* genannt (ein blaues Holzhaus, Cape Cod Style, mit Front- und Backporch), in dem er seine Studenten bewirtete, wurde, genau wie in seinen Seminaren, ausschließlich Deutsch gesprochen. Hier hielt er seine berühmten Vortragsabende ab, die später Legende wurden, weil er selbst niemals vortrug, sondern weil es ihm gelang, seine Studenten nicht nur dazu zu bewegen, Deutsch zu sprechen, sondern auch Deutsch zu schreiben und aus eigenen Werken vorzulesen, was weniger wissenschaftliche als literarische meinte.

»Nie wieder«, schreibt Felicitas später in einem Text mit

dem Titel *Reading the West (Den Westen lesen)*, »bin ich in die Verlegenheit gekommen, so viel schlechte Lyrik auf einmal zu hören, denn es war fast ausschließlich Lyrik, was wir bei Herman zu hören bekamen. Was Lyrik betraf, war HHH hart im Nehmen, er ließ alles zu und hütete sich, jemals Kritik zu üben. Dass ich Holzfäller liebe, sagte er, heißt nicht, dass ich die Axt im Wald spiele. (Er liebte Redewendungen und Sprichwörter.) Er sprach überhaupt (auch im Unterricht) wenig (er hatte eine hohe und sehr sanfte Stimme) und ließ sich, Meister des Wartens, der er war, mit allem Zeit. In der Regel kamen wir, die einen früher, die anderen später (ich früher) von selbst drauf, dass etwas nicht stimmte, meistens stimmte so gut wie gar nichts, kein Bild, keine Metapher, kein Baum, kein Strauch. Es stimmte nicht mal der Mond, meine geliebte kanadische Naturlampe.«

Nicht nur der lyrische Mond war Felicitas verdächtig, sondern die ganze Gesellschaft insgesamt. Die Idee jedweder Form literarischer Zusammenkünfte (Lesezirkel, Werkstätten etc.) blieb ihr zeitlebens fremd. (»Man schreibt allein oder gar nicht!«) Sobald sie sich in Gesellschaft befand, war sie nicht lyrisch, sondern sportlich gestimmt, weshalb sie die abendlichen Zusammenkünfte bei HHH nicht etwa als ein Forum literarischen Austausches auffasste, sondern als eine Art fröhlichen Wettbewerbs, der sie an die Zeiten in Wallys Coliseum und an Mels Kompositionsklasse erinnerte, auch wenn HHH selbstverständlich nicht die geringste Ähnlichkeit mit Walter oder Mel besaß, sondern »auf seine eigene Art und Weise dirigierte«, was Hoppe keinesfalls entging.

Sie selbst war und blieb eine Auftragsschreiberin, die, wie HHH berichtet, »am liebsten mit der Stoppuhr in der

Hand schrieb und jeden dafür verachtete, der für ein Sonett (frei nach Shakespeare) länger als fünfzehn Minuten brauchte, ein Zeitmaß, dass sie, egal um welches gesetzte Thema es sich handelte, regelmäßig unterbot. Im Übrigen trug sie ausschließlich Texte vor, die sie während der Zusammenkünfte schrieb. Alles, was sie bereits verfasst hatte oder während ihrer Jahre in Oregon verfasste (vor allem zahlreiche Kurzgeschichten), behielt sie hartnäckig für sich und folgte damit konsequent jener strikten Trennung, an die sie sich seit ihrer Kindheit gehalten hatte: Mir das Meine, dem Publikum das Seine.« Es dürfte mindestens zwei Jahre gedauert haben, wenn nicht länger, bis HHH tatsächlich die ersten literarisch ernsthaften Texte zu Gesicht bekam.

Vom Schreiben war in jenen ersten Jahren ohnehin weit weniger die Rede als davon, womit Hoppe sich an der University of Oregon ihren Lebensunterhalt verdiente, nämlich vom Deutschunterricht. So zurückhaltend, um nicht zu sagen zurückweisend sie in Sachen literarischen Austausches war, so enthusiastisch und kooperativ war sie als Lehrerin. Die einstige Klassensprecherin aus Brantford stürzte sich mit fast übergroßem Eifer in die ihr zugefallene Aufgabe. Vergessen wir dabei nicht, dass Hoppe bis zu diesem Zeitpunkt nur höchst selten Deutsch gesprochen und geschrieben hatte und, was in diesem Zusammenhang von einiger Bedeutung ist, nicht die geringsten Kenntnisse deutscher Grammatik besaß, was HHH kaum entgangen sein dürfte. Sie löste dieses Problem allerdings so schnell wie entschlossen, indem sie sich selbst zu ihrer ersten Schülerin machte und sich vor jeder Unterrichtsstunde das anstehende grammatische Kapitel beibrachte.

Dass ihr das nicht immer gelang, belegen die Erinnerungen Bojana Batons (eigentlich Secevič), Tochter über Frankreich nach Oregon eingewanderter Serben, viersprachige Studentin der Musik im Doktorat, zehn Jahre älter als Hoppe und eine ihrer besten Schülerinnen in ihrem legendären ersten Deutschkurs German 101, den sie ausschließlich deshalb belegt hatte, um deutsche Opernlibretti besser artikulieren zu können.

»Ihr erster Auftritt«, schreibt BB, »war in jeder Hinsicht bemerkenswert. Sie betrat den Raum mit einem Rucksack auf dem Rücken, den sie während der gesamten ersten Unterrichtsstunde nicht ablegte (später legte sie diese eigenartige Angewohnheit ab), was sich besonders deshalb seltsam ausnahm, weil sie ein eng anliegendes knielanges schwarzes Kleid und hochhackige schwarze Schuhe trug (wie sich später herausstellte, hatte Hoppe sich, angeblich um sich Respekt zu verschaffen, bewusst feierlich eingekleidet, ihrer geringen Mittel wegen in einem Laden der *Salvation Army* (Heilsarmee), eine Gewohnheit, die sie während ihrer amerikanischen Jahre angenommen hatte/fh) und fest nach hinten gebundene Haare, die ihre Ohren prominent zur Geltung brachten, die sie mit ziemlich geschmacklosen dicken und knallroten Clips behängt hatte, was dem ganzen Auftritt etwas unfreiwillig Clowneskes verlieh. Sie begrüßte uns mit den Worten: Good morning, I am your new German teacher! (Guten Morgen, ich bin Ihre neue Deutschlehrerin!), womit sie in der Klasse Gelächter erntete, was sie offenbar in Verlegenheit brachte. Auf die Frage, warum man lache, erhielt sie die Antwort: All German teachers are older than fifty, wear grey suits and their name is Herman. (Alle Deutschlehrer sind über fünfzig, tragen graue Anzüge und heißen Herman!)

Das nahm sie, bei aller Verlegenheit, gelassen und mit Humor.

Es war offenkundig, dass sie nicht zum ersten Mal vor einer Klasse stand, sie wusste genau, wie man eine Gruppe dirigiert, und wusste sich auch entsprechend in Szene zu setzen, wobei sie entwaffnend charmant war. (The most charming person!) Ebenso offenkundig war allerdings, dass sie niemals zuvor Deutsch unterrichtet hatte, was den Unterricht zu einem besonderen Erlebnis machte. Sie unterrichtete sozusagen mit Händen und Füßen, wenn es darum ging, bestimmte grammatikalische Sachverhalte plausibel zu machen. Ich erinnere mich noch genau, wie sie uns die Deklination der Substantive nahezubringen versuchte, indem sie einen Apfel auf den Tisch legte (DER Apfel: Nominativ) und sich dann neben den Apfel auf den Tisch setzte (ich sitze neben DEM Apfel: Dativ), um ihn schließlich zu verzehren (ich esse DEN Apfel: Akkusativ).

Später ging sie mit Darbietungen solcher Art etwas sparsamer um, der Gestus blieb aber derselbe. Der Sprachunterricht war für sie offenbar eine Art musikalische Veranstaltung, sie die Dirigentin und wir, ihre Studenten, das Orchester. (Tatsächlich teilte sie, wie ihre privaten Klassenbücher zeigen, die einzelnen Studenten verschiedenen Instrumenten und/oder Stimmlagen zu: Jim die Trompete, Bojana erste Geige, Terry am Schlagzeug, Phyllis Mezzosopran und so weiter./fh) Dass Felicitas Musik studiert hatte, erfuhr ich erst viel später. Im Unterricht und in ihren Sprechstunden hielt sie sich mit Auskünften über ihre Person zurück, aber mir war natürlich nicht entgangen, dass sie nicht nur außerordentlich musikalisch war und eine wunderbare Stimme hatte, sondern auch die bemerkenswerte Angewohnheit, die Grammatik insgesamt musikalisch zu klassifizieren, so zum Beispiel, wenn sie behauptete, der Indikativ töne in Dur, der Konjunktiv dagegen in Moll.«

(Die hier von BB gemachte Beobachtung ist nur scheinbar überraschend. Hoppes gesamte Wahrnehmung von Strukturen, Systemen und Regelwerken, war in höchst persönliche, aber nur scheinbar spontan assoziative Felder eingebettet, egal ob es sich dabei um Noten, Buchstaben oder Zahlen bzw. Ziffern handelte. Immer wieder zeigte sie sich verwundert darüber, wenn andere ihr nicht folgen konnten, wenn es darum ging, die Buchstaben von A – Z oder die Ziffern von 0 – 9 Farben und, darüber hinaus, auch noch Geschlechtern zuzuordnen. So ist in Hoppes Kosmos die 0 männlich und grau, die 1 männlich und weiß, die 2 weiblich und rosa, die 3 weiblich und gelb, die 4 männlich und grün, die 5 weiblich und orange, die 6 weiblich und rot, die 7 männlich und blau, die 8 männlich und schwarz und die 9 männlich und braun. An dieser Zuordnung hat sich nachweislich bis heute nichts geändert, sie ist, wie Martha Knit bestätigt, offenbar konstant. / fh)

Die Musikstudentin und spätere Dirigentin Bojana Baton, verheiratet mit dem damals noch namhaften französischen Linguisten Jerome Parole, ist vierunddreißig, mit Abstand die beste Schülerin in Felicitas' Klasse (»ohne mich hätte sie Deutsch wahrscheinlich dreimal so schnell gelernt«, schreibt Hoppe später), und ganz offensichtlich in ihre Lehrerin verliebt. »Ich schrieb«, schreibt sie später, »unendlich lange Aufsätze, ganz egal zu welchem Thema, mindestens drei pro Woche, einzig um einen Grund zu haben, immer wieder in ihrer Sprechstunde aufzutauchen, wo sie mir regelmäßig versicherte, mein Deutsch sei so gut, dass ich mühelos eine Klasse überspringen könne, wobei ich nichts mehr fürchtete als das, weil ich nichts mehr liebte, als jeden Morgen bereits kurz vor acht Uhr in dem kleinen Klassenraum im Erdgeschoss zu sitzen und darauf zu warten, dass sie endlich zur Tür hereinkäme, mit dem Rucksack auf dem Rücken, dicken Stapeln Papier im Arm, immer höchst eigenwillig gekleidet, was vor allem deshalb auffiel, weil wir anderen alle dasselbe trugen, Jeans und Shirts und Turnschuhe, während sie mit Vorliebe Kleider und Röcke trug, Schuhe mit Absätzen, Stirnbänder in schillernden Farben und alle möglichen Arten von Ohrclips.

Im Winter trug sie, obwohl es nie kalt wurde in Eugene und in all den Jahren kein einziges Mal schneite, Mützen mit Ohrenklappen (kariert) und Mäntel mit riesigen Knöpfen und kleinen Pelzkrägen, die ihr Gesicht (ich sehe noch deutlich das etwas zu spitze Kinn über dem obersten Knopf) auf besondere Weise zur Geltung brachten. Sie galt als die, wenn nicht am besten, so doch am auffallendsten gekleidete Frau auf dem ganzen Campus, angeblich ›europäischer Stil‹. In Wahrheit war sie bloß die am billigsten gekleidete Frau, denn alles, was sie trug, kaufte sie bei der Heilsarmee, ziemlich verrückte Stücke, die sie auf eigenartige Weise kombinierte. Eigentlich sah sie unmöglich aus, aber sie war wunderschön, oder jedenfalls kam es mir so vor, jedenfalls in gewissen Momenten oder einfach nur deshalb, weil sie jung war. Im Grunde genommen war mir völlig egal, was sie trug, solange ich ihr dabei zusehen konnte, wie sie vor der Klasse stand und Sätze und Zeichnungen an die Tafel warf. Sie hatte eine ausufernd große Handschrift, weshalb sie permanent mit großer Geste die Tafel wischte, um sich immer wieder von vorn Platz zu verschaffen. Überhaupt neigte sie in jeder Hinsicht zu großen Gesten, war ständig in Bewegung, ständig mit Kreide bestäubt.«

Die Frage, ob Felicitas Bos (Bojanas) Zuneigung erwiderte, lässt sich nicht ohne weiteres beantworten. Felicitas hatte die gleichermaßen glückliche wie unglückliche Anlage, allen Menschen, die ihr begegneten, nicht nur Wohlwollen entgegenzubringen, sondern ihnen darüber hinaus häufig auch das Gefühl zu vermitteln, etwas Besonderes zu sein. Zweifellos eine pädagogische Gabe, die ihr im Unterricht zugutekam, in Freundschaften allerdings zu Missverständnissen führen konnte. Darüber hinaus war sie, wie wir bereits weiter oben gezeigt haben, gelegentlich sprunghaft und leichtfertig und nicht selten aus einer puren Laune heraus dazu in der Lage, Dinge zu tun, die sie später zwar selten bereute, die aber ihr jeweiliges Gegenüber durchaus verletzen konnten.

Dazu BB: »Man hätte sie für naiv halten können, vielleicht war sie es auch, von mir aus, aber wenn sie es war, dann machte sie das jedenfalls todsicher mit ihren Instinkten wett, mit einer überaus feinen Intuition. Sie wusste nämlich genau, worum es ging, wer was von ihr wollte, wer was empfand, auch wenn sie ständig damit kokettierte, sie habe von diesen Dingen keine Ahnung. Eine Ahnungslosigkeit, die ich ihr niemals abnahm, dazu war sie viel zu sensibel. Und grausam bis zur Lächerlichkeit, zum Beispiel dann, wenn sie behauptete (und das tat sie regelmäßig), sie wisse überhaupt nicht, was Flirten sei, wie das geht und wie man das alles überhaupt macht, das mit dem Verführen. Barer Unsinn natürlich, sie war ja gerade mittendrin, voll dabei, und das wusste sie ganz genau. Denn spätestens auf den zweiten Blick war sie alles andere als schüchtern, sie war regelrecht eine Draufgängerin, was man sogar im Unterricht merkte. Und wer es nicht im Unterricht merkte, konnte es auf dem Sportplatz sehen, wo sie gelegentlich mit Herman Tennis spielte. Übrigens spielte sie schlecht und begründete das (wieder diese Koketterie) damit, dass ›Sportarten für zwei‹ nichts für sie seien, sie sei grundsätzlich auf Mannschaften angewiesen.«

Hoppes Kollegen am German Department (die beiden ehemaligen Graduate Teaching Fellows Gil Gott und Debby Clark) erinnern sich gleichfalls daran, dass Hoppe durch und durch ein »Typ für Mannschaften« gewesen sei. »Sie hatte absolut Teamgeist«, so Gott, »was umso erstaunlicher war, weil sie bei allem, was nichts mit Arbeit zu tun hatte, in jeder Hinsicht eine Einzelgängerin war.« Und Debby Clark: »Immer nach dem Prinzip ganz oder gar nicht, alle oder keiner. In jeder Hinsicht kooperativ, was den Unterricht betrifft, absolut großzügig in Sachen Informationsaustausch, jederzeit bereit einzuspringen, ein Pfadfindertyp durch und durch. Aber alles andere als eine Frau, mit der man vor Schaufenstern steht oder einkaufen geht, keine beste Freundin, bei der man sich ausheult, mit der man sich nachts stundenlang am Telefon von Frau zu Frau bespricht oder die man womöglich fragen würde, wo und was sie sich rasiert, welches Deodorant oder welches Parfum sie benutzt, von ihrem Liebesleben ganz zu schweigen. Ich bin sicher, dass sie eins hatte, und ich bin sicher, dass sie niemals mit jemandem drüber sprach. Sie war sowieso auf unheimliche Weise verschwiegen, was ihr, bei aller Distanz, übrigens großes Vertrauen einbrachte. Nirgends waren Geheimnisse besser aufgehoben als bei ihr, vielleicht umso mehr, da sie selbst keine Geheimnisse teilen konnte.«

In der Tat ist Hoppes Leben nicht reich an Frauenfreundschaften (»warum sollte ich irgendeiner Frau sagen, was ich nicht mal Helena Ayrton sagen würde!?«, schreibt sie noch Jahre später an ihre Berliner Freundin Jutta Raulwing), und da, wo sie zustande kommen, sind sie fast immer von Arbeit grundiert, was allerdings für Hoppes Beziehungen insgesamt gilt. Hoppe, die gern hervorhob, dass sie weder Freizeit noch Urlaub kenne, und der schon Quentin Blyton das ungesunde Fehlen eines Hobbys attestiert hatte, betont in späteren Interviews gern, dass sie kein wie auch immer geartetes Privatleben habe.

Wie privat ihr Leben in Eugene/Oregon war, wissen wir nicht. Wir wissen nur, dass sie im *Blauen Haus* bei HHH zur Untermiete wohnt, dass sie mit ihm an der Herausgabe eines Deutschlehrbuches mit dem Titel *Eselsbrücken* (Untertitel: *Deutsch in Sprichwörtern*) und nebenbei an ihrer Abschlussarbeit (MA) über die *Literarische Till-Eulenspiegel-Rezeption* arbeitet, dass sie mit Bojana Baton und ihrem Frauenchor *(Eugenia's Campus Choir)* auf Tournee durch Oregon geht (gut dokumentierte Auftritte zeigen die auffallend attraktive und charmante Chorleiterin BB), sich aber standhaft weigert, zusammen mit ihr und Jerome, die ein kleines Haus in Florence besaßen, Ausflüge an den Pazifik zu unternehmen.

»Sie war«, erinnert sich Bojana, »auf geradezu provozierende Weise ausflugsresistent, was jeden irritieren musste, der die Schönheit der Pazifikküste kennt. Immer wieder betonte sie, das Meer interessiere sie nicht. Das einzige Freizeitvergnügen, zu dem sie sich neben dem Tennisspiel mit Herman hinreißen ließ, waren gelegentliche Besuche im *Woodcutter*, wo sie mit anhaltender Begeisterung Shuffle Board spielte, und die freitäglichen Tanzabende im legendären *Vetsclub*.«

Gil Gott erinnert sich daran, dass die Band, drei kriegsversehrte Vietnamveteranen, es Felicitas offenbar angetan hatte: »Sie konnte gar nicht genug kriegen von der Musik, die natürlich alles andere als aufregend war, eine Art seniler Nachkriegsblues, auf den nur Traurige tanzen konnten.

310

Aber ich glaube, es war nicht die Musik, es waren die Männer, dieser einarmige Schlagzeuger und der beinlose Sänger (was dem Dritten fehlte, weiß ich nicht mehr), also, es müssen diese Männer gewesen sein, die sie auf seltsame Weise anzogen, mal davon abgesehen, dass sie einfach sehr gern tanzte. Nicht nur gern übrigens, sondern auch ziemlich gut. Auf der Tanzfläche waren Bojana und sie das perfekte Paar, dagegen kam keiner an. Manchmal kam auch Jerome mit, aber der tanzte nie, er hasste die Musik und betrank sich regelmäßig (Gin Tonic), sobald Felicitas mit Bojana zu tanzen begann, weshalb sie nachher regelmäßig zu streiten anfingen, übrigens ausschließlich auf Französisch. Später blieb er dann einfach weg.«

Die Band im *Vetsclub* dürfte übrigens Pate gestanden haben für Hoppes Erzählung *Die Torte*, die sie in den späten neunziger Jahren für die *Berliner Handpresse* verfasste und in der sie die Geschichte der Tochter eines Dynamitfabrikanten erzählt, die sich ihr Geld damit verdient, zu Festanlässen auf Bestellung raketenartig aus einer überdimensionalen Torte zu schießen. Auftritte, die von einem »taubstummen Drillingstrio« begleitet werden, »das sein Repertoire auswendig spielt. Wie man das macht, so taub und stumm, ohne zu hören und ohne zu sprechen? Ganz einfach: Die Drillinge sind miteinander verwandt, sie kamen am selben Tag auf die Welt, sie kennen sich wirklich von Anbeginn (…), sie kennen einer des anderen Herzschlag, einer des anderen stumme Stimme. Sie kennen sich in- und auswendig, wie später ihre Musik, die sie im reinen Anschaun erlernt haben. Sie spielen, indem sie sich unverwandt wieder und wieder gegenseitig auf die Finger schaun. Aber auch das ist fast überflüssig, weil sie, wären sie auch noch blind gewesen, seit frühster Kindheit den Fingersatz kennen, den Rhythmus, die ihnen gemeinsame Zeit. (...)« (An dieser Stelle sei erwähnt, dass Felicitas bereits in ihrem ersten Eugener Winter damit begonnen hatte, die Gebärdensprache zu erlernen, die Herman übrigens perfekt beherrschte, weshalb er während seiner Vortragsabende gelegentlich mit großem Enthusiasmus »stumme Balladen« vortrug.)

Man ist fast geneigt, Hoppes Leben in Eugene/OR, abgesehen von kleinen provinziellen Turbulenzen und universitären Eifersüchteleien, als idyllisch zu bezeichnen. Es scheint, als habe Felicitas ihren Platz gefunden, als fühle sie sich kurzfristig zu Hause. Von einer literarischen Produktion jenseits der sportlichen Beiträge für HHHs Salon kann kaum die Rede sein. Auch von *Buch K* ist nicht mehr die Rede, in anderen Worten: Felicitas hat die Suche nach ihrem Vater immerhin vorläufig zu den Akten gelegt, jedenfalls deutet nichts darauf hin, dass Karl in den späteren achtziger Jahren ein Thema von besonderem Gewicht gewesen sei. Und, weitaus bemerkenswerter: Hoppe hat aufgehört, Briefe zu schreiben.

Das dürfte nicht zuletzt dem Leben im *Blauen Haus* geschuldet sein. Man darf davon ausgehen, dass Hoppe und Haman, der zwei Jahre älter als Karl war, eine Art ideale Wohngemeinschaft bildeten. Er bewohnte den unteren, Felicitas ein Zimmer im oberen Teil des Hauses. Das Zimmer des jeweils anderen war tabu, die Diskretion zwischen Felicitas und Herman vollkommen, sein Arbeitszimmer hat sie vermutlich niemals von innen gesehen. Da beide überaus beschäftigt waren, sahen sie sich so gut wie nie, gemeinsame Mahlzeiten gab es nicht, einzig an Wochenenden frühstückten sie gelegentlich in Felicitas' Lieblingsdiner *Miramare*, wo Felicitas, auch wenn sie später immer wieder von sich behauptete, »alles, bloß kein Gewohnheitsmensch« zu sein, immer dasselbe aß, ihr ungefochtenes Lieblingsessen: Steak and eggs (Steak und Eier).

Ansonsten kommunizieren Hoppe und Haman fast ausschließlich über kleine Zettel, die sie einander auf dem Küchentisch hinterlassen: »Wird spät heute: Konferenz.«, »Milch und Toastbrot!«, »Chorkonzert um 7 p.m.«, »Du weißt doch, dass ich Chormusik nicht ertrage!«, »Heute Tennis?« »Nein. Prüfung!«, »Bin erst wieder Sonntag zurück.«, »Vergiss nicht zu tanken!«, »Wo ist das Wörterbuch?«, »Hab' keine Ahnung.« Hin und wieder ergänzt Herman die Zettel mit den praktischen Hinweisen durch Zettel mit Lieblingssprichwörtern und Redensarten: »Häng den Mantel nicht nach dem Wind!«, »Schütt nicht wieder das Kind mit dem Bad aus!«, »Lass die Kirche im Dorf!«, »Trag kein Holz in den Wald!«. Und mit jenem Sprichwort, dass Felicitas noch Jahre später auf einem Zettel mit Hermans scharf gestochener Handschrift zusammengefaltet in ihrem Reisepass mit sich herumtragen sollte: »Die Reise ist noch nicht zu End, wenn man Kirch und Turm erkennt.«

Es dürfte weniger das Studium der deutschsprachigen Literatur gewesen sein, das Felicitas ohnehin nur einigermaßen halbherzig betrieb (sie zog das Unterrichten der wissenschaftlichen Forschungsarbeit bei weitem vor), als vielmehr der Austausch mit Herman, seine Zettelwirtschaft und die gemeinsame Arbeit an der *Eselsbrücke*, die Felicitas' deutschen Wortschatz innerhalb kürzester Zeit auf eine zwar einseitige, aber doch prägende Weise bereichert hat. Ihre späteren Kritiker, die von der »Haman-Schule« selbstverständlich nichts wussten, haben ihr ihren ausgeprägten Hang zum Sprichwort, zur Sentenz und zum »hinterwäldlerischen Aphorismus« (Strat) nie ganz verziehen. Was den

Hinterwald betrifft, liegen sie richtig: Hans Herman Haman liebte Holzfäller. Und er förderte Frauen. Letzteres mit größerem Erfolg als Ersteres.

Am 17. Juli 1988 fährt in Form einer so schlichten wie kurzen Notiz auf der Sportseite des *Oregonian* unvermutet ein Blitz in Hoppes Westküstenidylle. Die Nachricht von Wayne Gretzkys Hochzeit mit der amerikanischen Schauspielerin Janet Jones trifft Felicitas vollkommen unvorbereitet, eiskalt von hinten. Unter der Überschrift *99 endlich unter der Haube* und neben dem Bild eines strahlenden Hochzeitspaares (ach, diese strahlenden dritten Zähne!) liest Felicitas Folgendes: »Die Hochzeit fand in Toronto in der St. Joseph's Basilica statt (obwohl weder Gretzky noch Jones katholischen Glaubens sind) und wurde in ganz Kanada übertragen. Die Aufgänge zur Kirche wurden von uniformierten Mitgliedern der Freiwilligen Feuerwehr flankiert. Die Zeremonie (›royal wedding‹) kostete schätzungsweise eine Million kanadische Dollar, allein die Kosten für das Brautkleid belaufen sich auf ca. 40 000 Dollar. Das Brautpaar strahlte. Auf die Frage, wann und wie sie den Heiratsantrag erhalten habe, antwortet die lachende Braut: Am Telefon.«

Ein Schock, was sonst. »Aber jetzt ist er wider Erwarten da«, schreibt Felicitas noch am selben Abend an ihre vier Hamelner Geschwister (der erste Rückfall seit Jahren!), »jener Augenblick, den ich zeit meines Lebens gefürchtet habe und auf den ich zeit meines Lebens gewartet habe, weil ich wusste, dass er eintreten wird, auch wenn ich hoffte, dass er nie eintreten würde, weil ich weiß, dass ich ihm nicht gewachsen bin. Der Goaly ist erschöpft zur Seite getreten und hat sich höflich verbeugt, der Puck ist im Tor. Was soll er auch machen, gegen Janet wäre selbst Sawchuk (gemeint ist Terry Sawchuk, vgl. hierzu Kapitel 1 / fh) machtlos.

Er ist also endlich ausgeträumt, dieser süße und quälende Traum. Ich stehe ratlos vor dem Hamelner Hochzeitshaus und lausche den Zwölfuhrmittagsglocken zur höheren Ehre Gretzkys, Gretz the Great One, der große Gretzky, der weiße Tornado, mein geliebtes Eichhörnchen, mein Zwilling, mein Pretzl. Warum das Ganze? Wozu der Verrat? Janet, die große Entführerbraut und Wayne der verkaufte Bräutigam, für immer verschachert an die Könige von Los Angeles (gemeint sind vermutlich die L. A. Kings / fh). Ganz Kanada muss jetzt Trauer tragen um den auf immer verlorenen Sohn, als hätte er nicht schon genug gelitten, als man damals um ihn gewürfelt hat, weil Brantford zu klein für ihn war, weshalb seine Eltern ihn nach Toronto verkauften, für eine Million an McMaster.

Und damit das alles auch seine Ordnung hat, schenken sie ihm ein Telefon gegen die Einsamkeit nach dem Spiel, wenn Gretz von Heimweh zerfressen in seinem Zimmer hockt und vor Sehnsucht fast umkommt. Aber weil Walter halb taub war, schickte er, als es klingelte, Phyllis an den Apparat, die den Hörer abhob und, in der rechten den Hörer, in der linken die Zigarette, auf Waynes Stimme lauschte, die ihr entsetzlich weit weg vorkam und entsetzlich nah dran. Lauter Kindernöte und Ungereimtheiten, die sie immer wieder von vorn mit der Geschichte von jenem Kind parierte, das in die Welt hinausmuss, um sein Glück zu machen, und alle Ratten der Welt im Schlaf erlegt, jeder Schuss ein Treffer. Ist doch klar, dass das nur die Besten können, und eines Tages (an dieser Stelle hebt Phyllis enthusiastisch die Stimme), wirst du begreifen, wie sehr sich das alles gelohnt hat, jede Sekunde auf dem Eis. Niemals wirst du beiseitestehn, und, was noch viel wichtiger ist, du kannst nie mehr verschwinden. Denn man wird (Phyllis zündet sich eine weitere Zigarette an) Stadien und Plätze nach dir benennen, Schlittschuhe und Handschuhe, Mannschaften und Schläger, Restaurants (*Wayne Gretzky's* at 99 Blue Jays Way in Toronto, Ontario, Canada/fh), Weinberge (*Gretky's Vineyard*/fh), Modekollektionen (*The Wayne Gretzky Collection*/fh) und natürlich jede Menge Wohltätigkeiten für all die Kinder, die der Rattenfänger nicht mitnehmen wollte.

Und man wird Bücher über dich schreiben, das erste Buch Wayne, das zweite und dritte Buch Wayne, sogar eine Waynebibel wird man über dich schreiben, und (sie zündet sich eine weitere Zigarette an) man wird Filme über dich drehen, dich vertonen (*The Loves of Wayne Gretzky*, vgl. dazu Kapitel 4/fh) und dich in Bronze gießen und – hier hält Phyllis inne und lauscht, weil sie mehr Mutter als Erzieherin ist, aber am anderen Ende der Leitung ist nichts zu hören – nächstes Wochenende kommst du nach Hause. Dann legte sie sanft den Hörer auf die Gabel, um leise in Walters Richtung zu fragen: Haben wir diese Kinder wirklich? Könnte nicht alles auch anders sein?

Immer könnte alles auch anders sein. Janet könnte zum Beispiel auch Vicky heißen (gemeint ist vermutlich Vicky Moss, die erste große Liebe Wayne Gretzkys, die sich nachweislich nicht für Eishockey interessierte und später Sängerin wurde/fh), von mir aus auch Sawchy oder Fly, aber am Ende kommt es ja trotzdem so und nicht anders, es kommt, wie es nun mal kommen muss: Auf der Treppe nach oben, auf der letzten Stufe zur St. Joseph's Basilica von Toronto drückt Phyllis ihre letzte Zigarette aus, bevor sie neben Walter die Kirche betritt, während zehn Eishockeyelfen den Brautschleier schleppen. Janet strahlt um die Wette mit

Wayne (diese strahlenden Zähne!), während Floater neben der Braut am Altar steht und seiner Bestimmung nachkommt, indem er zum letzten Mal Zeugnis ablegt.

Wie oft habe ich diese Bilder betrachtet, die phantastische Braut und den phantastischen Bräutigam und das in die Länge und Breite gezogene Lächeln, dieses berühmte Cheshire-Cat-Lächeln von Dick Floater, das auch noch dann in der Luft hängen wird, wenn er sich längst erhängt haben wird: CHASE THAT! Aber Vorsicht, wenn du die Kirche verlässt, denn erst wenn scheinbar alles vorbei ist, wird es gefährlich, dann kommen die Jäger. Das weiß Walter genau, der, egal wie taub, alles hört und sieht und nicht eine Sekunde den Posten verlässt, so wie er sein ganzes Leben lang seinen Posten niemals verlassen hat. Weil er besser als alle anderen weiß, worauf die Gäste bei St. Joseph aus sind.

Denn sie sind wie ich. Sie geben sich nicht mit Bildern zufrieden, sie wollen anfassen, was sie lieben, und was sie einmal in Händen halten, geben sie nie wieder her. Umso besser also, dass Walter dabei ist, der alles im Blick hat und Wayne, der im Glück schwimmt, daran erinnert, dass man niemandem hier die Hand schütteln darf, ohne vorher die Handschuhe auszuziehen, weil die Handschuhe sonst hinterher nicht mehr da sind: Most people marry their mother, sagte Wayne später, I married my father. (Die meisten Leute heiraten ihre Mutter, ich habe meinen Vater geheiratet.)

Ich war nicht dabei, als Wayne seinen Vater geheiratet hat, aber gratulieren will ich ihm trotzdem zu diesem glücklichen Griff, denn jetzt fängt ja ein neues Leben an, nicht nur für ihn, sondern auch für mich, denn jetzt bin ich frei. Ich bin so frei, dass ich endlich das T-Shirt ablegen kann (*Wayne for Fly*/fh), das ich seit Jahren trage und immer noch trage, obwohl ich längst rausgewachsen bin. Vielleicht sollte ich einfach ein Päckchen packen, ja, genau, ich packe einfach ein Päckchen und schicke das T-Shirt an Wayne zurück, oder besser an Walter, der es unter Glas bringen wird und gerahmt in seine Garage hängt, zwischen die Regale mit den Trophäen, wo es besonders gut zur Geltung kommt.

Und wenn dann die Gäste kommen, um die Pokale und Trophäen zu bewundern, werden sie vor dem T-Shirt stehen und fragen: Fly? Wer ist Fly? Kennen wir nicht, wird Walter sagen, nie gehört, nie gesehen, irgendein Fan. (Nicht irgendein Fan, sondern der größte und beste von allen!) Aber dann wird es wider Erwarten heißen (denn herein kommt Phyllis, die genau weiß, wie man mit Gästen umgehen muss): Ja, sie ist wirklich hier gewesen, hat hier gewohnt, gegessen, geschlafen, ganze acht Jahre lang, am liebsten Eier auf Steak und zwei Scheiben Toast, und hat manchmal mit mir an den Wochenenden in der Garage geraucht, wenn ihr Zwilling auf Tour war und ihr Vater beim Angeln.

Das macht mir Mut, weil Phyllis mir immer Mut gemacht hat und mich bis heute daran erinnert, dass man tun soll, was man nicht lassen kann. Also fasse ich mir ein Herz, setze mich ans Telefon und wähle die Nummer, die ich seit Jahren auswendig kann. Genaugenommen sind es allerdings vier (ach, diese Wandermillionäre mit all diesen Nummern und Adressen!), eine in Toronto, eine in Los Angeles, eine in New York und eine in Vancouver. Und überall ist besetzt, was mich nicht weiter wundert, denn wie könnte das Telefon nicht besetzt sein, an einem Tag, an dem jeder Glück wünschen will? Aber ich gebe nicht auf, sondern wähle weiter, denn egal, wo du steckst, ich werde dich finden, und wenn ich die ganze Nacht wählen muss. Denn ich möchte dir sagen, wie glücklich ich bin, dass du glücklich bist, und meine Glückwünsche dulden keinen Aufschub, du sollst nämlich wissen, dass die Könige kommen.

Und während ich weiter wähle und wähle, fällt mir plötzlich wie Schuppen von den Augen, dass Wayne weder in Toronto noch in Los Angeles und auch nicht in Vancouver oder New York ist, sondern vermutlich längst im BELLAGIO (gemeint ist vermutlich das *Bellagio* in Las Vegas, in dem WG gelegentlich *Fantasy Camps* veranstaltet/ for additional information or questions, feel free to contact WG Authentic at 1–866-648–4996 or (480) 778–1899 and ask for Drew/fh), wo er vermutlich schon wieder seine Kufen poliert. Also rufe ich im *Bellagio* an, da ist nicht besetzt, und ich sage: Fly hier, und eine Stimme fragt: Mit wem darf ich verbinden? Und ich sage: Wayne Gretzky. Und ich werde verbunden. Und am anderen Ende ist nicht besetzt, ein freies A, bis eine Stimme, die mir bekannt vorkommt (mein Herz schlägt höher) so schlicht wie ergreifend sagt: Hello?

So nah bin ich niemals dran gewesen, mein Mund und sein Ohr. Also sage ich: Wayne? Und Wayne fragt: Wer spricht? Und ich sage: Fly. Wayne lacht. Er lacht, wie er immer gelacht hat, also alles beim Alten. Und ich sage: Nur eine Frage. Und er sagt: Na los. Und ich sage: Was steht auf dem kanadischen Fünfdollarschein? Und plötzlich tritt jene Stille ein, die Biographen seit jeher beunruhigt, weil sie so schlecht recherchierbar ist, nur irgendwo in der Ferne das leise Klingeln des letzten Pucks, den irgendein Blinder, nach einer kurzen und fast vollkommenen Pause, über das ferne kanadische Eis schiebt, bis auch der Puck verstummt, weil er für immer im Tor ist oder weil es das Tor gar nicht gibt und auch keinen Ton. Es ist einfach still.

So still wie die Stille, in die wir seit Jahren verliebt sind, auf die wir seit Jahren gemeinsam warten und vor der wir uns fürchten, weil von ihr nichts erzählt werden kann, weil es kein Draußen und Drinnen mehr gibt. Nur noch Wayne und mich und die richtige Antwort auf die Frage nach dem Fünfdollarschein, auf dem steht: ›Die Winter meiner Jugend waren lange lange Jahreszeiten. Wir lebten an drei Orten – in der Schule, in der Kirche und auf der Eisbahn – aber unser wirkliches Leben war auf der Eisbahn.‹« (Der Text auf der kanadischen Fünfdollarnote stammt von Roch Carrier./fh)

»Brauche Briefmarken, die mit dem Schiffsmotiv.« Eine Nachricht, die Hans Herman Haman genauso wenig überrascht wie der nach Hameln adressierte Brief, der am Morgen des achtzehnten Juli 1988 neben der Notiz auf dem Küchentisch liegt. Er ist längst darauf vorbereitet, dass Felicitas ihn verlassen wird, und hat beschlossen, sie ziehen zu lassen. Allerdings nur unter einer Bedingung – sie muss ihm versprechen, erst ihr Studium abzuschließen, denn ohne Abschluss, sagt Herman, darf man nicht gehen, das würde ich dir niemals verzeihen. (Die Reise ist noch nicht zu End, wenn man Kirch und Turm erkennt!) Felicitas gibt klein bei und verbringt die folgenden Monate zähneknirschend mit dem Versuch, ihre ungeliebte Arbeit über Till Eulenspiegel fertigzustellen.

Die Arbeit geht ihr allerdings nur mühsam von der Hand. Sie, sonst immer und überall die Schnellste von allen, tritt plötzlich auf der Stelle. Im Spätherbst, kurz vor dem Examen, wird sie unvermutet über Nacht krank, was Herman mit großer Unruhe erfüllt. Er kann sich, von ihren Hauterscheinungen abgesehen (die kamen und gingen und die sie stoisch ertrug, um nicht zu sagen, vollkommen ignorierte), nicht daran erinnern, sie jemals krank erlebt zu haben, »keine Erkältungen, kein Fieber, keine Seekrankheit, rein gar nichts, eine bewunderungswürdige Konstitution. Aber jetzt lag sie im Bett, hatte fast vierzig Grad Fieber, konnte beim besten Willen die Augen nicht öffnen (sie waren vollkommen zugeschwollen, ihr ganzes Gesicht war auf unheimliche Weise aufgedunsen) und hörte trotzdem nicht auf zu sprechen, auch wenn sie mehr murmelte als sprach, ein leises dreisprachiges Murmeln.

Der Text war schwer zu verstehen und wenig zusammenhängend. Von Eis und Wüste war die Rede und dass sie sich nicht entscheiden könne. Außerdem habe sie die falsche Karte dabei, was aber völlig egal sei, weil sie die Karte sowieso nicht lesen könne, sie wisse nämlich schon längst nicht mehr, wo sie sei. Außerdem habe sie Schal und Handschuhe verloren, so kann man nicht gehen, das werde sie teuer zu stehen kommen. Offenbar befand sie sich auf einer längeren Wanderung, auf einem langen und quälenden Marsch, auf dem sie von Gefahren umzingelt war, von Krokodilen und Kängurus (die sie mit einem Eishockeyschläger zu erschlagen versuchte) und von Menschenfressern, vor denen man sich in Acht nehmen müsse. (Drugs, Pearce und Voss seien ihnen bereits genauso zum Opfer gefallen wie Sister McKillop, und jetzt seien sie auf Joey und Quentin aus!)

An Rückkehr sei allerdings nicht mehr zu denken, nichts und niemand auf der Welt werde sie dazu bringen, aufzugeben und umzukehren, und wenn sie bis ans Ende der Welt gehen müsse. Immer wieder klagte sie über eine entsetzliche Schwere in den Beinen und bat darum, man möge ihr endlich diese lästigen Ketten von den Füßen nehmen, die ihr das Gehen so mühsam machten. Es sind nicht die Ketten, sagte ich, es ist bloß dein Rucksack, was kein Wunder ist bei dem, was du so alles mit dir herumschleppst. Meine Güte, leg ihn doch einfach mal ab, ich trage ihn gern eine Weile für dich, dann kommst du garantiert besser voran. Aber sie dachte gar nicht daran, ihn abzulegen, kommt gar nicht in Frage, sagte sie, kommt gar nicht in Frage.

Die ganze Zeit über klagte sie über grausamen Durst, wollte aber nichts trinken, weshalb ich sie schließlich dazu zwang. (Nichts Besorgniserregendes, hatte der Arzt gesagt, reine Erschöpfung, reine Überspannung, sie muss bloß schlafen und trinken, vor allem viel trinken.) Du musst trinken, sagte ich, wer nicht hören kann, muss trinken, wenn du nicht trinken willst, musst du sterben. Der Gedanke an den Tod schien sie irgendwie zu erheitern, sie lachte und griff meine Hand, während ich versuchte, sie aufzurichten und ihr etwas Wasser einzuflößen. Das Trinken fiel ihr unendlich schwer, sie versuchte es trotzdem, aber spuckte, was sie getrunken hatte, gleich wieder aus. Ich gab trotzdem nicht auf, ich fing immer wieder von vorne an.«

Drei Tage und drei Nächte, berichtet Haman, habe er neben Felicitas' Bett gesessen und sich nicht vom Fleck gerührt. Und drei Tage und drei Nächte lang habe Felicitas unaufhörlich gesprochen. (Das dürfte vermutlich übertrieben sein./fh) Am Morgen des vierten Tages (der erste Adventssonntag) ist die Krise überstanden: »Felicitas hörte auf zu reden und schlief endlich ein.«

Kurz vor Weihnachten besteht Felicitas ihr Examen (MA) und packt noch am selben Tag ihre Koffer. »Ein Freitag«, wie HHH in seinen Notizen festhält, »was mich mit einer gewissen Wehmut erfüllte, weil die Freitage unsere Tanztage waren, an denen wir in den *Vetsclub* gingen, um dem taubstummen Drillingstrio zu lauschen, das im Sommer seinen einarmigen Schlagzeuger verloren und durch einen blinden jungen Mann aus meiner Literaturklasse ersetzt hatte, der

Slow Joe (gemeint ist vermutlich Joey Blyton/fh) hieß und gelegentlich, unerwartet schwermütig in ein Horn blasend, lauter Stücke ins Spiel brachte, die vorher nie ins Repertoire gekommen wären und auf die sich beim besten Willen nicht tanzen ließ, weil er bei allem, was er spielte, auf ein merkwürdig halbiertes Tempo setzte.

Allerdings wollte Felicitas an diesem Abend auch gar nicht tanzen. Sie war nicht in Stimmung, starrte stattdessen am Tisch sitzend düster ins Glas und schien wild entschlossen, sich zu betrinken. (Wer nicht fühlen kann, muss trinken!) Nach dem fünften Gin Tonic brachen wir auf mein Drängen hin auf, ohne dass Felicitas sich bei der Band verabschiedet hätte, was für sie ungewöhnlich war und was sie, als wir bereits draußen vor der Tür standen, mit der einfachen Formel kommentierte: Der Abschied bricht mir das Herz.

In dieser Nacht taten wir beide kein Auge zu. Stattdessen blieben wir rauchend am Küchentisch sitzen und tranken im Licht der Adventskranzkerzen (sie bestand immer noch auf dem Kranz und hatte sich, ganz gegen ihre Gewohnheit, erlaubt, die vierte Kerze vor ihrer Zeit anzuzünden) weiter, bis es langsam hell wurde und Felicitas sich daran erinnerte, dass sie ein Auto bestellt hatte, das sie um acht Uhr im Verleih abholen sollte. Es war übrigens das erste Mal, dass sie, die ewige Beifahrerin, beschlossen hatte, allein zu fahren, weshalb ich mir Sorgen machte, nicht nur, weil sie wirklich eine miserable Fahrerin war, sondern weil sie, genau wie ich, immer noch ziemlich betrunken war. Aber Felicitas beruhigte mich, sie fahre nicht weit (über ihre Reiseroute hatte sie mich im Dunkeln gelassen) und werde mich von unterwegs auf dem Laufenden halten.

Um 7 a.m. saßen wir immer noch in der Küche. Ich erinnere mich daran, wie übel mir war, während Felicitas bereits Kaffee kochte und längst damit beschäftigt war, Spiegeleier (sunnyside up / das Gelbe immer nach oben / fh) und Steaks zu braten, die sie anschließend allein essen musste, weil ich keinen Bissen herunterbrachte. Gegen halb acht stand sie auf, ging in ihr Zimmer und kehrte mit einer kleinen Kiste zurück, die eher einer großen Keksbüchse glich und die sie vor mich auf den Küchentisch stellte: Meine gesammelten Werke, sagte sie, mit Vorsicht und Diskretion zu behandeln, wenn du den Mut dazu hast, kannst du sie lesen, ansonsten zu den Fischen und Flaschen, aber das weißt du ja längst.

Ja, sagte ich, ich weiß längst, dass du mich bloß an der Nase herumführst, weil du nicht aus Brantford, sondern aus Hameln kommst, und dass du dich für ein Glückskind hältst, weil deine vier Geschwister zurückbleiben mussten. Und weil du weißt, dass ich der Letzte bin, der nicht verstehen würde, warum du jetzt deine Koffer packst, um nach Hause zurückzukehren und endlich am runden Tisch zu sitzen. Aber eins musst du wissen, bevor du gehst: dass der eine oder andere in der Zwischenzeit wahrscheinlich geheiratet hat und dass du nichts bist als eine Tante, die zwei Brüder und zwei Schwestern hat und vier furchtlose Neffen, die weder Rucksäcke tragen noch Briefe schreiben, die andauernd ins Leere gehen.

Auch dein letzter Brief ist zurückgekommen. Aber nicht, weil dir keiner antworten will, sondern weil deine Handschrift so schwungvoll ist, dass man sie einfach nicht mehr lesen kann. Immer über die Ränder hinaus. Vollkommen unentzifferbar. Jetzt mal ehrlich und ganz unter uns, was macht man mit einem, der immer über die Ränder hinausschreibt? Du weißt doch genau, dass es nicht darauf an-

kommt, verstanden zu werden, sondern darauf, sich verständlich zu machen, alles andere ist sinnlos. Ich legte den
Brief auf den Tisch. Er war ungeöffnet und mit dem Vermerk ›Empfänger unbekannt‹ versehen. Sie lachte und sagte:
Schöne Marken. Nur die mit dem Schiffsmotiv kommen nie
an.

Ich sehe sie noch genau vor mir, wie sie mit dem Brief in
der Hand in der Küchentür steht und lacht. Sie sah genauso
aus wie an jenem Abend, an dem ich sie zum ersten Mal im
Woodcutter getroffen hatte, mit dem einzigen Unterschied,
dass sie sich in der Zwischenzeit die Haare abgeschnitten
hatte und jünger aussah als noch vor zwei Jahren. Die Haare
standen irgendwie ungewaschen nach oben und zu den
Seiten hin über den Ohren ab, und sie trug immer noch
dieselben Sachen, diese komischen unvorteilhaften Hosen,
einen etwas zu weiten Mantel (sie ging, egal wie warm es
war, nie ohne Mantel und Schal aus dem Haus) und immer
noch denselben karierten Rucksack, der, genau wie damals,
schwer beladen schien, keine Ahnung, was sie da mit sich
herumtrug. Warum macht sie nicht einfach den Reißverschluss auf und lässt mich einen Blick ins Innere werfen?
Aber im selben Moment war mir klar, dass ich gar nicht
wissen wollte, was sich in diesem Rucksack befand, sondern
dass ich nur noch drauf aus war, die Kiste zu öffnen, die vor
mir auf dem Küchentisch stand.

Weshalb ich es plötzlich eilig hatte, sie samt Rucksack
und Mantel zur Tür zu schieben, indem ich, wie um mir ein
Alibi zu verschaffen, auf die Uhr über dem Herd wies und
sagte: Jetzt musst du aber wirklich gehen, sonst kommst du
zu spät. Worauf sie lachte, sich auf die Zehenspitzen stellte,
meinen Kopf zwischen beide Hände nahm, mich auf die
Stirn küsste (der Rest deines Gesichts gehört den Holzfäl-

325

lern) und lachend sagte: Du weißt doch genau, dass ich, ganz egal, wie betrunken ich bin, nie im Leben zu spät kommen werde.

Ich sah ihr nach, während sie, ohne sich umzudrehen, die Straße hinunterging. Was auch immer man ihr einmal nachsagen wird, Prahlhanserei, Untreue, Sentimentalität oder Sprunghaftigkeit, eins muss man ihr lassen: Sie wird immer eine Meisterin des Abschieds bleiben. Weshalb ich mir, nachdem ich sie am Ende der Straße aus den Augen verloren hatte, meiner Übelkeit zum Trotz, einen Becher Kaffee eingoss und mich an den Tisch setzte, um endlich die Kiste zu öffnen und zum ersten Mal im Leben Hoppe zu lesen: ›Kein Zweifel, mein Geliebter will nicht mehr Hand an mich legen, und es ist Zeit, dass ich mich nach neuen Handlangern umsehe. Ich ging auf die Straße und rümpfte die Nase, denn die hohe Kunst des Beweinens habe ich nicht gelernt.‹«
(Picknick der Friseure)

Es ist also Hans Herman Haman gewesen, der Hoppe erfand. Und es ist kein anderer als HHH gewesen, der dafür sorgte, dass man seiner Geschichte auch Glauben schenkte. Noch am selben Tag schreibt er den ersten einer langen Reihe von Briefen, von denen die meisten unbeantwortet bleiben. Erst acht Jahre später wird seine Hartnäckigkeit belohnt. Im Hamburger Rowohlt Verlag bei Reinbek erscheint Hoppes erstes Buch, eine kleine Sammlung von Kurzgeschichten, die allerdings nicht, wie Felicitas sich das gewünscht hatte, den Titel *Die Handlanger* trägt, sondern, wie Reimar Strat, einer ihrer ersten Rezensenten, spöttisch bemerkt, den »ambitioniert provinziellen« Titel *Picknick der Friseure*.

»Man merkt natürlich sofort«, so Strat, »dass hier eine

schreibt, die uns von einer Welt erzählt, von der sie bis jetzt nichts gesehen hat. Dieses Buch ist auf bezaubernde Weise schön und überflüssig zugleich. Mangel an Phantasie kann man seiner Autorin jedenfalls nicht vorwerfen, sondern, im Gegenteil, nur ein unbeherrschtes Zuviel davon. Allerdings wusste schon Thomas Mann, dass Phantasie nur hat, wer sich aus den Dingen allzu viel macht. Und das tut, wie wir wissen, in der Regel nur, wer von der Welt nichts gesehen hat. In anderen Worten: Hochbegabte Museumsprosa, die über eine Relecture der eigenen Kindheitsgeschichte leider selten hinauskommt.«

Picknick der Friseure, erschienen 1996, brachte der bis dahin vollkommen unbekannten deutschen Autorin Felicitas Hoppe, geboren als drittes von fünf Kindern in Hameln an der Weser, immerhin einen Achtungserfolg ein. Sie erhielt, nicht nur zu ihrer eigenen, sondern vor allem zur Überraschung ihres Verlages für ihr »schmales Bändchen, Kaleidoskop und Vexierspiel in einem« (Strat) mehrere renommierte Preise, woraufhin die Autorin den Entschluss fasst, ein Schiff zu besteigen und von Hamburg nach Hamburg zu reisen, »um die Welt endlich mit eigenen Augen zu sehen«. Dass sie die Reise jemals unternahm, ist nicht verbürgt.

Verbürgt dagegen ist, dass Hoppe, heute in Berlin ansässig, bereits 1998 mit *Picknick der Friseure* auf Lesereise an die nordamerikanische Westküste ging und dabei unter anderem Station an der University of Oregon machte, wo sie nicht nur Gil Gott und Debby Clark wiedertraf, sondern auch zum ersten Mal Tracy Norman begegnete, die ihr bis heute so kritisch wie enthusiastisch die Treue hält und mit der sie, wie sie nach Deutschland berichtet, zwischen zwei Lesungen mehrfach (und mit größtem Vergnügen) schwimmen ging.

Herman Haman traf sie dort allerdings nicht mehr an. Er sei, so erzählte man ihr, eines Morgens nicht zum Unterricht erschienen, worauf man sich auf die Suche nach ihm gemacht habe: »Die Tür zum Haus«, so der Polizeibericht, »stand offen. Auf dem Tisch stand ein halbleer getrunkener Becher kalten Kaffees. Auch die Fenster standen offen. Auf dem Küchentisch lag ein Zettel mit dem Vermerk »Bin auf Exkursion: National Portrait Gallery«.

Die *National Portrait Gallery* befindet sich in Washington, D. C. im ehemaligen Gebäude des ältesten Patentamtes der Vereinigten Staaten, dem berühmten *Temple of Invention (Tempel der Erfindungen)* und ist Teil des *Federal Triangel*. Die Besucher konzentrieren sich in der Regel auf die Abteilungen *Präsidentenporträts* und *Porträtkunst der Gegenwart*. Dass es in der NPG auch ein *Erfinderzimmer* (im Volksmund spöttisch als »Hinterzimmer der Nation« bekannt) gibt, ist wenig bekannt. Noch weniger bekannt ist, dass es hier unter dem Buchstaben »H« einen Eintrag zu Karl Hoppe gibt (»Erfinder und Schneider anwachsender Gepäckstücke«, patentiert unter der Nummer 18 062 011) und dass es, wie der Museumswärter Clark Dark berichtet, im Erfinderzimmer alljährlich in der Nacht vom einundzwanzigsten auf den zweiundzwanzigsten Dezember zu einer seltsamen Erscheinung kommt, die bis heute als ungeklärt gilt und mittlerweile, fügt er stolz hinzu, längst zu einem wissenschaftlichen Forschungsgegenstand geworden sei:

Ein etwa fünfjähriges in ein wasserdichtes graues Rattenkostüm eingenähtes Mädchen betrete, auf dem Rücken einen Rucksack und auf dem Kopf einen Adventskranz mit vier brennenden Kerzen, das Erfinderzimmer (durch welche Tür, wisse niemand) und laufe, als ginge es um ihr Leben, immer wieder von vorn, die endlose Reihe ihrer Erfindungen ab, wobei sie ihnen, in alphabetischer Reihenfolge, abwechselnd Farben, Tonarten, Ziffern und Buchstaben zuweise:

Lady Helena Ayrton (A), Bojana Baton (Grün), Alexander Bell (a-Moll), Lucy Bell (Schwarz), Joey Blyton (C-Dur), Quentin Blyton (Blau), Virginia Blyton (Z), Bamie Boots (7), Yasmine Brückner (b-Moll), Cater (5), Jerome Keith Chester (4), Carl Dark (Gelb), Clark Dark (Grau), Debby Clark (G-Dur), Melville Drugs (0), Dick Floater (Violett), Fox (fis-Moll), Gil Gott (Cis-Dur), Glen Gretzky (7), Kim Gretzky (2), Phyllis Gretzky (Blau), Walter Gretzky (1), Wayne Gretzky (9), Flora Gould (Fis), Glenn Gould (A-Dur), Wladimir Grushenko (Y), Hans Herman Haman (Blau), Karl Hoppe (Blau), Martha Knit (Grün), Kramer (2), Mime und Alberich (0), Tracy Norman (C), Madame und Monsieur Paganel (Grün), Jerome Parole (Rosa), die Schwestern Quast (Gelb), Jutta Raulwing (Violett), Kai Rost (D-Dur), Viktor Seppelt (Rot), John Small (2A), Maria Siedlatzek (F-Dur), Reimar Strat (X), Tony Tonell (a-Moll), Richard Wagner (7), Wicket (C-Dur), Wicketoo (A).

Die sorgfältig gehängten Porträts sind allerdings unscharf, es fehlt die Kontur, allem voran die der Geschwister und Eltern. Keine Berge, kein Meer. Kein Eis, keine Wüste. Kein schroffes Gericht, kein Urteil. Nichts als eine mittlere Landschaft, auf Kompromiss und Versöhnung aus, auf die leise Verabredung, sich eines Tages ganz unbemerkt nebenbei zu treffen, auf ein Getränk, das nicht auf Eis liegen muss, um über die Zunge zu gehen. Jedes Jahr Schlag eins, so Dark, nehme er (was keine leichte Aufgabe sei) Felicitas am Ende ihrer langen verwirrten Rede behutsam den Kranz vom Kopf, blase vorsichtig die vier Kerzen aus und klopfe ihr auf die rechte Schulter. Aber erst, wenn er sich ein Glas Whiskey einschenke, sei der Spuk vorbei.

Eine Legende, was sonst. To be continued. (Fortsetzung folgt./fh)

Mein Dank gilt dem Deutschen Literaturfonds e.V., dem Kloster Comburg bei Schwäbisch Hall und der Stiftung Schloss Leuk für ihre großzügige finanzielle und ideelle Unterstützung. Allem voran aber meiner Hamelner Familie, meinen Freunden und dem S. Fischer Verlag für ihr Vertrauen in Hoppe und die Folgen.

Bad Pyrmont im Weserbergland im Juni 2011 (fh)